编委会

主　　编　刘　健　林志彬　胡晓慧

编委会成员（按姓氏拼音排序）

曹留烜	曾宪海	陈　锦	程其进	董士刚
甘礼惠	龚正良	郭奇勋	何　嵩	洪　钢
胡晓慧	黄金池	黄子敬	李君涛	李水荣
林　鹿	林志彬	刘　健	刘运权	孟　超
缪惠芳	冉　广	孙　勇	唐　兴	王　夺
王兆林	吴一纯	谢怀恩	谢　珊	叶跃元
云大钦	张　建	张　鹏	张尧立	赵英汝
郑剑香	郑灵灵	郑淞生	周　尧	周哲辉

厦门大学本科教材
|资|助|项|目|

新能源专业
本科教学实验

主编：刘 健　林志彬　胡晓慧

厦门大学出版社
国家一级出版社
全国百佳图书出版单位

图书在版编目(CIP)数据

新能源专业本科教学实验/刘健,林志彬,胡晓慧主编.—厦门:厦门大学出版社,2019.12

ISBN 978-7-5615-7682-3

Ⅰ.①新… Ⅱ.①刘…②林…③胡… Ⅲ.①新能源—实验—高等学校—教材 Ⅳ.①TK01-33

中国版本图书馆 CIP 数据核字(2019)第 281678 号

出版人	郑文礼
责任编辑	郑 丹

出版发行

社 址	厦门市软件园二期望海路 39 号
邮政编码	361008
总 机	0592-2181111 0592-2181406(传真)
营销中心	0592-2184458 0592-2181365
网 址	http://www.xmupress.com
邮 箱	xmup@xmupress.com
印 刷	厦门市明亮彩印有限公司

开本	787 mm×1 092 mm 1/16
印张	16.25
插页	2
字数	396 千字
版次	2019 年 12 月第 1 版
印次	2019 年 12 月第 1 次印刷
定价	48.00 元

本书如有印装质量问题请直接寄承印厂调换

厦门大学出版社
微信二维码

厦门大学出版社
微博二维码

序　言

新能源科学与工程专业和新能源材料与器件专业是2011年教育部批准设置的本科专业,新专业成立时间不长,相关的教学经验基础薄弱,尤其体现在本科教学实验方面。随着厦门大学协同创新工作的开展,学生们对跨学科知识的需求量日益增加,新能源本科教学实验课程作为典型的跨学科课程,得以迅速发展。厦门大学开设的新能源本科教学实验课程,作为跨学科交叉课程,是高等教育中实现交叉协同创新的一种尝试。与传统能源课程不同的是,本课程教育强调学科交叉性,重点培养学生运用各方面知识的综合能力,所以本课程教育应与新能源产业的实际情况相结合,避免只讲授某一方面空洞的理论知识。

自厦门大学2013年开设新能源本科专业以来,新能源本科教学实验课程经过反复锤炼,在全院实验教学老师的不懈努力下,硬件逐步完善,教学内容逐渐成熟,教学内容包括各类新能源技术的知识及相关应用。学生虽然在之前的理论课程中都接触过这些知识,但实践方面仍有不足,而通过动手实验正好弥补了不足。本教材编写者通过积累多年来的教学经验,有了以下几点体会。

1. 能源实验设计努力拓宽了学生的知识面

来自不同专业的学生,毕业后不可能全部从事与能源有关的各类工作,有的甚至从事与能源无直接关系的工作。这就要求学生不仅要有扎实的专业基础知识,同时也要有足够宽的知识面,即点的深度与面的宽度相结合。因此,应在本科前三年的时间里重点学习本专业的基础课和专业课,并力求理论与实训紧密结合。新能源教学实验课程在此基础上,应注重实践能力的培养,让学生亲自动手多接触、多实践各种实用性技术和知识。

2. 能源实验设计内容要不断更新

本课程现有教材中也不乏优秀的教材,但教材的组织编写、出版等总是有一定的过程,而知识和技术的更新越来越快,尤其在新能源领域。故大多数教材存在着不同程度的滞后性。本课程教育的特点要求本课程教材应突出学科交叉的特色,尤其应突出最新研究成果,因此,教材滞后现象更为明显。所以,教材编写中应摆脱某些旧教材滞后的束缚,及时补充新知识,使学生掌握学科最新进展。这样培养出来的学生才能适应知识和技术的发展,满足新时代的需要。要做到这一点,对新编教材和任课教师提出了更高的要求。

3. 培养了学生使用能源领域常用的仪器、设备的能力

常用的实验方法是实际工作中经常用到的，学生应熟练掌握，如纤维素酶活力检测、金属材料性质检测、功能性官能团检测、特征性结构表征等。首先，学生应认识各种设备并掌握其性能指标；其次，应培养学生熟练使用各种仪器的能力，尤其是使用通用仪表的能力，如掌握红外法迅速、准确判别化合物官能团等能力。

4. 帮助学生掌握能源工艺知识

让学生学习、掌握能源产品工艺。根据新能源工艺的种类和特点，多进行相关训练，掌握利用新能源制备工艺的内容、方法、步骤等，了解检测工艺的内容、方法等。通过学习一些解决实际应用过程中经常出现的问题的方法，以达到使学生在今后的工作中运用新能源知识时能得心应手。为了提高教学效果，教师不仅采用了操作演示的方法，而且还为学生提供了实践操作的机会。

5. 培养学生对能源知识的融会贯通能力

课程涉及常用能源技术，主要有生物质能技术、核能相关技术、太阳能相关技术等，以及常用的能源知识的应用技巧。除了需熟练掌握各类能源工程知识外，还需正确认识、理解工艺，清楚工艺原理。培养学生的融会贯通能力需要教师转变教学思想，把以填鸭教育为主转变为以能力教育为主。针对新能源实验课程，为鼓励学生创新性地提出不同问题，我们在讲义中布置思考题。通过启发式培养，极大地提高了学生对实践知识的融会贯通能力。

新能源专业毕业的学生未必直接从事与新能源有关的工作，但新能源教学实验的相关锻炼将使其受益终身。随着教育体制的改革和教育理念的更新，以及能源技术的飞速发展，如何接受新的教育理念，转变我们传统的教育观念，已经成为我们必须解决的一个问题。本教材在近年的新能源教学实践基础上编写完善起来，希望能让学生真正体会到能源领域知识的快速更新。只有不断地学习，才能掌握最新的实践知识，才能在今后把工作做得更好。

由于我们的经验、学识有限，加之成书仓促，书中不妥之处在所难免，恳请同仁和读者提出宝贵的意见。本书在编写过程中参考了很多专家、学者的著作、论文和网上资源，考虑到教材使用的方便性没有在书中一一注明，而是作为参考文献在书末列出，在此向作者们致以谢意。如有遗漏，敬请谅解。本书涉及的部分内容来源于网络，编者已在参考文献中尽量全面地列举了参考的文章，但多数网络文献不易考证初始文献，特别是这些文献的初始作者，在此特地向初始作者致谢。

相信基于这本教材的不断完善，新能源本科教学课程会越办越好。

编　者

2019 年 12 月 3 日

目 录

一、基础生物能源实验

1. 基础生物化学实验

实验一　微生物培养基配制及灭菌 ………………………………………………… 2
实验二　能源微生物的分离与纯化 ………………………………………………… 7

2. 生物质材料测定基础实验

实验三　生物质还原糖的测定 ……………………………………………………… 10
实验四　福林-酚试剂法定量测定蛋白质 ………………………………………… 13
实验五　蔗糖酶的制备和活力测定 ………………………………………………… 17
实验六　纤维素酶活力的测定 ……………………………………………………… 20
实验七　木质纤维素中总糖和克拉松木质素含量的测定 ………………………… 24

3. 生物质化学反应及过程实验

实验八　能源糖类物质的喷雾干燥及原理 ………………………………………… 27
实验九　生物质糖的水解与水解产物的测定 ……………………………………… 30
实验十　酯交换法制备生物柴油 …………………………………………………… 34
实验十一　原位氢氧化锆催化剂的制备及应用 …………………………………… 37

二、生物质热解综合利用实验

1. 生物油的制备、分离及分析

实验十二　生物油组成的 GC-MS 分析 …………………………………………… 40
实验十三　木质素解聚及其组成的定性分析（GC-MS 分析） …………………… 43
实验十四　生物油中酚类物质的萃取与色谱分析 ………………………………… 46
实验十五　生物质精油的蒸馏提取 ………………………………………………… 48

2. 活性炭的制备、表征及应用

实验十六　活性炭的制备及其表征 ………………………………………………… 51
实验十七　生物质慢速热解实验 …………………………………………………… 54

实验十八　水体污染物的物理/化学吸附脱除实验……………………………………… 57

三、电化学反应及过程实验

实验十九　储能电极材料 $LiMn_2O_4$ 的制备及电化学性能表征……………………… 62
实验二十　锂离子电池 $LiCoO_2$ 正极材料电化学性能测试………………………… 66
实验二十一　直接甲醇燃料电池阳极电催化剂制备及性能评估……………………… 69
实验二十二　水分解析氧廉价电催化剂的制备及性能评估…………………………… 74

四、能源材料制备与处理实验

实验二十三　碳钢的热处理工艺实验…………………………………………………… 78
实验二十四　金相显微实验……………………………………………………………… 85
实验二十五　固相烧结法制备 $BaTiO_3$ 陶瓷材料……………………………………… 95
实验二十六　真空蒸发镀膜实验………………………………………………………… 101
实验二十七　溶胶-凝胶法制备 TiO_2 纳米材料………………………………………… 113

五、能源材料性能表征实验

实验二十八　材料力学性能实验………………………………………………………… 116
实验二十九　能源材料腐蚀行为检测…………………………………………………… 123
实验三十　材料线膨胀系数的测定……………………………………………………… 128
实验三十一　半导体电学参数的测量…………………………………………………… 133

六、流体力学综合实验

实验三十二　流动阻力测量实验………………………………………………………… 142
实验三十三　流量测量实验：文丘里实验……………………………………………… 149

七、太阳能电池设计与制备综合实验

实验三十四　晶体硅电池组件的伏安(I-V)性能模拟………………………………… 156
实验三十五　太阳能电池特性及应用实验……………………………………………… 163
实验三十六　光伏制氢燃料电池综合特性实验………………………………………… 174
实验三十七　钙钛矿太阳能电池的制备………………………………………………… 183
实验三十八　纤维素太阳能膜的制备与透光率测试…………………………………… 189
实验三十九　单相光伏逆变器的设计与调试…………………………………………… 194

八、能源虚拟仿真综合设计实验

实验四十　核电站原理模拟机实验 …… 200

九、通用仪器分析基础实验

实验四十一　能源材料红外光谱定性分析 …… 208
实验四十二　X射线衍射仪与物相分析 …… 211
实验四十三　扫描电子显微镜观测实验 …… 216
实验四十四　气相色谱的应用及外标法制作标准曲线 …… 220
实验四十五　液相色谱的使用及内标法制作标准曲线 …… 229
实验四十六　离子扩散系数测量 …… 233
实验四十七　能源材料的综合热分析 …… 238
实验四十八　透射电镜的成像观察实验 …… 242

参考文献 …… 249

一 基础生物能源实验

1. 基础生物化学实验

实验一 微生物培养基配制及灭菌

一、实验目的

学习和掌握配制培养基的一般方法和步骤;了解消毒和灭菌的原理,掌握高压蒸汽灭菌法、干热灭菌法的操作步骤。

二、实验原理

灭菌是指用物理或化学的方法将培养基、发酵设备或其他目标物中所有微生物的营养细胞及其芽孢(或孢子)杀灭或去除,从而达到无菌的过程。微生物对灭菌剂的抵抗力取决于原始存在的群体密度、菌种或环境赋予菌种的抵抗力。灭菌是获得纯培养的必要条件,也是食品和医药领域中必需的技术。

灭菌常用的方法有化学试剂灭菌、射线灭菌、干热灭菌、湿热灭菌和过滤除菌等,可根据不同的需求,采用不同的方法。

干热灭菌法,是利用干热空气加热杀灭微生物的一种方法,可用于磁制、金属制物品,纤维制物品、矿物油、脂肪、脂肪油、试验药物、固态的医药品等耐高温的物品。将待灭菌物品置于烘箱内,加热空气,保持干燥与高温状态,达到干热灭菌的效果。通常,在如下几种条件下进行灭菌:135~145 ℃,3~5 h;160~170 ℃,2~4 h;180~200 ℃,0.5~1 h;200 ℃以上,0.5 h。

高压蒸汽灭菌法,是利用适当温度和压力的饱和水蒸气加热杀灭微生物的一种方法,可用于磁制、金属制、橡胶制、纸制、纤维制的物品,水,培养基,试验药品,试验液体和液态医药品等耐高温、高压、水蒸气物品的灭菌。为确实达到灭菌效果,灭菌时的高压蒸汽必须饱和。通常可在以下条件下进行灭菌:115 ℃,30 min;121 ℃,20 min;126 ℃,15 min。

过滤除菌法,即用筛除或滤材吸附等物理方式除去微生物,是一种常用的除菌方法。对于不耐热液体,过滤是唯一实用的除菌方法。滤器可分为深层型和过筛型两大类。深层滤器主要靠滤材的深度,通过机械性捕获或随机吸附进行过滤,多数滤材属此类型。过筛型滤器以物理过筛法将液体或气体中的微生物加以排除。有些需要灭菌的材料不能受热,例如许多维生素溶液。过滤法不是将微生物杀死,而是把它们排除出去。过滤除菌采用两类器具:一类叫深层滤器,例如用烧结玻璃、不上釉的陶瓷颗粒或石棉压成的滤板等;另一类是滤膜。滤膜一般由醋酸纤维素、硝酸纤维素、多聚碳酸酯、聚偏氟乙烯等合成纤维材料制成。滤膜的孔径一般为 $0.2~\mu m$,它可以滤除绝大多数微生物的细胞。过滤法的最大缺点是不能滤除病毒。

三、实验仪器与试剂

高压蒸气灭菌锅、电热烘箱、电磁炉、电子天平。

试管、三角瓶、烧杯、搪瓷缸、量筒、玻璃棒、牛角匙、过滤除菌器、培养皿、pH试纸、棉花、牛皮纸、记号笔、线绳、纱布。

酵母膏、蛋白胨、琼脂、葡萄糖、青链霉素、1 mol/L NaOH 溶液、1 mol/L HCl 溶液、KH_2PO_4、$(NH_4)_2SO_4$、$CaCl_2$、$MgSO_4$、微量元素储备液。

四、实验步骤

(一)酵母膏胨葡萄糖琼脂(YEPD)培养基的配制

YEPD培养基可用于多种细菌培养,主要用作酵母常规生长的复合培养基。其配方如下:酵母膏10 g,蛋白胨20 g,葡萄糖20 g,琼脂15~20 g,加水至1000 mL,自然pH。

(1)称药品。按实际用量计算后,按配方称取各种药品放入搪瓷缸中。酵母膏可放在小烧杯或表面皿中称量,用热水溶解后倒入搪瓷缸;蛋白胨易吸潮,称量要迅速。

(2)加热溶解。在搪瓷缸中加入少于所需要的水量,然后放在电磁炉上,小火加热,并用玻璃棒搅拌,待药品完全溶解后再补充水分至所需量。若配制固体培养基,则将称好的琼脂放入已溶解的药品中,再加热融化,此过程中,需不断搅拌,以防琼脂糊底或溢出,最后补足所失水分。

(3)调pH。检测培养基的pH,若偏酸,可滴加 1 mol/L NaOH,边加边搅拌,并随时用pH试纸检测,直至达到所需pH范围。若偏碱,则用1mol/L HCl溶液进行调节。pH的调节通常放在加琼脂之前。应注意pH值不可调过头,以免影响培养基内各离子的浓度。

(4)过滤。液体培养基可用滤纸过滤,固体培养基可用4层纱布趁热过滤,以利于结果的观察。但是供一般使用的培养基,这步可以省略。

(5)分装。按实验要求,可将配制的培养基分装入试管或三角瓶内。分装时可用三角漏斗,以免培养基沾在管口或瓶口上而造成污染。分装量:固体培养基约为试管高度的1/5,灭菌后制成斜面。分装入三角瓶内以不超过其容积的一半为宜。半固体培养基以试管高度的1/3为宜,灭菌后垂直待凝。

(6)加硅胶塞。试管口和三角瓶口塞上硅胶塞,防止杂菌侵入和有利于通气。有些微生物需要更好的通气,则可用棉塞(图1-1)或8层纱布制成通气塞。

(7)包扎。加塞后,将三角瓶的棉塞外包一层牛皮纸或双层纸,以防灭菌时冷凝水沾湿棉塞。若培养基分装于试管中,则应先把试管扎成捆后,再于棉塞外包一层牛皮纸。然后用记号笔注明培养基名称、组别、日期。

(8)灭菌。将上述培养基置于121.3 ℃湿热灭菌20 min。如因特殊情况不能及时灭菌,则应放入冰箱内暂存。

(9)摆斜面。灭菌后,如制斜面,则需趁热将试管口端搁在一根长木条上,并调整斜面,使斜面的长度不超过试管总长的1/2。

(10)无菌检查。将灭菌的培养基放入37 ℃温箱中培养24~48 h,无菌生长即可使用。或储存于冰箱或清洁的橱内,备用。

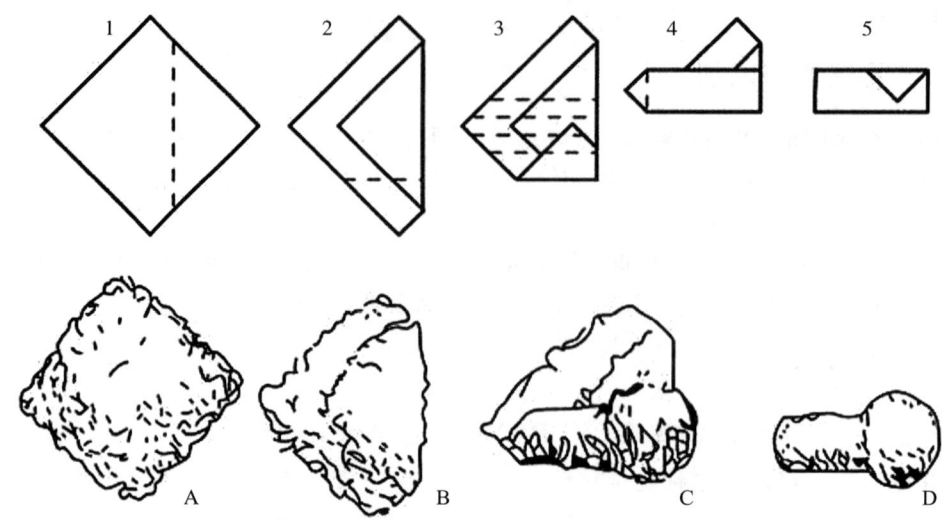

图 1-1 棉塞的制作方法

（二）产纤维素酶真菌筛选培养基的配制

产纤维素酶真菌筛选培养基可用于产纤维素酶真菌的初筛。其配方如下：珠磨微晶纤维素（干物质）10 g，KH_2PO_4 15 g、$(NH_4)_2SO_4$ 20 g、$CaCl_2$ 0.6 g、$MgSO_4$ 0.6 g，琼脂 15～20 g，微量元素储备液 10 mL，加水 1000 mL，pH 5.5。

微量储备液配方：$FeSO_4 \cdot 7H_2O$ 0.005 g/L、$ZnSO_4 \cdot 7H_2O$ 0.001 4 g/L、$MnSO_4 \cdot 7H_2O$ 0.001 6 g/L、$CoCl_2 \cdot 6H_2O$ 0.003 7 g/L。

(1) 称量和溶解。先计算后称量，按用量先称取各成分，并将其溶解在少于所需量的水中，加入微量元素储备液 10 mL，待各成分完全溶解后，补充水分到所需体积，加琼脂粉 15～20 g。

(2) pH 调节、分装、包扎、灭菌及无菌检查同牛肉膏蛋白胨培养基的配制。

（三）灭菌

1. 高压蒸汽灭菌法

高压蒸汽灭菌法适用于培养基、无菌水、工作服等物品的灭菌。

(1) 加水。为防止损坏高压灭菌锅，所加水应为去离子水，加水量以刚好覆盖灭菌锅底层凸出铁片为准。

(2) 装锅。将待灭菌物品装入锅内，注意不要塞得过紧过满，盛有培养基的三角瓶和试管应立放或适度倾斜，以免灭菌过程中培养基污染棉塞。

(3) 通电。打开开关，电源指示灯亮起。

(4) 关盖。按顺时针方向转动手柄至显示盘左上角出现红点为止，注意不要过紧。

(5) 灭菌程序设置。灭菌锅已设置多个灭菌程序，可以通过"up"和"down"键自行选择（本实验用 121 ℃、20 min 灭菌）。

(6) 出锅。灭菌完毕，温度降到 80 ℃ 以下方可停止灭菌，此时应切断电源，拿出灭菌物品。

(7) 无菌检查。将已灭菌的培养基于 37 ℃ 培养 24 h，无杂菌生长，即可待用。

2. 干热灭菌法

干热灭菌法适用于玻璃器皿,如试管、培养皿、三角瓶、移液管等的灭菌。

(1)装入待灭菌的物品。预先将各种器皿用纸包好或装入金属制的培养皿桶、移液管筒内,然后放入电热烘箱中。

(2)升温。关好电烘箱门,打开电源开关,设定烘箱烘烤温度(160~170 ℃),烘箱开始升温。

(3)恒温。观察温度显示仪表盘,当温度升到所需温度后,维持此温度 2 h。

(4)降温。调节烘箱温度至 70 ℃ 以下,烘箱开始自动降温。

(5)取出灭菌物品。待烘箱内温度下降到 70 ℃ 以下时,才能打开箱门,取出灭菌物品。

3. 膜过滤除菌法

有些物质,如抗生素、血清、维生素等容易受热分解,宜采用过滤除菌法。

(1)膜过滤器。滤膜由醋酸纤维素、硝酸纤维素等制成,有孔径不同的多种规格(如 0.1 μm、0.22 μm、0.30 μm、0.45 μm 等),过滤细菌常用 0.45 μm 孔径滤膜。其优点是吸附性小,即溶液中的物质损耗少,滤速快,每张滤膜只使用一次,不用清洗。

(2)过滤装置。按图 1-2 进行安装,为阻止空气中的细菌进入滤瓶,在接管处塞入棉花,外用纸包好进行 121 ℃ 湿热灭菌 20 min。为加快过滤速度,可接真空泵抽滤。少量液体过滤时可用注射器接针式过滤头进行操作。

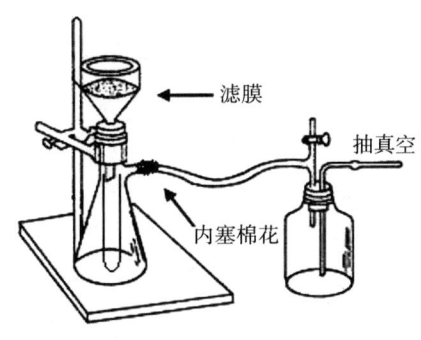

图 1-2 过滤装置

(四)注意事项

(1) 称药品用的牛角匙要擦净,避免污染其他药品;称完药品应及时盖紧瓶盖。调 pH 时要小心操作,避免回调。不同培养基各有配制特点,要注意具体操作。

(2) 使用灭菌锅应严格按照操作程序进行,避免发生事故;灭菌时,操作者切勿擅自离开,务必等压力下降到零后,才能打开锅盖。

(3) 干热灭菌时电烘箱中的物品不要摆得太拥挤,以免阻碍空气流通而影响灭菌效果;灭菌物品不要与电烘箱内壁的加热板接触,以免包装纸烤焦着火。

(4) 过滤除菌时应注意检查过滤装置连接处是否漏气,以防污染。

五、演示实验

(1)高压蒸汽灭菌锅的构造及使用方法。

(2)注射器纤维素滤膜过滤除菌的操作。

六、思考题

(1)配制培养基有哪几个步骤?在操作过程中应注意哪些问题?

(2)培养基配制完成后,为什么必须立即灭菌?若不能及时灭菌应如何处理?已灭菌的培养基如何进行无菌检查?

(3)比较各种灭菌方法的原理及适用范围。

实验二　能源微生物的分离与纯化

一、实验目的

(1)学习从土壤、腐烂纤维素生物质中分离微生物的方法,学习无菌操作技术。
(2)用稀释法分离细菌、放线菌和霉菌。
(3)用平板画线方法分离微生物。
(4)学习斜面接种等无菌操作技术。

二、实验原理

利用稀释菌液或平板画线的方法,可以减少微生物在平板上的接种密度,从而将目标微生物从混合的微生物群体中分离出来,实现微生物的分离与纯化。

三、实验仪器与试剂

无菌培养皿12套、1 mL无菌移液管10支、土壤样品、天平、称量纸、药勺、试管架、玻璃铅笔、涂布棒。

金黄色葡萄球菌和大肠杆菌斜面菌株。

已灭菌的固体牛肉膏培养基、高氏1号培养基、纤维素酶产生菌筛选培养基各1瓶,49.5 mL无菌水(带玻璃珠)1瓶,4.5 mL无菌水6管,80%乳酸,10%酚液,0.1%刚果红染液,1 mol/L NaCl溶液,95%乙醇。

产纤维素酶真菌刚果红染色培养基配方:微晶纤维素粉10 g,葡萄糖5 g,KH_2PO_4 2 g,$(NH_4)_2SO_4$ 1.4 g,$MgSO_4 \cdot 7H_2O$ 3 g,$CaCl_2$ 0.3 g,$FeSO_4 \cdot 7H_2O$ 0.5 mg,$MnSO_4$ 1.6 mg,$ZnCl_2$ 1.7 mg,$CoCl_2$ 2.0 mg,琼脂20 g,蒸馏水1000 mL。

四、实验步骤

(一)土壤稀释分离

1. 取土样

取腐烂的枯枝落叶下面的土样,放入灭菌的袋中备用,或放在4 ℃冰箱中暂存。

2. 制备稀释液(要无菌操作)

(1)制备土壤悬液。称土样0.5 g,迅速倒入预先装有玻璃珠和50 mL无菌水的三角瓶中(玻璃珠用量充满瓶底最好),振荡5~10 min,使土样充分打散,即成为10^{-2} g/mL的土壤悬液。

(2)稀释。用无菌移液管吸10^{-2} g/mL的土壤悬液0.5 mL,放入4.5 mL无菌水中即成10^{-3} g/mL稀释液。如此重复,可依次制成10^{-3}~10^{-8} g/mL的稀释液。注意:操作时管尖不能接触液面,每一个稀释度换用一支移液管,每次吸入土液后,要将移液管插入液面,吹吸3次,每次吸上的液面要高于前一次,以减少稀释中的误差。

3. 测定菌落数的方法

(1)细菌。取 10^{-7} g/mL、10^{-6} g/mL 两管稀释液各 1 mL,分别接入相应标号的平皿中,每个稀释度接两个平皿。然后取冷却至 50 ℃ 的牛肉膏琼脂培养基,分别倒入以上培养皿中(装量以铺满皿底的 2/3 为宜),迅速轻轻摇动平皿,使菌液与培养基充分混匀,但不沾湿皿的边缘,待琼脂凝固即成细菌平板。倒平板要注意无菌操作(图 2-1)。

(2)放线菌。取 10^{-5} g/mL、10^{-4} g/mL 两管稀释液,在每管中加入 10% 酚液 5~6 滴,摇匀,静置片刻,然后分别从两管中吸出 1 mL 加入相应标号的平皿中,选用高氏 1 号培养基,用与培养细菌同样的方法倒入平皿中,便可制成放线菌平板。

(3)产纤维素酶真菌。取冷却至 50 ℃ 的产纤维素酶真菌刚果红染色培养基,倒入灭菌的平皿中,待凝固冷却后,分别加入 10^{-2} g/mL、10^{-3} g/mL 两管稀释液各 0.5 mL,以涂布棒涂布均匀。要注意无菌操作。

将接种好的细菌、放线菌和产纤维素酶真菌平板倒置,即皿盖朝下放置,于 28~30 ℃ 中恒温培养。细菌培养 1~2 d,放线菌培养 5~7 d,产纤维素酶真菌培养 3~5 d。

 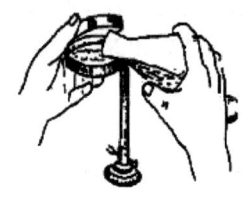

吸取菌液　　　　　　　　　　倒平板

图 2-1　倒平板过程无菌操作示意图

4. 产纤维素酶真菌的刚果红染色

(1)染色。在平板培养基中加入 10 mL 左右 0.1% 刚果红染液染色 2 h,然后倾去多余染液。

(2)清洗定影。用 1 mol/L NaCl 溶液洗去浮色定影,观察各菌株周围形成的透明圈的大小。

(二)平板画线分离微生物

1. 倒平板

按无菌操作要求,在火焰旁操作。取融化并冷却至不烫手的固体培养基(约 50 ℃),倒入无菌培养皿中,倒量以铺满皿底为限,平放桌上待其充分凝固后,备用。

2. 画线分离

使用接种环,从待纯化的菌落或待分离的斜面菌种蘸取少量菌样,在相应培养基平板上画线分离。画线方法多样,目的在于获得单个菌落,主要方法参照图 2-2。

 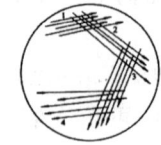

连续画线法　　分区画线法

图 2-2　画线法

（三）斜面接种

取新鲜固体斜面培养基，分别做好标记（写上菌名、接种日期、接种人等），然后用无菌操作方法，把待接菌种接入以上新鲜的培养基斜面中。

1. 接种的方法

用接种环蘸取少量待接菌种，然后在新鲜斜面上画"之"字形，方向是从下部开始，一直画到上部。注意画线要轻，不可把培养基划破。

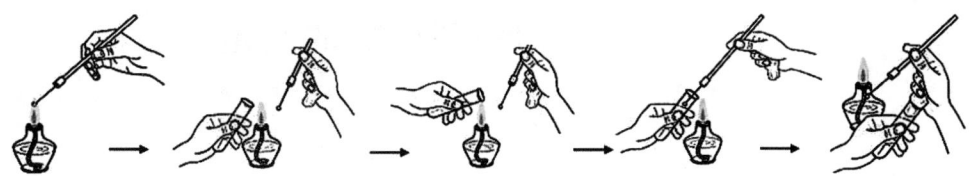

图 2-3　接种过程无菌操作示意图

2. 培养

接种后 30 ℃恒温培养，细菌培养 48 h，放线菌、产纤维素酶真菌培养至孢子成熟方可取出保存。

（四）注意事项

(1) 一般土壤中，细菌最多，放线菌及霉菌次之，酵母菌主要见于果园及菜园土壤中，故从土壤中分离细菌时，要取较高的稀释度，否则菌落连片不能计数。

(2) 在土壤稀释分离操作中，每稀释 10 倍，最好换一次移液管，使计数准确。

(3) 放线菌培养时间较长，故平板的培养基用量可适当多一些。

五、实验数据处理

(1) 记录土壤稀释分离结果，并计算每克所取土壤样品中的细菌、放线菌和产纤维素酶真菌的数量。

计数方法：选择长出菌落数 30～300 之间的培养皿进行计数，按以下公式：

$$总菌数 = 同一稀释度几次重复的菌落平均数 \times 稀释倍数$$

(2) 分别记录平板画线、斜面接种的结果，并自我评价。

六、思考题

(1) 在测定土壤微生物含量中，除混菌法、涂布法，还可用什么方法？

(2) 试设计实验，从土壤中分离出能够发酵葡萄糖产生酒精的酵母菌或细菌，并进行计数。

2. 生物质材料测定基础实验

实验三 生物质还原糖的测定

一、实验目的

(1) 掌握还原糖的测定原理。
(2) 学习用比色法测定还原糖的方法。

二、实验原理

在 NaOH 和苯酚存在下，3,5-二硝基水杨酸(DNS)与还原糖共热后被还原生成氨基化合物(图 3-1)。在过量的 NaOH 碱性溶液中，此化合物呈橘红色，在 540 nm 波长处有最大吸收。在一定的浓度范围内，还原糖的量与光吸收值呈线性关系，利用比色法可测定样品中的含糖量。

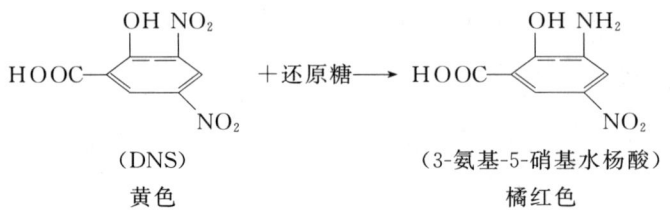

图 3-1 DNS 与还原糖反应原理

三、实验仪器与试剂

(一) 实验仪器

分光光度计(可见光分光光度计，型号 721 或 722；紫外-可见分光光度计，型号 752 或 756)，天平，电磁炉，搪瓷水浴缸，移液管或微量移液枪(1 mL 4 支，5 mL 2 支)，容量瓶(50 mL 或 100 mL)，1000 mL 大烧杯 2 个(分别用于盛冷却水和废液)，100 mL 小烧杯 2 个，隔热手套，吸耳球，有精确刻度的定容试管若干，玻璃棒，擦镜纸，标签纸，记号笔，等等。

(二) 试剂

DNS 试剂配制方法：(甲液)溶解 6.9 g 结晶苯酚于 15.2 mL 10% NaOH 溶液中，并稀释至 69 mL，在此溶液中加入 6.9 g NaHSO$_3$。(乙液)称取 255 g 酒石酸钾钠，加到 300 mL 10% NaOH 溶液中，再加入 880 mL 1% 3,5-二硝基水杨酸溶液。将甲液与乙液相混合即得黄色试剂，贮于棕色试剂瓶中，室温下放置 7~10 d 后再使用。

葡萄糖标准溶液:准确称取干燥恒重的葡萄糖 100 mg,加少量蒸馏水溶解后,以蒸馏水定容至 100 mL,即含葡萄糖为 1.0 mg/mL。

(三)样品

待测原料,如糖浆、果汁、玉米淀粉、特定浓度的糖溶液等。

四、实验步骤

(一)熟悉分光光度计操作

分光光度计操作流程为:①开机预热 20 min 以上;②设定波长;③在 T 模式下调零点;④在 T 模式下调满度;⑤切换到吸光度模式(A 模式);⑥测定。

(二)葡萄糖标准曲线绘制

取 6 支 15 mm×180 mm 试管,按表 3-1 方案加入 1.0 mg/mL 葡萄糖标准液和蒸馏水。

表 3-1 葡萄糖标准曲线绘制方案

管号	葡萄糖标准液/mL	蒸馏水/mL	葡萄糖含量/mg	A_{540}
0	0	1	0	
1	0.1	0.9	0.1	
2	0.2	0.8	0.2	
3	0.3	0.7	0.3	
4	0.4	0.6	0.4	
5	0.5	0.5	0.5	

在上述试管中分别加入 DNS 试剂 2.0 mL,不要盖试管的塞子,于沸水浴中加热 2 min 进行显色,取出后用大烧杯中的冷却水迅速冷却,各加入蒸馏水定容到 12.0 mL,加上塞子并摇匀。以 1.0 mL 蒸馏水代替葡萄糖标准液按同样显色操作为空白,在 T 模式下调满度。切换到 A 模式,在 540 nm 波长处测定各样品的光吸收值。以葡萄糖含量(mg)为横坐标,光吸收值为纵坐标,绘制标准曲线。

(三)未知样品中含糖量的测定

将未知样品稀释一定倍数,取 4 支 15 mm×180 mm 试管,分别按表 3-2 加入试剂。

表 3-2 未知样品测定方案

项目	空白	样品		
H_2O/mL	1	0	0	0
样品溶液/mL	0	1	1	1
3,5-二硝基水杨酸试剂/mL	2	2	2	2
A_{540}				

加完试剂后,不要盖试管的塞子,于沸水浴中加热 2 min 进行显色,取出后用大烧杯中的冷却水迅速冷却,各加入蒸馏水并定容到 12.0 mL,加上塞子并摇匀,在 A 模式下 540

nm 波长处测定光吸收值。测定后,取样品的光吸收平均值在标准曲线上查出相应的还原糖浓度,根据稀释倍数计算出相应的糖含量。

如果测得的吸光度不在标准曲线范围内,说明未知样品的稀释倍数不正确,应重新选择稀释倍数,按照上述方案重做实验。一般按数量级进行稀释,如 10 倍、100 倍、1000 倍,以此类推。

(四)注意事项

(1)标准曲线绘制与样品含糖量测定应同时进行,一起显色和比色。
(2)废液集中在指定的废液桶内。

五、实验数据处理

数据输入电脑,利用 Excel 或者 Origin 软件进行数据分析,根据标准曲线计算出样品中还原糖的百分含量。

六、思考题

(1)还原糖的测定可能会受到什么因素干扰?
(2)DNS 试剂为什么要避光保存,并定期标定?
(3)既然沸水浴的时候不盖试管的塞子,塞子的用途是什么?
(4)为什么未知样品的稀释倍数要按数量级进行设计?

实验四　福林-酚试剂法定量测定蛋白质

一、实验目的

(1)掌握福林-酚试剂法测定蛋白质含量的原理和方法。
(2)掌握可见光分光光度计的使用方法。

二、实验原理

1921年,福林(Folin)首创福林-酚试剂法,利用蛋白质分子中酪氨酸和色氨酸残基(酚基)还原酚试剂(磷钼酸-磷钨酸)起蓝色反应;1951年,劳里(Lowry)对此法进行了改进,先于标本中加碱性铜试剂,再与酚试剂反应,提高了灵敏度。福林-酚试剂法主要包括两步:

(一)双缩脲反应

在碱性溶液中,双缩脲($H_2NOC-NH-CONH_2$)能与Cu^{2+}作用,形成紫色或紫红色的络合物,这个反应叫作双缩脲反应。由于蛋白质分子中含有与双缩脲结构相似的多个肽键,因此有双缩脲反应。即在碱性溶液中,蛋白质分子中的肽键与碱性铜试剂中的Cu^{2+}作用生成紫红色的蛋白质-Cu^{2+}复合物。

(二)福林-酚显色反应

福林-酚试剂在碱性条件下极不稳定,其磷钼酸盐-磷钨酸盐易被酚类化合物还原而呈蓝色反应(钼蓝和钨蓝的混合物)。由于蛋白质中含有带酚羟基的酪氨酸(Tyr),故有此显色反应。即蛋白质-Cu^{2+}复合物中所含的酪氨酸或色氨酸残基还原酚试剂中的磷钼酸和磷钨酸,生成蓝色的化合物。

在一定浓度范围内,蓝色的深浅度与蛋白质浓度呈线性关系,故与同样处理的蛋白质标准液比色即可求出样品中蛋白质的含量。另外,可以根据预先绘制的标准曲线求出待测样品中蛋白质的含量。

三、实验仪器与试剂

(一)仪器及器材

(1)分光光度计(可见光分光光度计,型号721或722;紫外-可见分光光度计,型号752或756)。
(2)电子天平、恒温水浴箱。
(3)有精确刻度的定容试管8支、试管架。
(4)移液管或微量移液枪(1 mL 4支,5 mL 2支)、移液管架、吸耳球。
(5)玻璃棒、擦镜纸、标签纸、记号笔等。

(二)样品

模拟健康人血清(需根据实际情况稀释)。

（三）试剂

1. 酪蛋白标准液（200 mg/mL）

准确称取干酪素粉末 400 mg，用 0.1 mol/L NaOH 溶液润湿溶解，加蒸馏水到 250 mL。

2. 碱性硫酸铜溶液

（1）碱溶液：Na_2CO_3 2 g 溶于 100 mL 0.1mol/L NaOH 溶液中。

（2）硫酸铜溶液：$CuSO_4 \cdot 5H_2O$ 0.5 g 溶于 100 mL 35 mmol/L（1％）酒石酸钾钠中。

使用前将①与②按 50∶1 混合即成碱性硫酸铜溶液。使用时现配。

3. 福林-酚试剂

在 2 L 磨口回流装置内加钨酸钠（$Na_2WO_4 \cdot 2H_2O$）100 g、钼酸钠（$Na_2MoO_4 \cdot 2H_2O$）25 g、蒸馏水 700 mL、14.68 mol/L（85％）磷酸 50 mL、浓盐酸 100 mL，充分混合后用小火回流 10 h。冷却后，再加硫酸锂（$Li_2SO_4 \cdot H_2O$）150 g、水 50 mL、数滴（2～3 滴）液溴（也可用 6～8 滴 30％ H_2O_2 代替），然后开口沸腾 15 min，去除过量的溴（因溴气甚毒，这一步应在通风橱中进行），冷却后加水至 1000 mL，过滤，溶液呈黄色（如带绿色则不能用），保存于棕色瓶中置冷暗处备用（如配制时间较长，试剂转呈绿色，可再加液溴数滴，煮沸 15 min，若能恢复原有的黄色或金黄色仍可继续使用）。

四、实验步骤

（一）操作步骤

1. 反应体系设置

取 8 支试管编号，按表 4-1 加入试剂，混匀。可以分别选择 3 个不同稀释度的未知样品加入 6、7、8 号试管中。

表 4-1 酪蛋白标准液及样品液配制

试剂	空白管	标准管				样品管
	1	2	3	4	5	6、7、8
酪蛋白标准液体积/mL	—	0.2	0.4	0.6	0.8	—
样品液体积/mL	—	—	—	—	—	0.5
蒸馏水体积/mL	1.0	0.8	0.6	0.4	0.2	0.5

2. 双缩脲反应

向各管内分别加入碱性硫酸铜溶液 2 mL，混匀，室温放置 10 min。

3. 福林-酚反应

加入福林-酚试剂 0.20 mL，2 s 内迅速混匀。40 ℃水浴 10 min 后，冷却至室温。当福林-酚试剂加到碱性的铜-蛋白质溶液中后，必须立即混匀（加一管混匀一管），使还原反应发生在磷钼酸-磷钨酸试剂被破坏之前。

4. 比色测定

熟悉分光光度计操作。分光光度计操作流程为：①开机预热 20 min 以上；②设定波长；③调零点；④调满度；⑤选择吸光度模式（A 模式）；⑥测定。

以 500 nm 波长比色,用 1 号管做空白,读取各管吸光度值 A_{500}。
每管重复测 3 次,求平均值用于绘标准曲线。

(二)注意事项

1. 干扰物质

此法是在福林-酚法的基础上引入双缩脲试剂,因此凡干扰双缩脲反应的基团,如 $-CO-NH_2$、$-CH_2-NH_2$、$-CS-NH_2$ 以及在性质上是氨基酸或肽的缓冲剂,如 Tris 缓冲剂以及蔗糖、$(NH_4)_2SO_4$,巯基化合物均可干扰福林-酚反应。此外,所测的蛋白质样品中,若含有酚类及柠檬酸,均对此反应有干扰作用。而浓度较低的尿素(约 0.5% 左右)、胍(0.5% 左右)、Na_2SO_4(1%)、$NaNO_3$(1%)、三氯乙酸(0.5%)、乙醇(5%)、乙醚(5%)、丙酮(0.5%)对显色无影响,这些物质在所测样品中含量较高时,则需做校正曲线。若所测的样品中含 $(NH_4)_2SO_4$,则需增加 Na_2CO_3-NaOH 浓度即可显色测定。若样品酸度较高,也需提高 Na_2CO_3-NaOH 浓度 1~2 倍,这样即可纠正显色后色浅的弊病。

2. 控制时间

因劳里反应的显色随时间不断加深,因此各项操作必须精确控制时间。即 1 号试管加入 2.0 mL 碱性硫酸铜试剂后,开始计时,1 min 后,2 号试管加入 2.0 mL 碱性硫酸铜试剂,2 min 后加 3 号试管,以此类推。全部试管加完碱性硫酸铜试剂后若已到 10 min,则 1 号试管可立即加入 0.20 mL 福林-酚试剂,1 min 后 2 号试管加入 0.20 mL 福林-酚试剂,2 min 后加 3 号试管,以此类推。40 ℃ 水浴 10 min,冷却后,每一分钟测定一管吸光值。

五、实验数据处理

(一)数据记录

按照表 4-2 记录各管在 500 nm 波长处测得的吸光度值。

表 4-2 实验数据记录

测定次数	各管吸光度值 A_{500}						
	2	3	4	5	6	7	8
1							
2							
3							
各管平均值 $\overline{A}_{500}$							

(二)绘制标准曲线

(1)选择合适的坐标纸。
(2)画坐标轴:以 A_{500} 值为纵坐标,酪蛋白标准液浓度为横坐标。
(3)根据测得的数据描点。
(4)连线:根据所描点的分布情况,作过原点的直线或光滑连续的曲线。该线表示实验点的平均变动情况,因此该线不需通过所有点,但应尽量使未经过线上的实验点均匀分布在曲线或直线两侧。

(5)求实验结果。

(三)结果计算

根据未知样品溶液的吸光度值,在绘制好的标准曲线中查出样品溶液中的蛋白质含量。然后乘以稀释倍数(n),得出每毫升未稀释血清中的蛋白质含量(mg/mL)。

$$血清蛋白浓度 = 样品蛋白质浓度 \times 2 \times n$$

参考:正常人血清蛋白浓度范围为 60~80 g/L。

(四)常见问题分析

(1)加入福林-酚试剂后溶液呈现黄绿色:加入福林-酚试剂后没有及时混匀或加入的量不准确,偏多。

(2)水浴后溶液呈无色:福林-酚试剂在反应前已被破坏,原因是加入福林-酚试剂后没有及时混匀,或水浴时间过长。

六、思考题

(1)除了福林-酚试剂法定量测定蛋白质,还有什么方法可以测定蛋白质?原理一样吗?

(2)为何每次用福林-酚试剂法定量测定蛋白质都要做标准曲线?

(3)向牛奶中加入三聚氰胺,是否会干扰福林-酚试剂法定量测定蛋白质的结果?

实验五 蔗糖酶的制备和活力测定

一、实验目的

(1)掌握提取酿酒酵母中的蔗糖酶。
(2)学习用紫外分光光度法测定蛋白质含量。
(3)掌握酶活性测定的方法和原理,测定蔗糖酶活性,学习酶活力的计算。

二、实验原理

蔗糖酶是催化蔗糖水解为果糖和葡萄糖的一种酶,广泛存在于动植物和微生物中,主要从酵母中得到,特异地催化非还原糖中的 α-呋喃果糖苷键水解,具有相对专一性。

酿酒酵母中含有大量的蔗糖酶,通过研磨破细胞壁,使酶游离出来,用水萃取酶,然后用有机溶剂沉淀酶蛋白得到粗制品,还可用柱层析进一步纯化得到精制品。

相关化学反应原理如下:

(1)蔗糖＋蔗糖酶(水解酶)→D-果糖＋D-葡萄糖

用测定生成还原糖(葡萄糖和果糖)的量来测定蔗糖水解的速度。本实验中,蔗糖酶的活力单位指在一定条件,每分钟水解产生 1 μmol 还原糖所需的酶量。

(2)DNS 试剂＋D-葡萄糖＋强碱液中＋沸水浴生成氨基化合物(棕红色)

三、实验仪器与试剂

(一)仪器

分光光度计(可见光分光光度计,型号 721 或 722;紫外-可见分光光度计,型号 752 或 756),1 cm 玻璃比色皿,离心机(配 1.5 mL 转子),电子天平,恒温水浴锅(35 ℃、100 ℃),电磁炉。

(二)试剂

二氧化硅、1 g/L 葡萄糖标准溶液(相对分子量 198.17 g/mol),0.2 mol/L 乙酸缓冲液(pH 4.6),5％蔗糖溶液、1 mol/L NaOH、DNS 试剂。

乙酸缓冲液:取醋酸钠 5.4 g,加水 50 mL 使溶解,用冰醋酸调节 pH 值至 4.6,再加水稀释至 100 mL。

(三)材料

酿酒酵母,试管,试管架,移液管或微量移液枪(1 mL 4 支,5 mL 2 支),移液管架,1.5 mL 离心管,搪瓷水浴缸,研钵,有精确刻度的定容试管若干,试管架,玻璃棒,擦镜纸,标签纸,记号笔,吸耳球,等等。

四、实验步骤

(一)研磨水提取

(1)称取 1.0 g 酿酒酵母和适量(约 5 mg)二氧化硅一起放入研钵中,二氧化硅要预先研细。

(2)缓慢加入 5 mL 乙酸缓冲液,每次加 1 mL,边加边研磨,至少用 10 min,至酵母细胞大部分研碎,将蔗糖酶充分转入水相。

(3)将混合物转入离心管中,平衡后,以 3000 r/min 离心 5 min。

(4)用滴管小心地取出水相,转入另一个清洁的离心管中,以 3000 r/min 离心 5 min。

(二)DNS 标准曲线的制作

取 6 只试管,按表 5-1 加入 1.0 mg/mL 葡萄糖标准液和蒸馏水。

表 5-1 DNS 标准曲线标准液的配制

管号	葡萄糖标准液体积/mL	蒸馏水体积/mL	葡萄糖含量/(mg·mL^{-1})
1	0	1	0
2	0.1	0.9	0.1
3	0.2	0.8	0.2
4	0.3	0.7	0.3
5	0.4	0.6	0.4
6	0.5	0.5	0.5

在上述每个试管中加入 DNS 试剂 2 mL,沸水浴 5 min,流动水迅速冷却,各加蒸馏水定容至 12 mL,摇匀,在 540 nm 波长处测光吸收值,以葡萄糖含量(mg/mL)为横坐标,光吸收值为纵坐标,绘制标准曲线。

(三)吸光度的测定

取 0.2 mL 已离心的酶液,用乙酸缓冲液稀释 10 倍,得到 2 mL 稀释液,同时以稀释 10 倍的乙酸缓冲液为空白对照。取 2 mL 稀释后的酶液及空白对照和 2 mL 5% 蔗糖,立即摇匀开始计时,35 ℃水浴 5 min,立即加入 1 mL 1 mol/L NaOH 溶液中止反应。取 1 mL 的反应液和 2 mL DNS 试剂,沸水浴 5 min,立即用流动的自来水冷却后,加入蒸馏水定容至 12 mL,进行吸光度的测定。

(四)计算酶活力

在 pH 4.6 条件下,每分钟水解产生 1 μmol 还原糖所需的酶量,定义为酶的活力单位(U)。

$$酶活力(U/g) = 1000 \times 测得还原糖含量 \times n \times V/(Wt)$$

其中:n——稀释倍数;

V——酶液总体积(mL,本实验按照 5.0 mL 计算);

W——样品重(g,本实验按照 1.0 g 计算);

t——时间（10 min）；

1000——毫摩尔与微摩尔间的转换数。

五、思考题

(1)什么是酶活力？测定酶活力的意义是什么？

(2)为什么酶活力定义为每分钟水解产生 1 μmol 还原糖所需的酶量，而不是每分钟水解产生 1 μmol 葡萄糖所需的酶量？

实验六 纤维素酶活力的测定

一、实验目的

学习用 3,5-二硝基水杨酸法(DNS)测定纤维素酶(CMC)酶活力及 FPA 酶活力的方法。

二、实验原理

纤维素酶水解滤纸或 CMC-Na 产生纤维二糖、葡萄糖等还原糖能将碱性条件下的 DNS 还原,生成棕红色的氨基化合物,在 540 nm 波长处有最大吸收,在一定范围内酶解产生的还原糖的量与反应液的吸光度成正比。

三、实验仪器与试剂

25 mL 具塞刻度试管、酸度计、分析天平(精确到 0.1 mg)、磁力搅拌器、定时器、搪瓷缸、分光光度计、滴管、水浴锅、移液枪、电磁炉、快速定性滤纸(杭州新华一号滤纸)。

3,5-二硝基水杨酸显色液:称取 10.0 g DNS,置于 600 mL 水中,逐渐加入 10 g NaOH,在 50 ℃水浴中(磁力)搅拌溶解,再依次加入酒石酸钾钠 200 g,重蒸苯酚 2.0 g,无水 Na_2SO_3 5.0 g,待全部溶解并澄清后,冷却至室温,用水定容至 1000 mL,过滤。存于棕色瓶中,于暗处放置一周后使用。

0.05 mol/L pH 4.8 柠檬酸缓冲液:称取柠檬酸 4.83 g,溶于 750 mL 水中,在搅拌的情况下,加入柠檬酸三钠 7.94 g,用水定容至 1000 mL。调节溶液的 pH 到(4.8±0.05),备用。

葡萄糖标准储备液(10 mg/mL):称取于(103±2)℃下烘干至恒重的无水葡萄糖 1 g(精确至 0.1 mg),用水溶解并定容至 100 mL。

葡萄糖标准使用溶液:分别吸取葡萄糖标准储备液 0.00、1.00、1.50、2.00、2.50、3.00、3.50 mL 于 10 mL 容量瓶中,用水定容至 10 mL,盖塞,摇匀备用。

CMC-Na 溶液:称取 2 g CMC-Na(精确至 1 mg),缓缓加入相应的缓冲液 200 mL,加热至 80~90 ℃,边加热边磁力搅拌,直至 CMC-Na 全部溶解,冷却后用相应的缓冲液稀释至 300 mL,用 2 mol/L HCl 或 NaOH 溶液调节溶液的 pH 到(4.8±0.05),最后定容到 300 mL,搅拌均匀,储存于冰箱中备用。

四、实验步骤

(一)绘制标准曲线

按照表 6-1 规定的量,分别吸取葡萄糖标准使用溶液、缓冲液和 DNS 试剂于各管中(各管号平行做 3 个样),混匀。将标准管同时至于沸水浴中,反应 10 min。取出,迅速冷却至室温,用水定容至 25 mL,盖塞,混匀。将反应后溶液置于比色杯,在波长 540 nm 处测量吸光度。以葡萄糖量为横坐标,以吸光度为纵坐标,绘制标准曲线,获得线性回归方程,线性回归系数在 0.999 0 以上时方可使用(否则须重做)。

表 6-1　葡萄糖标准曲线标准液的配制

管号	葡萄糖标准使用溶液		缓冲液吸取量/mL	DNS 试剂吸取量/mL
	浓度/(mg·mL^{-1})	吸取量/mL		
0	0.0	0.00	2.0	3.0
1	1.0	0.50	1.5	3.0
2	1.5	0.50	1.5	3.0
3	2.0	0.50	1.5	3.0
4	2.5	0.50	1.5	3.0
5	3.0	0.50	1.5	3.0
6	3.5	0.50	1.5	3.0

(二)样品(固体纤维素酶滤纸)酶活力(FPA)测定

1. 待测酶液的制备

(1)称量与溶解。称取固体酶样 1 g,精确至 0.1 mg(或吸取液体酶样 1 mL,精确至 0.01 mL),用水溶解,磁力搅拌混匀。

(2)稀释。精确稀释定容(使试样与空白液的吸光度之差恰好落在 0.3～0.4 范围内),放置 10 min,待测。

2. 滤纸条的准备

(1)滤纸干燥。将待用滤纸放入(硅胶)干燥器中平衡 24 h。

(2)制备滤纸条。将水分平衡后的滤纸制成宽 1 cm、质量为(50±0.5) mg 的滤纸条,折成 M 形,备用。

3. 酶活力测定

(1)加样。取 4 支 25 mL 具塞刻度试管(1 支空白管、3 支样品管);将折成 M 形的滤纸条分别放入每支试管的底部(沿 1 cm 方向竖直放入);分别向 4 支管中加入相应 pH 的缓冲溶液 1.50 mL;分别于 3 支样品管中加入稀释好的待测酶液 0.50 mL,使管中溶液浸没滤纸,盖塞。

(2)酶解。将 4 支试管同时置于(50±0.1) ℃水浴中,准确计时,反应 60 min,取出。立即准确地向各管中加入 DNS 试剂 3.0 mL,再于空白管中准确加入稀释好的待测酶液 0.50 mL,摇匀。

(3)显色。将 4 支管同时放入沸水浴中,加热 10 min,取出,迅速冷却至室温,加水定容至 25 mL,摇匀。

(4)比色。以空白管(对照样)调仪器零点,在波长 540 nm 处分别测量 3 支平行管中样液的吸光度,取平均值。

(5)计算。以吸光度平均值查标准曲线或用线性回归方程求出还原糖的含量。

(三)样品 CMC 酶活力测试

1. 待测酶液的制备

(1)称量溶解。称取固体酶样 1 g,精确至 0.1 mg(或吸取液体酶样 1.0 mL,精确至 0.01 mL),用水溶解,磁力搅拌混匀。

(2)酶液稀释。精确稀释定容(使试样与空白液的吸光度之差恰好落在 0.33~0.35 范围内),放置 10 min,待测。

2. 酶活力测定

(1)加样。取 4 支 25 mL 具塞刻度试管(1 支空白管、3 支样品管);分别向 4 支管中准确加入相应 pH 缓冲液配制的 CMC-Na 溶液 2.00 mL;分别于 3 支样品管中加入稀释好的待测酶液 0.50 mL,振荡混匀,盖塞。

(2)酶解。将 4 支试管同时置于(50±0.1) ℃水浴中,加热 30 min,取出;迅速、准确地向各管中加入 DNS 试剂 3.0 mL,于空白管中准确加入稀释好的待测酶液 0.50 mL,摇匀。

(3)显色。将 4 支管同时放入沸水浴中,准确计时,加热 10 min,取出,迅速冷却至室温,加水定容至 25 mL,摇匀。

(4)比色。以空白管(对照样)调仪器零点,在波长 540 nm 处分别测量 3 支平行管中样液的吸光度,取平均值。

(5)计算。以吸光度平均值查标准曲线或用线性回归方程求出还原糖的含量。

(四)注意事项

(1)待测酶样要稀释到合适的浓度。

(2)取出沸水浴后的试管时要戴棉手套,注意安全。

五、实验数据处理

(一)FPA 酶活力计算

FPA 酶活力按式 6-1 计算。

$$X_1 = A \times (1000/180)/60 \times (1/0.5) \times n \tag{6-1}$$

式中:X_1——样品的滤纸酶活力(FPA),IU/g(或 IU/mL);

A——根据吸光度在标准曲线上查得(或计算出)的还原糖量,mg;

1000/180——mg 换算成 μmol;

60——反应时间 60 min;

1/0.5——换算成酶液 1 mL;

n——酶样的稀释倍数。

(二)CMC 酶活力计算

CMC 酶活力按式 6-2 计算。

$$X_2 = A \times (1000/180)/30 \times (1/0.5) \times n \tag{6-2}$$

式中:X_2——样品的 CMC 酶活力,IU/g(或 IU/mL);

A——根据吸光度在标准曲线上查得(或计算出)的还原糖量,mg;

1000/180——mg 换算成 μmol;

30——反应时间 30 min;

1/0.5——换算成酶液 1 mL；

n——酶样的稀释倍数。

六、思考题

(1)纤维素酶的 CMCA 与 FPA 在表示纤维素酶酶解能力方面有何不同？为什么？

(2)比较各种纤维素酶的酶活力的意义及特点？

实验七　木质纤维素中总糖和克拉松木质素含量的测定

一、实验目的

掌握木质纤维素的成分，学习木质纤维素中总糖和克拉松木质素的测定方法。

二、实验原理

木质纤维素是地球上最丰富的生物质资源，主要由纤维素（占干物质重的 30%～50%）、半纤维素（占干物质重的 20%～40%）及木质素（占干物质重的 15%～25%）三部分组成，此外还包括少量的结构蛋白、脂类和灰分。纤维素是葡萄糖单元通过 β-1,4 糖苷键线性连接形成的均相聚合物，纤维素的纤维之间通过氢键相互作用，并可以形成结晶区域和无定形区域；半纤维素是由不同类型的单糖（包括五碳糖和六碳糖）构成的杂聚多糖，其中木聚糖的比例大约为 50%；木质素是一种无定形的、分子结构中富含氧代苯丙醇结构或其衍生结构单元的芳香性高聚物。图 7-1 所示为木质素结构单元，实际木质素分子结构比图中所示要复杂得多。

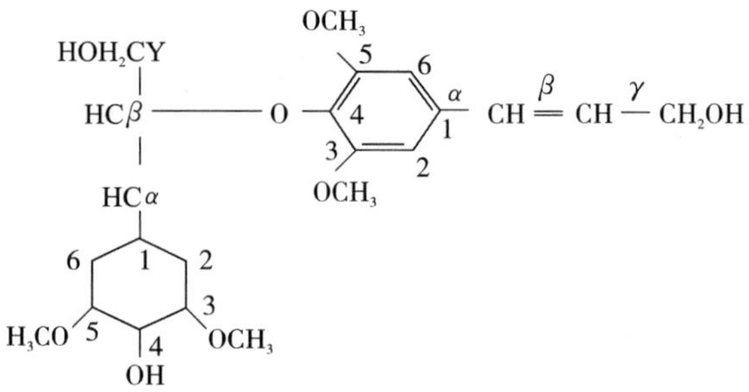

图 7-1　木质素结构单元示意图

纤维素和半纤维素都属于多糖，天然生物质中的结晶态纤维素在质量分数为 72% 的硫酸作用下解构为无定形物质，在高温环境中质量分数为 3%～4% 硫酸催化纤维素和半纤维素水解为还原性单糖。利用 DNS 法检测还原糖，根据单糖的量可以反推纤维素和半纤维素的总量，即总糖。图 7-2 表示的是纤维素水解机理。

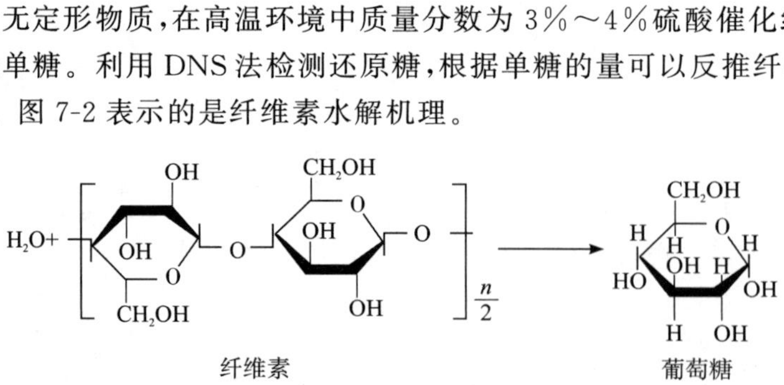

图 7-2　纤维素水解机理

利用硫酸彻底水解纤维素和半纤维素后，获得的不溶性物质是克拉松（Klason）木质素，即酸不溶性木质素,可以抽滤后定量分析。

三、实验仪器与试剂

(一)实验仪器和耗材

灭菌锅,分光光度计(可见光分光光度计,型号 721 或 722;紫外-可见分光光度计,型号 752 或 756),天平,电磁炉,搪瓷水浴缸,移液管或微量移液枪(1 mL 4 支,5 mL 2 支),抽滤泵,抽滤瓶,抽滤漏斗,三角瓶(500 mL),容量瓶(50 mL 或 100 mL),1000 mL 大烧杯 2 个(分别用于盛冷却水和废液),100 mL 小烧杯 2 个,100 mL 量筒,隔热手套,吸耳球,有精确刻度的定容试管若干,锡纸或废报纸(带皮筋),玻璃棒,滤纸(优先使用玻璃纤维滤纸),擦镜纸,标签纸,记号笔,等等。

(二)试剂

3,5-二硝基水杨酸(DNS)试剂,质量分数为 72% 的浓硫酸,NaOH 粉末。

(三)样品

待测生物质原料,如松木屑、秸秆屑等,预先在 80 ℃ 烘箱中干燥至恒重。滤纸也在 80 ℃ 烘箱中干燥至恒重。

四、实验步骤

(一)浓酸水解

称取 1.0 g 干燥的生物质粉加入小烧杯中,加入 4 mL 质量分数为 72% 的硫酸,用玻璃棒充分按压 10 min,获得浓酸水解产物。

(二)稀酸水解

取 1 支三角瓶(500 mL),将上述浓酸水解产物用去离子水稀释,并清洗小烧杯,将水解产物彻底转入三角瓶中,使最终硫酸质量分数为 3%～4%。用锡纸或旧报纸将三角瓶封口,放入灭菌锅中,在 0.1 MPa(约 121 ℃)下反应 1 h。

(三)葡萄糖标准曲线制作

按照实验三的方法绘制还原糖标准曲线。

(四)克拉松木质素含量的测定

将干燥的滤纸用万分之一天平精确称重得 m_1,利用抽滤装置将冷却后的稀酸水解液与不溶性固体物质分离,并用约 50 mL 去离子水缓慢注入抽滤漏斗中,冲洗不溶性固体物质。小心回收沾有全部不溶性固体物质的滤纸,移入小烧杯中,放入 80 ℃ 烘箱中干燥至恒重(约 2 h 以上),精确称重,得 m_2。利用下式计算每克生物质中的克拉松木质素含量 m_3:

$$m_3 = m_2 - m_1$$

(五)总糖含量的测定

收集全部滤过液(含冲洗水),用量筒精确测定总体积。用移液管取 1.0 mL,加入 0.1 g 用玻璃棒压碎的 NaOH 粉末,充分混匀,中和至中性或碱性,合理稀释一定倍数后,按照实验三的方法测定还原糖浓度。根据总体积和还原糖浓度,计算每克生物质中的总糖含量。

五、注意事项

酸性废液集中收集在指定的废液桶内,在通风橱中使用 Na_2CO_3 中和至中性,才能作为一般废水排放。

六、实验数据处理

将数据输入电脑,利用 Excel 或者 Origin 软件进行数据分析,根据标准曲线计算出样品中还原糖的百分含量,即生物质中的总糖含量。

七、思考题

(1)水解后获得的总糖质量往往大于实际的纤维素和半纤维素总质量,为什么?
(2)总糖量的测定可能会受到什么因素干扰?
(3)文献调研:如何测定酸溶性木质素。

3. 生物质化学反应及过程实验

实验八　能源糖类物质的喷雾干燥及原理

一、实验目的

(1) 了解能源糖类的干燥方法及分类(实验前预习)。
(2) 理解糖类原料喷雾干燥的原理。
(3) 掌握糖类原料喷雾干燥的操作方法。

二、实验原理

生物质糖是自然界中最丰富的生物质资源,包括淀粉、纤维素和半纤维素等多糖及其结构单糖,如葡萄糖、木糖等六碳或五碳糖。酸催化糖类水解反应是制备生物质基化学品和液体燃料的重要步骤之一。然而,要得到这些化学品,有些步骤需对产物进行干燥,本实验主要介绍糖类物质的机械喷雾干燥的原理及操作方法。

喷雾干燥的原理:通过机械作用,将需干燥的物料水溶液或悬浮液,分散成很细的像雾一样的微粒(增大水分蒸发面积,加速干燥过程),与热空气接触,在瞬间将大部分水分除去,使物料中的固体物质干燥成粉末。喷雾干燥的优点有:干燥过程迅速,可直接干燥成粉末,设备材料选择要求不严,干燥卫生条件好,生产效率高,操作人员少。喷雾干燥的缺点有:设备较复杂,一次投资大,需空气量多,热效率不高,热消耗大。

三、实验仪器与试剂

实验仪器:小型离心喷雾干燥设备(移动式高速离心喷雾干燥机),设备参数:离心盘直径 50 mm,干燥室直径 800 mm,圆筒高 600 mm,筒锥角度 60°。

实验药品及材料:烧杯(500 mL)若干、500 mL 量筒若干、天平、淀粉、NaCl(配成溶液或悬浊液)。

测量仪器:干燥设备上集成的温度测量仪。

四、实验内容

(1) 搭建实验装置并完成生物质能源糖类的喷雾干燥实验。
(2) 测定喷雾干燥后产品的得率(物料干燥前后质量比),并估算产品的含水量。

图 8-1 工业上使用的中小型喷雾干燥机

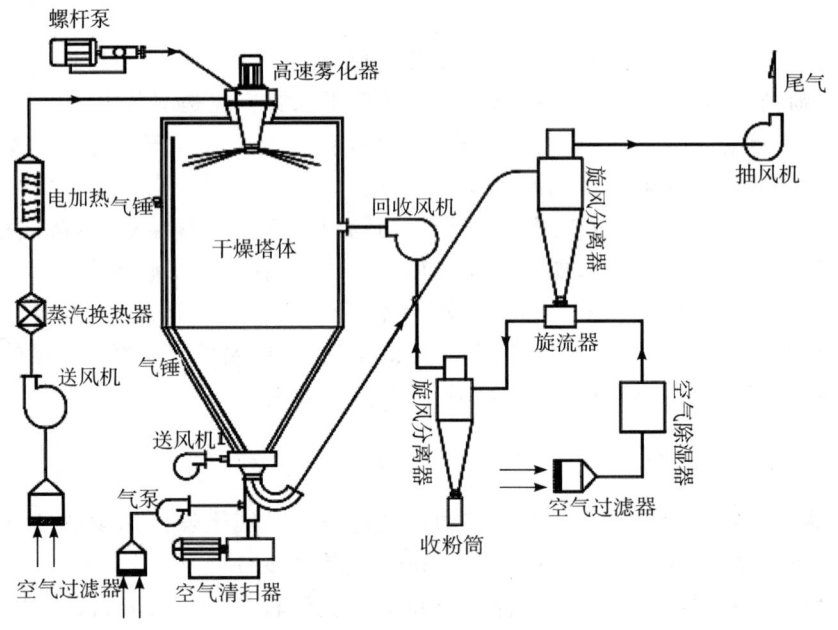

图 8-2 喷雾干燥机的结构

五、实验步骤

(1) 测定实验环境温度、配置并计算原料溶液的含水率及可溶性固性物含量等。
(2) 认真检查设备流程和各部件的结构构造。
(3) 启动排风机，检查系统部分连接是否良好，有无漏气的地方。
(4) 配制质量分数为 30% 的淀粉悬浮液：称取 30 g 可溶性淀粉溶于 70 g 蒸馏水中，搅拌并超声溶解。

(5)预热干燥室,设置所需干燥温度,每个小组做不同的干燥温度,进口温度设置为 140 ℃或 180 ℃,直到出风温度达到设定值(上下波动±1 ℃,进行干燥)。

(6)达到所要求的温度时,即启动泵,并慢慢进少量的物料,观察雾滴在干燥室中的状态,调节供料量直到能看见雾状液滴在干燥室中运动,稳定供料。进料速度大约为 4 mL/min,待胶管内物料全部喷完后(约 5 min),关闭蠕动泵、空压机和加热器。

(7)干燥操作完成后,停止进料、停加热器及停止离心盘转动,待出口温度低于 45 ℃后再停排风机。

(8)拆卸管道、分离器,收集粉料,称重并记录。

(9)取出离心喷雾头小心拆开清洗,抹干后安装好垂直放置,盒中保存。

(10)取洁净玻璃制的扁形称量瓶,置于 105 ℃烘箱中,瓶盖斜支于瓶边,加热 1.0 h,取出盖好,置干燥器内冷却 0.5 h 后称量,并重复干燥至前后两次质量差不超过 2 mg,即为恒重。

(11)取 3 g 左右喷雾干燥后的试样放入此称量瓶中,加盖平铺,精确称量。

(12)把装有试样的称量瓶置于 105 ℃烘箱中,瓶盖斜支于瓶边,干燥 2 h 后,盖好取出,放入干燥器内冷却 0.5 h 后称量。

(13)把样品放入 105 ℃烘箱中干燥 1 h 左右,取出,放入干燥器内冷却 0.5 h 后再称量。重复以上操作至前后两次质量差不超过 2 mg,即为恒重。最后计算喷雾干燥样品的含水量。

六、注意事项

(1)与产品接触的部位,必须先清洗灭菌;
(2)应有防止焦粉措施,及防止热空气产生涡流与逆流;
(3)防止空气携带杂质进入产品;
(4)应迅速出料冷却,以提高溶解度、速溶性;
(5)喷雾时物料液滴与热空气应均匀接触,以提高热效率;
(6)对黏性物质尽量减少粘壁现象。

七、实验数据处理

(1)计算干燥得率(物料干燥前后质量比),估算干燥后产品的含水量。
(2)对实验数据进行分析。

八、思考题

(1)喷雾干燥能否用于干燥容易失活、热敏感度高的医药产品?为什么?
(2)喷嘴及热空气温度能否低于 100 ℃?为什么?
(3)干燥产物的总得率能否达到或超过 100%?为什么?

实验九　生物质糖的水解与水解产物的测定

一、实验目的

(1) 了解生物质糖的来源、种类及其化学结构。
(2) 理解糖类水解的反应历程及其水解产物的种类。
(3) 掌握酸催化生物质糖水解的实验操作。
(4) 了解 DNS 法测定还原糖的原理和方法。
(5) 掌握反应底物转化率和产物得率的计算方法。

二、实验原理

生物质糖是自然界中最丰富的生物质资源,包括淀粉、纤维素和半纤维素等多糖及其结构单糖如葡萄糖、木糖等六碳或五碳糖。酸催化糖类水解反应是制备生物质基化学品和液体燃料的重要步骤之一。

以淀粉为例,淀粉是葡萄糖单元通过 α-1,4 糖苷键或者 α-1,6 糖苷键形成的聚合分子。在酸催化剂作用下,淀粉在水溶液中可以发生连续的脱水反应,并得到各种水解产物。如图 9-1 所示,在酸催化下,淀粉首先会水解成葡萄糖,葡萄糖再经过异构化反应转化为果糖,果糖在酸作用下继续脱水可以得到 5-羟甲基糠醛,最终 5-羟甲基糠醛经过再水合反应降解产生乙酰丙酸和甲酸。

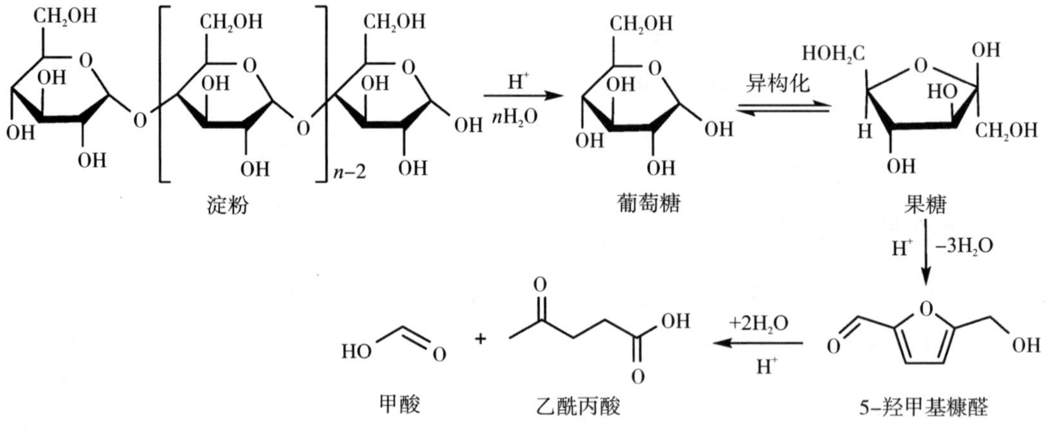

图 9-1　酸催化淀粉逐步水解的过程及其水解产物

纤维素也是由葡萄糖组成的大分子多糖,也可以在酸催化下经历类似于淀粉的水解反应得到相同的水解产物。然而,纤维素中葡萄糖单元之间是通过 β-1,4 糖苷键连接。这种不同于淀粉的糖苷键结构是植物在长期进化过程中自然选择的结果,使得植物具有抵抗自然或微生物等侵蚀的能力,因而水解纤维素要比水解淀粉困难得多。

三、实验仪器与试剂

实验器材：加热油浴锅，三口圆底烧瓶，玻璃回流冷凝管，温度计，导水橡胶管，磁力搅拌子，电子天平，称量纸，药匙及烧杯若干，分光光度计，电子天平，数显恒温水浴锅，1 mL 和 2 mL 移液管，100 mL 容量瓶，试管，100 mL 烧杯，25 mL 具塞刻度试管，50 mL 锥形瓶，碱式滴定管，10 mL 量筒。

实验药品：可溶性淀粉，葡萄糖，H_2SO_4，DNS，NaOH，苯酚，Na_2CO_3，酒石酸钾钠，葡萄糖，去离子水。

四、实验内容

(1) 搭建实验装置并完成淀粉酸水解实验。
(2) 测定酸催化条件下淀粉的水解产物还原糖含量。

五、实验步骤

(1) 将 250 mL 0.5 mol/L 或 1.0 mol/L 的 H_2SO_4 溶液小心倒入 500 mL 三口圆底烧瓶中，然后加入磁力搅拌子。

(2) 如图 9-2（油浴装置未画出）所示搭建实验装置，并将烧瓶浸入油浴中，然而向冷凝管中通入冷却水，打开油浴加热开关并将 H_2SO_4 溶液预热至 90 ℃。

(3) 将 12.5 g 淀粉小心加入烧瓶中，并以此时作为反应开始的零点。

(4) 观察淀粉在 H_2SO_4 溶液中的变化，用 5 mL 塑料吸管分别在反应开始后的 20 min、40 min、60 min、90 min 和 120 min 取 5 mL 左右样品液于 10 mL 的玻璃样品瓶，马上塞紧瓶盖并在冷油浴中使之迅速冷却至室温。

(5) 用移液管准确量取 2 mL 水解液放入 50 mL 锥形瓶中，并加入大约 9 mL 蒸馏水和 1 滴酚酞指示剂，以 2 mol/L NaOH 溶液中和至溶液呈微红色，并定容到 50 mL 待测。

(6) 取完最后一个样品后关闭加热和磁力搅拌，然后切断加热油浴电源；小心拆除反应装置并从油浴中取出三口烧瓶，待烧瓶及其中反应液冷却至室温后清洗烧瓶外壁上的油污；然后整理实验台面，清洗实验用过的玻璃仪器并烘干后放归原位。

(7) 用 DNS 法测定和绘制葡萄糖含量的标准曲线，如表 9-1 所示。然后继续测定各样品中的葡萄糖含量和水解得率，绘制不同酸浓度下淀粉水解得率随时间的变化趋势，并分析产生这样实验结果的原因。（DNS 溶液由老师配制）

表 9-1　糖含量测定记录

试剂	空白	样品1	样品2	样品3	样品4	样品5
样品溶液体积/mL	0	0.2	0.4	0.6	0.8	1.0
蒸馏水体积/mL	2.0	0.8	0.6	0.4	0.2	1.0
DNS 溶液体积/mL	1.50	1.50	1.50	1.50	1.50	1.50

将各管溶液混合均匀，在沸水中加热 5 min，取出后立即用冷水冷却到室温，再向每管加入蒸馏水定容至 25 mL，摇匀。

吸光度	0					
葡萄糖量/mg	0					

测定后,根据样品的光吸收值用标准曲线公式计算出相应的糖量。

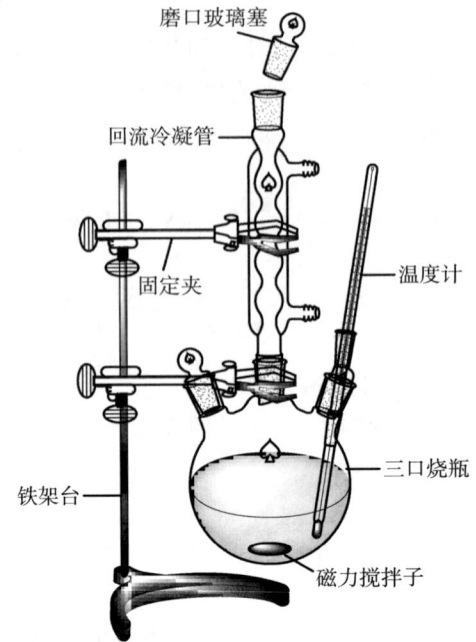

图 9-2 水解实验装置示意图

六、注意事项

(1) 磁力搅拌子应该小心从烧瓶口侧面滑入,不能直接竖直投入烧瓶。

(2) 开启加热油浴磁力搅拌时切记由慢至快,不能一下直接将磁力搅拌的转速调至非常高的数值。

(3) 加入淀粉时应注意尽量不要让淀粉粘到烧瓶内壁。

(4) 搭建玻璃仪器实验装置的顺序一般为从下至上、从左至右,拆除装置时则从相反的方向进行。

(5) 玻璃仪器注意轻拿轻放,有磨口接触的地方可事先涂抹适量凡士林。

(6) 冷凝水应保证下进上出,特别注意不能将水滴入油浴锅中。

(7) 滴定 NaOH 时要注意控制滴定速度。

七、实验数据处理

(1) 计算淀粉水解还原糖的得率。

按下式计算出样品中葡萄糖的质量得率:

$$(m/1000) \times (50/2) \times 250/M \times 100\%$$

式中:m——分光光度仪测得的葡萄糖量(mg);

M——反应开始前投入的淀粉量(g)。

(2) 对实验数据进行分析。

八、思考题

(1)反应前应该先加水溶液还是先加淀粉?为什么?
(2)如果突然将磁力搅拌调至很高的转速会发生什么情况?
(3)冷凝管上口是否需要封闭?
(4)水解产物的总得率或质量平衡能否达到100%?为什么?
(5)反应过程中搅拌的作用是什么?
(6)烧瓶内温度能否达到90 ℃?如果不能达到,是什么原因?
(7)不同浓度酸催化下水解还原糖的得率是否有差异?请尝试解释原因。

实验十 酯交换法制备生物柴油

一、实验目的
(1) 了解绿色能源的概念；
(2) 了解生物柴油的制备方法。

二、实验原理

生物柴油是一种石化柴油的替代品，是一种可再生生物质新能源，已经在全世界范围内引起广泛的关注。

本实验采用化学方法制备生物柴油，与物理方法不改变油脂组成和性质不同，化学法生物柴油制备技术就是将动植物油脂进行化学转化，改变其分子结构，将油脂的主要成分脂肪酸甘油酯转化为分子量仅为其 1/3 的脂肪酸低碳烷基酯，如脂肪酸甲酯或脂肪酸乙酯，使其从根本上改变油脂流动性差和黏度高的缺点，适合作为柴油内燃机的燃料。工业制备流程如图 10-1 所示。酯化和酯交换是生物柴油的主要生产方法，即用含或不含游离脂肪酸的动植物油脂和甲醇等低碳一元醇进行酯化或转酯化反应，生成相应的脂肪酸低碳烷基酯，在经过分离甘油、水洗、干燥等适当后处理即得生物柴油。通过化学转化得到的脂肪酸低碳烷基酯具有与石化柴油几乎完全相同的流动性和黏度范围，同时可与石化柴油完全混溶，是一种良好的柴油内燃机动力燃料。化学法生产的生物柴油完全改变了物理法生物柴油的物性性状，成为完全均匀的液态产品，黏度大幅降低，能与石化柴油以任意比例混溶形成单一均相体系。

过多的酸和甘油存在会影响最终生物柴油的质量，所以在制备生物柴油的时候，一定要先滴定油脂中的脂肪酸，并且要把产品中的甘油尽量分开。通常酸的质量分数不超过 0.5%，如果酸的质量分数小于 0.5%，就可以直接进行碱催化酯交换反应；如果脂肪酸含量超过 0.5%，就需先进行酸酯化反应。我们可以简单地以油酸作为标准估算出酸的质量分数。通常在合格的生物柴油产品中，所含的各种形式甘油（游离和非游离）的质量分数要小于 0.25%，游离甘油的质量分数要小于 0.02%。

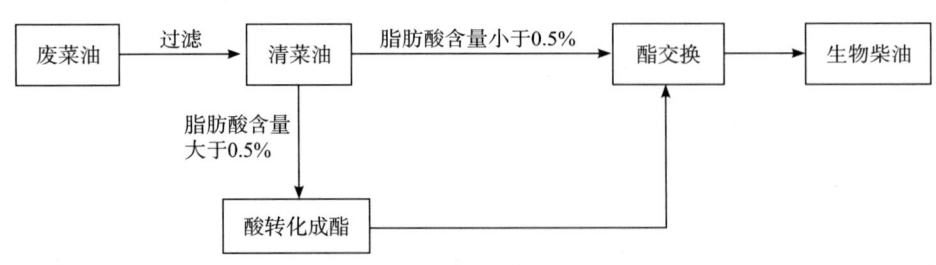

图 10-1 生物柴油的工业制备流程

三、实验仪器与试剂

(一)仪器

磁力加热搅拌器,锥形瓶,量筒,烧杯,圆底烧瓶,回流冷凝管,分液漏斗,碱式滴定管,酸式滴定管。

(二)试剂

废油脂,NaOH 粉末,甲醇,异丙醇,冰醋酸 HIO_4 溶液,淀粉,$Na_2S_2O_3$ 溶液,KOH 标准液,CH_2Cl_2,KI 溶液。

四、实验步骤

(一)过滤

对油脂进行观察,如果发现比较浑浊且固体物较多,需对其进行过滤,除去悬浮杂质。

(二)滴定

在 250 mL 锥形瓶中加入 3.5 g 油脂,加入 75 mL 异丙醇和酚酞指示剂,用 0.1 mol/L 的 KOH 标准液滴定。滴定两次,计算总的自由脂肪酸的含量。

(三)酯交换制备生物柴油

称取 NaOH 固体粉末 0.35～0.40 g,加入装有 30 mL 甲醇的圆底烧瓶中,放入磁子,搅拌 5～10 min,直至 NaOH 全部溶解在甲醇中。加入 35 g 油脂,装上冷凝管,控制温度在 35～50℃(水浴)之间,搅拌 30 min。在反应过程中,不断检查油脂中是否和甲醇溶液混合均匀。反应结束后,冷却,将反应液转入分液漏斗,静置,分液取上层溶液。

(四)生物柴油中游离甘油和总甘油含量的测定

1. 游离甘油含量的测定

称取 2.0 g 制备得到的生物柴油于 100 mL 烧杯中,加入 9 mL 二氯甲烷和 50 mL 水,充分搅拌,转移至分液漏斗中静置,分离出所有水层溶液至 250 mL 锥形瓶中,再加入 25 mL HIO_4 溶液,充分摇匀,盖上瓶塞,避光静置 30 min,加入 10 mL KI 溶液,稀释样品至 125 mL,用标准的 $Na_2S_2O_3$ 溶液滴定,当橘红色快要褪去的时候,加入 2 mL 淀粉指示剂继续滴定,直至蓝色消失。重复实验两次。

2. 空白实验

取 50 mL 水至 250 mL 锥形瓶中,再加入 25 mL HIO_4 溶液,充分摇匀,加入 10 mL KI 溶液,稀释样品至 125 mL,用标准 $Na_2S_2O_3$ 溶液滴定,当橘红色快要褪去的时候,加入 2 mL 淀粉指示剂继续滴定,直至蓝色消失。重复实验两次。

3. 总甘油含量的测定

在 50 mL 圆底烧瓶中加入 5 mL 制备所得生物柴油和 15 mL 95% 乙醇配制的 0.7 mol/L KOH 溶液,回流 30 min,冷却,用 5 mL 蒸馏水洗涤冷凝管内壁,收集洗涤液到反应液中,向反应液中加入 9 mL CH_2Cl_2 和 2.5 mL 冰醋酸,将全部溶液转移入分液漏斗,加入 50 mL 蒸馏水,充分振荡,静置,分离出所有水层溶液,再加入 25 mL 高碘酸溶液,充分摇匀,盖上瓶塞,静置 30 min,加入 10 mL KI 溶液,稀释样品至 125 mL,用标准 $Na_2S_2O_3$ 溶液滴定,当橘红色快要褪去的时候,加入 2 mL 淀粉指示剂继续滴定,直至蓝色消失。重复实验两次。

五、实验数据处理

(1)游离脂肪酸含量 $= \dfrac{c_1 \times V \times M}{m}$

其中,c_1 为 KOH 标准溶液的浓度,mol/mL;V 为消耗的 KOH 的体积,mL;M 为油酸的摩尔质量,282.47 g/mol;

(2)生物柴油的产率 $= \dfrac{\text{得到的产品质量}}{\text{加入油脂的质量}}$

(3)游离甘油、总甘油的质量分数 $Na_2S_2O_3$

$$甘油(\%) = \dfrac{(V_0 - V) \times c_2 \times M}{W \times 4 \times 1000}$$

其中,V_0 为空白实验消耗 $Na_2S_2O_3$ 体积,mL;V 为试样消耗 $Na_2S_2O_3$ 体积,mL;c_2 为 $Na_2S_2O_3$ 标准浓度,mol/mL;M 为甘油摩尔质量,92.09 g/mol;W 为样品质量。

六、结果与分析

(1)称量对本实验结果影响较大,实验过程中由于称量存在误差,导致实验存在一些误差。

(2)在滴定时也会存在一些误差,使实验数据不准确。

实验十一　原位氢氧化锆催化剂的制备及应用

一、实验目的

(1) 掌握原位催化剂的概念及制备方法；
(2) 了解固体催化剂在生物能源领域的基本应用。

二、实验原理

(一) $ZrOCl_2 \cdot 8H_2O$ 在溶液中的分解

$$ZrOCl_2 \cdot 8H_2O \xrightarrow{\Delta} ZrO(OH)_2 + 2HCl + 6H_2O$$

源自 $ZrOCl_2 \cdot 8H_2O$ 的催化剂固体中 Zr、O 原子比(23.3/73.2)非常接近 $ZrO(OH)_2$ (1/3)，同时回收催化剂中 Cl 的含量几乎可以忽略不计。

将反应后的液体产物进行浓缩，再向浓缩液中滴入 0.01 mol/L $AgNO_3$ 溶液后可以立即观察到白色絮状物的形成，这说明反应液中存在游离的 Cl^-。

综上所述，在实验条件下，$ZrOCl_2 \cdot 8H_2O$ 在乙酰丙酸(2-BuOH)/2-丁醇溶液中发生了分解并生成 $ZrO(OH)_2$ 和 HCl。

(二) 乙酰丙酸乙酯转移加氢合成 γ-戊内酯

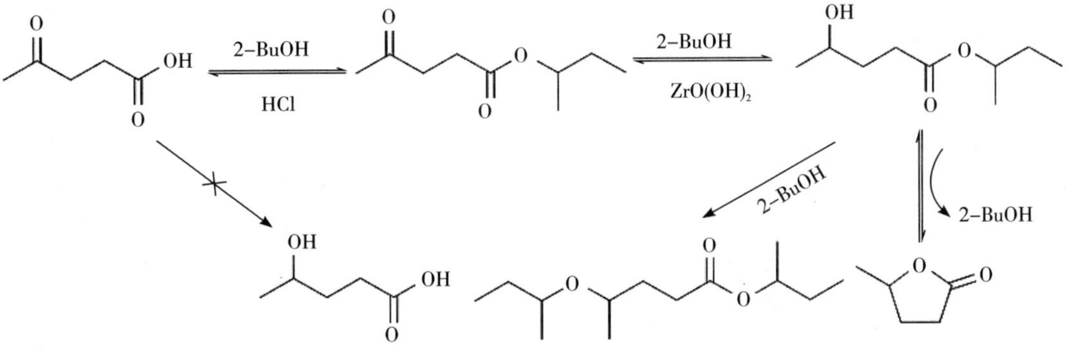

图 11-1　乙酰丙酸乙酯转移加氢合成 γ-戊内酯原理

三、实验仪器与试剂

(一) 实验设备

烧杯，量筒，玻璃棒，分析天平，抽滤漏斗，气相色谱，高温高压反应釜。

(二) 实验试剂

$ZrOCl_2 \cdot 8H_2O$，乙酰丙酸，氮气，去离子水，等等。

四、实验步骤

(1)称取 6.0 g 乙酰丙酸、0.8 g $ZrOCl_2 \cdot 8H_2O$ 及 95 g 2-丁醇,混合均匀。

(2)将称取好的试剂加入 400 mL 哈氏合金反应釜中(大连自控设备厂)。

(3)密封反应釜后,通氮气排净反应釜内的空气并使釜内压力维持在 1 MPa。

(4)将反应釜放入加热炉中加热至设定温度并反应一段时间,整个加热和反应过程中反应物料伴随着剧烈搅拌(500 r/min)。

(5)反应完成后取出反应釜并冷却至室温,然后抽滤分离回收固体催化剂和液体产品;将回收的催化剂置于 60 ℃真空干燥箱中干燥,取部分液体样品在 8000 r/min 转速下离心 5 min 后分别用气相色谱(GC)和气相气谱-质谱联用(GC-MS)做定量和定性分析。

五、思考题

(1)什么是转移催化加氢反应?

(2)使用高压反应设备应该注意哪些问题?

(3)在反应开始前,为什么要往反应釜内充入氮气?

二 生物质热解综合利用实验

1. 生物油的制备、分离及分析

实验十二 生物油组成的 GC-MS 分析

一、实验目的

(1) 了解什么是生物油、生物油的成分,以及生物油的用途;
(2) 了解生物油分析的方法及其各自的特点;
(3) 了解 GC-MS 仪器的结构、分析原理;
(4) 学习和掌握用 GC-MS 分析生物油的方法和过程。

二、实验原理

狭义的生物油是指通过快速加热的方式在隔绝氧气的条件下使组成生物质的高分子聚合物裂解成低分子有机物蒸汽,并采用骤冷的方法将其凝结成液体。生物油具有原料来源广泛、可再生、便于运输、能量密度较高等特点,是一种潜在的液体燃料和化工原料。生物油是高含氧量的有机混合物,含有大量的水、酚类、酯类、酮类、醛类、呋喃类、酸类、醇类等,含氧量一般高达 35%~60%。

生物油的低热值(LHV)一般为 14~18 MJ/kg,可以作为燃料使用。生物油中还含有大量有机化合物,其数量可达数百种之多,可以从中提炼出有用的化学品作为有机合成原料、化妆品原料(羟基丙酮)、合成香料(甲基香草醛)、树脂(酚类)、杀菌剂(邻苯二酚),生产可生物降解的防冰剂醋酸钙或醋酸锰等。

对生物油的表征有多种分析方法。红外光谱(IR)技术可以提供生物油中有机物官能团种类、含量等丰富的信息;通过核磁共振(NMR)的氢谱或碳谱分析,可以粗略了解生物油的基本性质,通过无畸变极化转移增强核磁共振技术,可进一步确定生物油中的伯碳、仲碳、叔碳或季碳归属及其相应含量;高效液相色谱法(HPLC)能对生物油进行定量分析,因生物油中还含有许多聚合物和固体颗粒而影响其分离效果,液相色谱在生物油分析方面的应用并不理想;气相色谱法(GC)主要对生物油的多组分有机混合物进行分离及定量分析,在生物油领域中的应用较普遍。

气相色谱-质谱联用(GC-MS)在生物油组成成分的表征上应用最为广泛,它兼有 GC 定量分析的优点,同时还可以对生物油进行定性分析,给出生物油的组成成分信息。本实验采用 GC-MS 对生物油的组成进行定性和半定量分析。GC-MS 的工作原理包括 GC 和 MS 两部分。

GC 原理:GC 的流动相为惰性气体,GC-MS 中以表面积大且具有一定活性的吸附剂作为固定相。当组分复杂的生物油样品气化进入色谱柱后,因固定相对每个组分的吸附力不同,各组分在色谱柱中的流动速度也就不同。一段时间后,吸附力弱的先被解吸下来,而吸附力最强的最后离开色谱柱,从而对复杂的生物油组分进行分离,再顺次进入检测器。

MS 原理:MS 是一种测量离子荷质比(电荷-质量比)的分析方法,其基本原理是使生物油中各组分在离子源中电离,生成不同荷质比的带正电荷的离子,经加速电场的作用,形成离子束,进入质量分析器。在质量分析器中,利用电场和磁场使发生相反的速度色散,将它们分别聚焦而得到质谱图,确定其质量,以此为依据进行定性分析。

三、仪器介绍

GC-MS 系统(见图 12-1)由 GC 单元、MS 质谱单元、计算机和接口四大件组成,其中 GC 单元由载气控制系统、进样系统、色谱柱与控温系统组成;MS 单元由离子源、离子质量分析器及其扫描部件、离子检测器和真空系统组成;接口是样品组分的传输线以及 GC 单元、MS 单元工作流量或气压的匹配器;计算机控制系统对数据采集、存储、处理、检索和仪器进行自动控制。仪器见图 12-2。

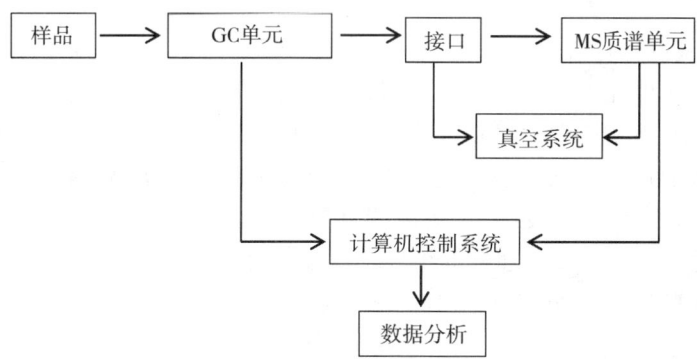

图 12-1 GC-MS 系统结构

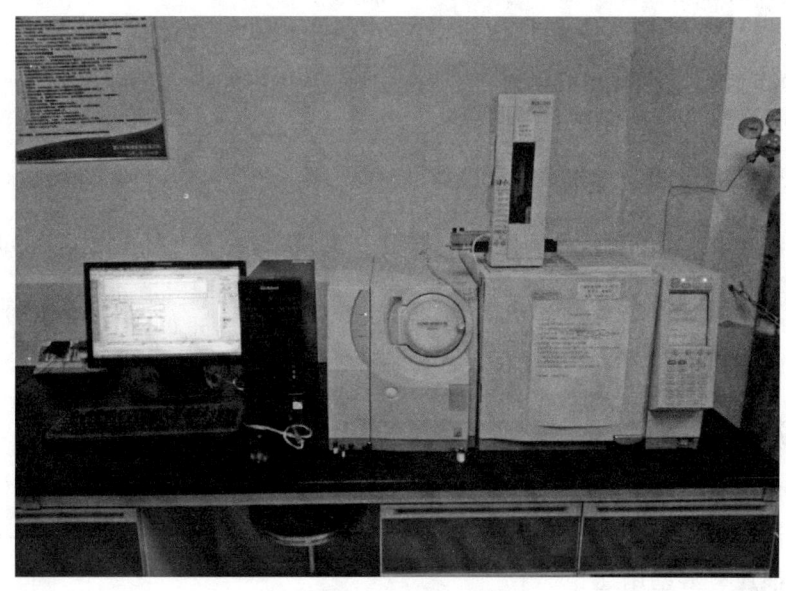

图 12-2 GC-MS 仪器

四、实验仪器与试剂

(1)(QP2010 SE)联用仪、精密天平(精确到 0.1 mg)、He 气源(纯度为 99.999%)。
(2)毛细管色谱柱:Rtx-5MS(30 m×0.25 mm×0.25 μm)。
(3)1.5 mL 样品瓶 1 支;有机滤膜 0.45 μm×30 mm;滤头:1 对。
(4)2.5 mL 一次性注射器 1 支。
(5)生物油 1 mL,丙酮 500 mL。

五、实验内容

(1) 了解 GC-MS 仪器的结构、分析原理;
(2) 对生物油进行预处理,并用 GC-MS 检测;
(3) 对检测结果进行分析,得出组分和各组分的含量信息;
(4) 对分析结果作图,以图来表示结果。

六、实验步骤

(1)开机,清洗进样针。
(2)建立方法文件并下载;方法为进样量为 1 μL,分流比 20:1,进样压力 68.3 kPa,汽化温度 270 ℃。GC 升温条件:50 ℃保持 5 min,以 4 ℃/min 的升温速率到 250 ℃。接口温度 270 ℃,离子源温度 200 ℃,溶剂延迟时间 2.0 min,质量检出范围 40~700 m/z。
(3)取生物油,配制成 25 μg/mL 的丙酮溶液 5 mL。
(4)用滤膜过滤出 1 mL 处理好的生物油样品于样品瓶中。
(5)待仪器准备好后调谐,自动进样分析。

七、实验注意事项

(1) 真空开启后定性分析需要等待 2 h 才能操作;
(2) 若生物油含水量过高,在过滤前要用无水 $MgSO_4$ 对样品进行除水;
(3) 若不确定生物油组成,分流比从大向小调,以保护质谱仪;
(4) 若试样中 MS 出现饱和,立即停止采样。

八、实验数据处理

(1)对实验数据进行分析,得到生物油的组分表,以及各个组分的含量(峰面积百分数),找出含量最多的 10 种化合物;
(2)对生物油的组分进行分类处理,并计算各个大类的含量(峰面积百分数);
(3)用生物油的各大类组分的含量做出柱状图。

九、思考题

(1)生物质包括哪些? 由哪些基本单元构成?
(2)生物油成分中各个大类是由什么热解转化得到的?
(3)生物油还有哪些用途?

实验十三　木质素解聚及其组成的定性分析(GC-MS 分析)

一、实验目的

(1)了解和熟悉高温高压反应釜的基本操作。
(2)了解木质素催化解聚产物的特性。

二、实验原理

高温高压反应釜是一种间歇式的、可以连续搅拌、在高温高压密闭条件下进行化学反应的设备,适合易燃易爆、需要高压的反应过程。它由反应釜、加热炉、压力显示器、温度控制器等构成(如图 13-1 所示),操作简单,方便易用。

图 13-1　高温高压反应釜(GSH 型)

木质素是生物质的三大组成成分之一,是一种网状三维结构的无定形聚合物。将木质素解聚转化为小分子芳香类化合物是对其最有效的应用,关键在于提高产物的选择性。基于木质素特殊的化学结构,利用木质素生产高价值精细化学品(酚类化合物)具有很大的潜力。通过本实验,学生可以初步了解以木质素为原料制备酚类化合物的过程。

三、实验仪器与试剂

(一)仪器设备

带控制器的高温高压反应釜(250 mL),旋转蒸发仪,真空水泵,抽滤装置(布氏漏斗、滤纸、滤瓶),锥形瓶,烧杯、250 mL 梨形蒸馏瓶;GC-MS 仪,5 mL 样品瓶,进样针。

(二)药品

木质素,NaOH,蒸馏水,10%的 HCl 溶液,雷尼镍或者 Ru/C,乙酸乙酯,无水 $MgSO_4$。

四、实验步骤

将适量木质素、NaOH、蒸馏水和催化剂放入反应釜中,密闭反应器,用 2 MPa 氢气置换 5 次,然后充氢气到 2 MPa,开始升温到设定的温度,所需时间一般为 25~35 min。磁力搅拌速度为 300 r/min。反应终了,停止加热,水浴中急冷,冷却到室温后,放气到常压。打开反应釜后将反应釜中的内容物全部转移到烧杯中,用 10% HCl 酸化后减压过滤,滤饼用乙酸乙酯洗至无色。滤液用 60 mL 乙酸乙酯分 3 次萃取,萃取液用无水 $MgSO_4$ 吸附除水,然后在旋转蒸发仪中于 50 mbar、323 K 下除去溶剂,得到液体产物,称重计算产率,液体产物经乙酸乙酯稀释后用 GC-MS 分析。反应和分离过程的流程简图见图 13-2。

木质素热解液体产物的组成用 GC-MS 进行分析。所用仪器为岛津公司生产的 SHIMADZU GC-MS QP2010 Plus,色谱柱为 Rxi Ⓒ-5ms(5% diphenyl/95% dimethyl polysiloxane,30 m×0.25 mm×0.25 mm),用乙酸乙酯作为稀释剂;化合物通过质量碎片分析确定;用高纯氦为载气,流速 1.94 mL/min(30 cm/s);分流比 5:1;进样量为 1 μL,采用自动进样方式;柱箱升温程序为:343 K 停留 2 min,然后以 7 K/min 升到 553 K,保持 8 min。进样口温度 543 K,检测器温度 473 K。化合物相似度通过与数据库(NIST08)相比较。样品的稀释程序如下:收集得到的液体产物以乙酸乙酯溶解,以 10 mL 容量瓶定容;取 100 μL 上述溶液以乙酸乙酯稀释到 1.00 mL,以此溶液为进样样品。

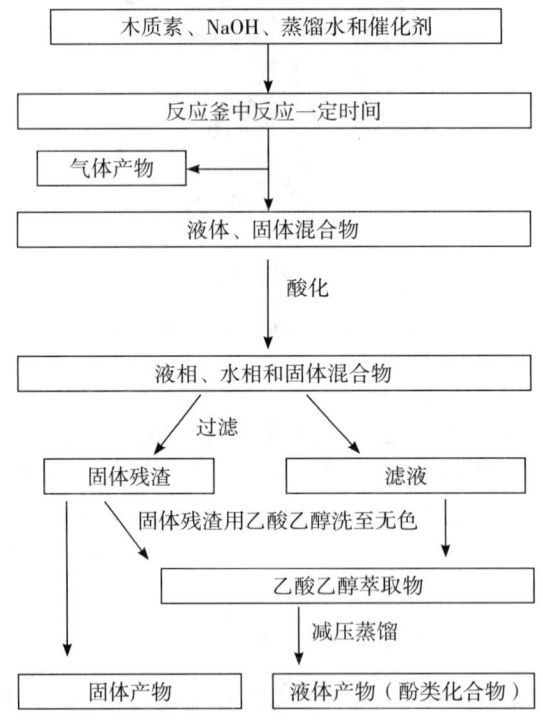

图 13-2 木质素水热解聚产物分离流程简图

五、实验数据处理

(1)计算液体产物的收率。

(2)分析 GC-MS 谱图上含量大于 1% 的化合物的种类，列表，按取代基分类。

六、思考题

(1)为什么加入 NaOH？
(2)雷尼镍或者 Ru/C 的作用是什么？
(3)根据 GC-MS 谱图，分析木质素解聚得到的酚类化合物的分布规律。

实验十四 生物油中酚类物质的萃取与色谱分析

一、实验目的

(1) 了解生物油的主要成分。
(2) 了解酚类物质的结构及性质。
(3) 利用有机萃取剂从生物油中萃取酚类物质,验证萃取剂萃取酚类物质的可行性和有效性。

二、实验原理

生物油是生物质经快速热解得到的液体产物,是由数百种物质组成的复杂混合物。生物油中主要含水(约占生物油质量的25%),还有羧酸、酯类、呋喃、醛类和酚类。实验采用由杉木为原料制得的生物油为初始原料,其典型的主要成分见表14-1。由表14-1可见,酚、酸、呋喃、醛等几类化合物的含量较高,因此可以考虑提取这些酚类物质,以提高生物油的附加值并扩大其使用范围。

酚是芳香烃环上的氢被羟基(—OH)取代的一类芳香族化合物。最简单的酚为苯酚。酚类化合物是指芳香烃中苯环上的氢原子被羟基取代所生成的化合物,根据其分子所含的羟基数目可分为一元酚、二元酚、三元酚和多元酚,根据芳香环的数目不同可分为苯酚、萘酚和蒽酚等。酚类物质大多数为无色结晶固体,易被氧化,一般羟基越多,越易被氧化,氧化后的氧化物呈微红至暗褐色;少数烷基酚为高沸点液体(如间甲苯酚)。由于酚的结构中有羟基,分子间可通过氢键缔合,故酚的沸点比相应的芳烃要高很多。苯酚微溶于水,水亦微溶于苯酚。羟基数目越多,多元醇在水中的溶解度越大。

常用的分离方法有蒸馏、萃取、柱层析、色谱分离、膜分离等。由于溶剂萃取无须提供额外能量,且对设备要求不高,操作方便,所以选择溶剂萃取法达到分离酚类物质的目的。为了消除一些杂质对酚类萃取率的影响,我们首先采用蒸馏的方法对生物油进行预处理,然后再采用萃取的方法提取酚类化合物。

表 14-1 杉木基生物油的典型化学组成

类别	质量分数/%	主要成分
酸	10.32	甲酸、乙酸
酯	3.12	乙酸甲酯、乙酸丁酯
醇	3.56	环丙基甲醇、乙二醇、2-糠醛
酮	4.69	1-羟基-2-丁酮、2(5H)呋喃酮
醛	7.61	甲醛、乙醛、丁二醛
呋喃	7.88	糠醛、羟甲基糠醛
酚	15.50	苯酚、2-甲氧基苯酚、4-甲基-2-甲氧基苯酚
其他	20.68	2,2-二乙基-3-甲基恶唑烷、2-氨基-1-丙醇

三、实验内容

(1) 用 GC-MS 测定生物油的组成。
(2) 计算蒸馏产率。
(3) 计算生物油中萃取后酚类的总萃取率。
(4) 计算萃取后萃取相中酚类物质的含量。

四、实验步骤

(1) 将生物油溶解于溶剂中,用 GC-MS 测定其组成。

(2) 称取一定量的生物油于圆底烧瓶中,用油浴加热法进行常压蒸馏,加热速率控制在 5~10 ℃/min。设定最终温度为 160 ℃,并维持 1 h,待冷却后称量剩余液体质量和馏分质量,计算蒸馏产率。

(3) 称取一定质量上述馏分,加入 2.5 mol/L 的 NaOH 溶液,调节 pH 至 12。然后称取一定量碱化后的溶液用等质量的乙酸丁酯萃取 3 次;形成的水相加入 2.5 mol/L 的 HCl 溶液酸化,调节 pH 至弱酸性(5.5~6.0),再加入等质量的反萃取剂乙酸乙酯和等质量 2.5 mol/L 的 NaCl 水溶液。此时,反萃取相中即含有大量的酚类化合物,有机相经过旋转蒸发分离出其中的有机弱酸和乙酸乙酯后即可得到粗酚。称量粗酚质量,计算总萃取率。整个过程工艺路线见图 14-1。

(4) 将粗酚溶解于溶剂中,再用 GC-MS 测定粗酚中酚类物质的含量。

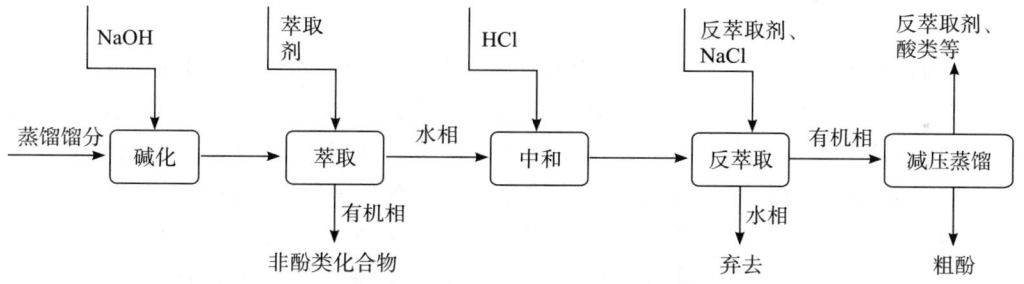

图 14-1 生物油萃取酚类工艺流程图

五、实验注意事项

(1) 生物油呈酸性,有腐蚀性,应避免和身体直接接触。
(2) 蒸馏实验温度偏高,应防止烫伤。
(3) 有机试剂易挥发,注意防护,避免与明火接触。
(4) 部分强酸强碱试剂有强腐蚀性,应避免与身体直接接触和沾到衣物。

六、思考题

(1) 生物油预处理过程中除掉的杂质主要是哪些?
(2) 请详细地绘制出生物油预处理的实验装置图。
(3) 萃取剂除了乙酸丁酯外,还有哪些有机溶剂?
(4) 请设计一条新的工艺路线用于生物油中酚类物质的分离。

实验十五　生物质精油的蒸馏提取

一、实验目的

(1) 了解什么是植物精油及它有哪些用途；
(2) 了解生物质精油提取的方法及其各自的特点；
(3) 学习和掌握生物质精油的蒸馏提取过程和方法。

二、实验原理

植物精油是某些植物体内的次生代谢物，具有一定的芳香气味，在常温下能挥发的油状液体物质。松木精油的化学成分复杂，含有多种化合物，通过 GC-MS 可鉴定出植物精油的主要成分为烯烃、烷烃、醇、萜、酸、酯、醛等。

植物精油多具有祛痰、止咳、平喘、祛风、健胃、解热、镇痛、抗菌消炎等作用。精油是天然香精、香料的重要组成部分，由于天然香料有着合成香料无法代替的、独特的香韵，以及大多不存在毒副作用等，其生产和销售经久不衰。因此，植物精油不仅在医药、化妆品上具有重要作用，在香料工业中应用也极为广泛。目前，植物精油提取分离已成为研究植物精油的热点。

精油的提取方法有很多种，归纳起来有如下 9 种：榨磨法、水蒸气蒸馏法、有机溶剂浸提法、超临界 CO_2 萃取法、超声波辅助萃取法、微波辐照诱导萃取法、吸附法、微胶囊-双水相萃取法和酶提取法。提取出来的精油通常包含多种化学成分，其中有些是非精油成分，特别是色素，影响外观，需要对其进行分离。精油的分离方法有分子蒸馏法、冷冻结晶法、化学分离法和色谱法等。现代精油的提取技术趋向于提取更充分、分离产品纯度更高。

狭义上的生物质主要是指农林业生产过程中除粮食、果实以外的秸秆、树木等木质纤维素、农产品加工业下脚料、农林废弃物及畜牧业生产过程中的禽畜粪便和废弃物等物质。对于类似松木、杉木等林业废弃物，可以使用植物提取工艺提取精油后再进行传统生物质的利用，以求达到利用最大化。

本实验采用水蒸气蒸馏法提取松木精油。该方法是使水蒸气连续地流过容器中的原料样品，在较高温度下样品中的易挥发性物质被水蒸气夹带出来，通过冷凝分离后得到液态提取物。该法避免了精油长时间在高温下而发生破坏分解、水解或聚合，使精油的质量和提取率都得到了一定程度的提高。

三、实验仪器与试剂

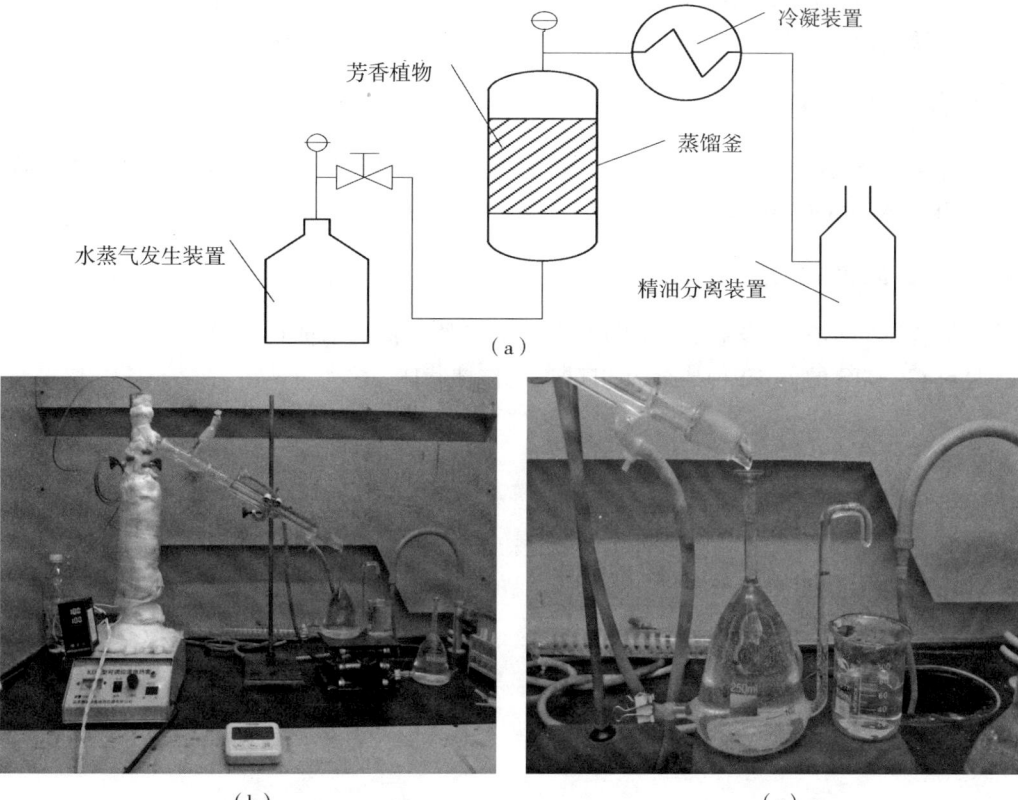

图 15-1 实验装置示意图及实物图

四、实验内容

（1）对生物质进行精油蒸馏提取；
（2）对得到的精油进行 GC-MS 检测，确定松木精油的主要成分。

五、实验步骤

（1）取新鲜的松木屑，筛选出粒径为 0.3～1 mm 的颗粒；
（2）往水蒸气发生装置中添加 300 mL 去离子水和适量玻璃珠，往分离装置中装入 250 mL 去离子水和 10 mL 乙酸乙酯；
（3）称取筛选后的松木屑 50 g，加入固定床提取器中；
（4）按实验装置图组装好生物质精油蒸馏提取实验装置，打开冷凝水准备进行实验；
（5）启动水蒸气发生装置的温度控制器，根据实验要求将温度设为 105 ℃或 110 ℃，使水蒸气以较稳定的流量通过提取装置；
（6）高温水蒸气通过提取器，夹带易挥发的植物精油，进入下一级冷凝装置中冷凝；
（7）将冷凝后的液体导入分离装置中，静置自然分离，并使用计时器进行计时，以开始收

集到冷凝液为起点,根据实验要求控制精油提取时间(15～60 min);

(8)提取实验结束后,停止加热,待分离装置中液体分层稳定后(约 5 min),使用一次性针筒取出上层油状液体,使用 GC-MS 样品瓶进行收集,所得即为含植物精油的混合物;

(9)对得到的精油进行 GC-MS 分析,得出松木精油的主要成分。

六、实验注意事项

(1)装冷凝装置时,注意下为进水口,上为出水口,水蒸气温度较高会有烫伤的危险;

(2)正确操作 GC-MS。

七、实验数据处理

(1)结合不同小组的实验结果,做时间-精油量的精油提取曲线。

(2)对 GC-MS 的前 10 种成分及相对含量作柱状图。

八、思考题

(1)如何计算精油产率?本实验在精油产率的测量上是否存在问题?如何改进?

(2)有什么方法可以使精油和水较好分离?

(3)简要分析蒸馏温度和时间对精油组成的影响。

2. 活性炭的制备、表征及应用

实验十六 活性炭的制备及其表征

一、实验目的

(1) 运用物理或化学活化方法制备活性炭。
(2) 掌握活性炭主要性能的检测方法。
(3) 学会查阅科技文献及应用文献。
(4) 综合运用各种知识,具备设计实验的能力,达到创新意识和创新能力培养目标。

二、实验原理

活性炭是一种多孔碳材料,具有高度发达的孔隙结构和巨大的比表面积,吸附能力强,化学稳定性好,机械强度高,使用失效后易再生。活性炭作为一种优良的吸附剂及催化剂载体,早已广泛应用于化学工业、食品加工、交通能源、医疗卫生、农业、国防等领域,以及环境保护和人类生活等各个方面。传统的活性炭制备多以木材、木炭等为原料。

活性炭因其具有发达的孔隙结构、高比表面积(可达 3000 m^2/g)、高表面活性和多样的表面化学性质而成为广泛使用的高效吸附剂。制作活性炭的原料可以是煤、木材、果壳、木炭等。活性炭的制备原理一般是使用活化剂与原料共热,让碳材料内部碳原子与活化剂结合并以 CO 和 H_2 或 CO 的形式逸出,形成活性炭的孔隙结构。

活性炭的活化方法按活化剂种类分主要有物理活化法和化学活化法两大类。物理活化法使用水蒸气、CO_2、空气或者它们的混合气等作为活化剂,在 750~1100 ℃ 的温度下反应一段时间,制得活性炭。化学活化法一般采用强酸、强碱及盐类等作为活化剂进行活化,常用的活化剂有 H_3PO_4、KOH、$ZnCl_2$、K_2CO_3 等。活化时将活化剂与原料以一定比例浸渍一段时间,在 500~900 ℃ 的条件下反应 1 h 左右,经清洗、过滤除去活化剂及干燥后即得到活性炭。

本次实验采用化学活化法制备活性炭,实验装置如图 16-1。

另外,为表征制得的活性炭的吸附能力,可以使用亚甲基蓝滴定。滴定实验参照国标《木质活性炭试验方法 亚甲基蓝吸附值的测定》(GB/T 12496.10-1999)。(注:为节约实验时间,可简化滴定实验流程。例如,所需 1.5 g/L 亚甲基蓝试液及 $CuSO_4$ 溶液可由实验员预先配制;制得的活性炭不必再磨细筛分至 71 μm。)

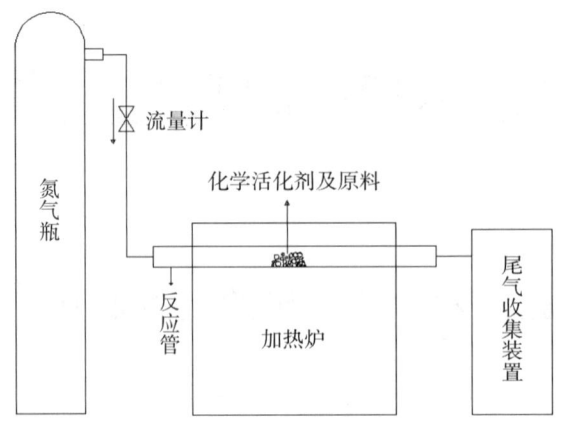

图 16-1 活性炭制备实验装置示意图

三、实验仪器与试剂

(一)制备实验仪器和装置

通风橱;电子天平;加热炉;310S 钢管反应器或石英管反应器;转子流量计;磁力加热搅拌器,搅拌子;氮气瓶;真空抽滤装置,滤纸,瓷漏斗,抽滤瓶,研钵;电热鼓风干燥箱;PHS-25 型酸度计;80 目筛子;半圆舟(反应器中装反应物);镊子,称量纸,玻璃棒;1000 mL 容量瓶 2 个(装亚甲基蓝溶液及 $CuSO_4$ 溶液);500 mL 烧杯,100 mL 烧杯,100 mL 磨口锥形瓶,玻璃塞、胶头滴管若干,隔热手套。

(二)表征实验仪器和装置

酸式滴定管,滴定管夹,铁架台,紫外-可见分光光度计;恒温摇床。

(三)原料

生物质炭或煤:预先粉碎、磨细至 80 目。

(四)实验药品

$ZnCl_2$,HCl,亚甲基蓝,Na_2HPO_4,KH_2PO_4,$CuSO_4$,蒸馏水。

四、实验步骤

(一)制备实验

(1) 在天平上称取 2 g 原料,并按照 3∶1 的比例称取 6 g $ZnCl_2$;

(2) 将称取的 $ZnCl_2$ 放入 500 mL 烧杯中,向其中加蒸馏水并不断用玻璃棒搅拌直至全部溶解(水不要加入过多);

(3) 将原料放入 $ZnCl_2$ 溶液中,不断搅拌直至原料均匀分散在溶液中;

(4) 将上一步得到的溶液放入电热鼓风干燥箱中预活化(100 ℃)一段时间,待水蒸干后取出;

(5) 称取半圆舟质量后放入一定量的反应物,并将半圆舟置于反应管中央,连接反应器;

（6）打开氮气减压阀，氮气流量控制在 200 mL/min，检查气密性；

（7）通氮气 5 min 后，开启加热炉，设定温度 400～500 ℃，开启加热按钮，在达到所需温度后保持 30 min，关闭加热按钮（电炉先不关）；

（8）待温度降至 100～200 ℃ 时，关闭电炉，停止通氮气，取出半圆舟；

（9）从半圆舟上刮下反应产物，并称量；

（10）在通风橱中配制 0.1 mol/L HCl 溶液 200 mL，放入反应产物，用磁力搅拌器搅拌，设定温度 40 ℃，搅拌 20 min 后过滤，再用一定量的蒸馏水冲洗并过滤 3 次；

（11）过滤得到的固体放入烘箱中干燥，水分蒸干后即得活性炭，并称量。

（二）表征实验

参照国标《木质活性炭试验方法 亚甲基蓝吸附值的测定》(GB/T 12496.10-1999)。

五、注意事项

(1) 实验温度较高，加热时远离加热炉；

(2) 在烘箱中取放东西时要带隔热手套，以防烫伤；

(3) 玻璃仪器为易碎物品，轻拿轻放；

(4) 实验中用到 HCl，请在通风橱中配制稀 HCl 溶液。

(5) 注意 $ZnCl_2$ 等药品的使用安全。

六、实验数据处理

（一）制备实验

反应前后半圆舟质量，反应物质量，反应产物质量，活性炭质量，原料质量，药品质量。

计算：

$$活性炭产率 = \frac{最后得到的活性炭质量}{最初称取的原料质量} \times 100\%$$

（二）表征实验

参照国标《木质活性炭试验方法 亚甲基蓝吸附值的测定》(GB/T 12496.10-1999)，计算亚甲基蓝吸附值(mg/g)。

七、思考题

(1) 对活性炭的性能表征除了亚甲基蓝吸附值测定法还有哪些方法？

(2) $ZnCl_2$ 与原料的浸渍比例、反应时间、反应温度、氮气流量对活性炭的制备有何影响？

(3) 为什么要对原料进行预活化？

(4) 活化过程中可能发生哪些反应？

实验十七　生物质慢速热解实验

一、实验目的

(1) 掌握生物质热化学转化领域的重要方法——慢速热解技术。
(2) 掌握生物油主要性能的检测方法。
(3) 学会查阅科技文献及应用文献的能力。
(4) 综合运用各种知识,具备设计实验的能力,达到创新意识和创新能力培养目标。

二、实验原理

生物质是一种可持续的、能够减少温室效应的能源产品,所以生物质能的合理利用已经成为可再生能源研究的热点。生物质能转换技术主要有生物质直接燃烧、生物质固化、生物质发酵、生物质液化、生物质热解和生物质气化。生物质热解是指生物质在无氧气的条件下,通过热化学转化,生成炭、液体和气体产物的过程。影响生物质热解过程的因素是多方面的,生物质原料的组成与粒径、含水率、热解反应的条件(即温度、压力、固体和挥发物停留的时间等)和不同的热解反应器形式都会影响气体、液体和炭化残留物的相对含量。

本次实验的实验装置如图 17-1 所示,采用固定床热解实验台,对杉木、松木和稻壳进行热解实验。热解终温设定为 750 ℃,常压,加热速率为 15 ℃/min。实验开始时,将 30 g 干燥生物质样品置于热解反应器中,通入 10 L/min 高纯氮气,将固定床热解器置于马弗炉中,热解反应器随马弗炉同时升温,实验样品随马弗炉温度升高而热解。在马弗炉下游冷凝器中收集得到的热解组分,称重并进行分析;待马弗炉降温后,收集得到的炭粉,称重并进行分析。

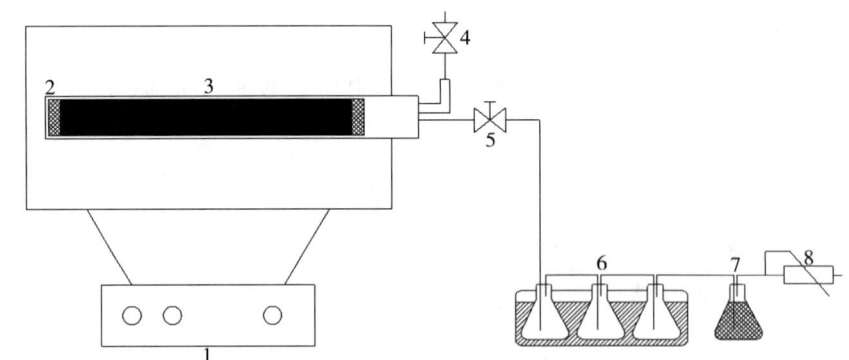

1—马弗炉;2—石英棉;3—松木锯末;4,5—阀门;6—冷凝装置;7—过滤器;8—皂膜流量计

图 17-1　实验装置示意图

生物油成分通过 GC-MS(岛津 2010plus,日本)进行分析。抽取收集到的生物油 1 mL,与 19 mL 丙酮充分混合后,作为待测样品。采用高纯氦气(纯度 99.999%)作为载气,色谱柱为 Rtx-5MS 毛细管柱(30 m×0.25 μm),采用分流模式,分流比为 1∶30。GC 程序升温

控制:50 ℃保持 5 min,升温速率 4 ℃/min,终温 250 ℃并保持 5 min。离子源温度为 280 ℃。根据 NIST(美国国家标准与技术研究院)谱库并参考已知的生物油组分,确定生物油的化学组成。

三、实验仪器与试剂

（一）热解实验

生物质粉料,电子天平,加热炉,310S 钢管反应器或石英管反应器,转子流量计,密封法兰,氮气瓶,冷凝管,铁架台,电热鼓风干燥箱,镊子、称量纸,250 mL 锥形瓶,导管,阀门若干,隔热手套。

（二）表征实验

氧弹分析仪、pH 计、GC-MS 仪。

（三）原料

松木锯末、杉木锯末和稻壳。

四、实验步骤

(1)将生物质原料在烘箱内(设定为 105 ℃)干燥 24 h 备用;
(2)在天平上称取 30 g 原料;
(3)将 30 g 原料放置在热解反应器中央,两边用石英棉固定,并将热解反应器放置在马弗炉中央;
(4)打开氮气阀门,将氮气流量缓慢增加至 10 L/min;
(5)保持氮气阀门开启,维持 5 min 后加热马弗炉,此后氮气流量始终为开启状态,直至实验结束;
(6)将马弗炉升温至 50 ℃,并维持该温度 10 min,使生物质物料受热均匀;
(7)通过程序升温,按照 15 ℃/min 的升温速率,将生物质加热至 750 ℃;
(8)当温度达到 750 ℃后,结束程序升温控制,关闭加热按钮,使马弗炉自然降温至室温;
(9)当马弗炉降至室温后,收集冷凝器中的生物油,观察颜色,称重,并进行热值、酸度测定和 GC-MS 分析;
(10)打开马弗炉,收集石英管中的热解炭粉,进行称重。

五、实验数据处理

根据生物质物料量、生物油量和生物炭量,计算生物油和生物炭产率。

$$生物油产率 = \frac{获得的生物油量}{最初称取的生物质原料质量} \times 100\%$$

$$生物炭产率 = \frac{获得的生物炭量}{最初称取的生物质原料质量} \times 100\%$$

六、实验注意事项

(1)实验温度较高,加热时远离加热炉;

(2)在烘箱中取放东西时要带隔热手套,以防烫伤;

(3)玻璃仪器为易碎物品,轻拿轻放;

(4)生物油有腐蚀性,需要戴上手套处理生物油样品。

七、思考题

(1)生物质在热解过程中发生了什么化学反应?

(2)不同的生物质在热解过程中得到的生物油、生物炭和不可凝性气体是否有差别?为什么?

(3)生物油、生物炭有什么用途?不可凝性气体该如何处理?

实验十八　水体污染物的物理/化学吸附脱除实验

一、实验目的

(1) 了解水体污染物的来源、种类、危害及常用的脱除方法。
(2) 掌握污染物吸附的一般实验方法和物理/化学吸附的特征。
(3) 测定吸附等温线,判断等温线的类型并用经验公式对其拟合。
(4) 确定动力学模型,判断反应级数并求出动力学常数。

二、实验原理

(一) 水体污染及其防治

水体是水和水中溶解物质、水中悬浮物质、水生生物和底泥的总称。水体被污染是指水体中污染物的含量超过水体的本体含量及其自净能力,造成水质恶化,破坏水体的正常功能,降低水体的使用价值。

随着人们生活水平提高、工农业生产发展,水体污染时常发生,需加强监管。城市生活废水和生活垃圾大量增加,排入江河湖海或堆放地面,可直接或间接污染水体。农业生产中大量施用化肥、农药,工业生产中排放大量的废水、烟尘、废渣、废液,也会造成水体的直接或间接污染。由于过度砍伐森林、放牧开荒,破坏草原植被,雨水直接冲刷土地,夹带大量泥沙废物进入江河湖海,也是造成水体污染的重要原因之一。生活用水量增大,有限的淡水资源难以为继,也可能会破坏水的正常循环,破坏生态平衡,超过水的自净能力,引发水体污染。

凡使水体的水质、生物质、底质质量恶化的各种物质均可称为水体污染物或水污染物。常见的水体污染物包括八大类:耗氧污染物、致病污染物、合成有机物、植物营养物(N、P)、无机物及矿物质(酸碱类等及重金属,如 Hg、Cr、Pb 等)、沉积物、放射性物质、热污染物等。

水体污染物常见的处理方法有物理、化学、生物和复合技术处理等方法。物理法是利用物理作用实现固液分离,去除呈悬浮状污染物;包括筛滤法、沉降法、上浮法、过滤法、汽提法、萃取法、吸附法、反渗透法等。化学法是利用化学反应分离、转化、破坏或回收废水中的污染物,并使其转化为无害化物质;包括中和、混凝、电解、氧化还原、离子交换、电渗析等。生物法是利用微生物的代谢作用使污水中溶解性、胶体有机物转化为稳定的无害物质,最终实现泥水分离,包括好氧和厌氧两种过程。复合技术法则是多种技术方法的综合利用,包括膜法+生物法、生物法+化学法、化学法+生物法等多种复合技术。

(二) 吸附法基本原理

吸附是一个或多个组分在界面中或在体相中富集的现象。物理吸附是指吸附剂与吸附质分子间以范德华力相互作用的吸附。研究指定条件下的吸附量是人们关心的问题。根据大量的实验结果,人们曾提出过许多吸附模型及等温线方程,以朗缪尔(Langmuir)和弗罗因德利希(Freundlich)等温线方程最为简单。

朗缪尔等温线方程：
$$\frac{C_e}{Q_e}=\frac{C_e}{a}+\frac{1}{ab}$$

弗罗因德利希等温线方程：
$$\lg Q_e = a + b\lg C_e$$

两个方程中的 a、b 为待定系数，可通过对数据进行拟合得到，对于朗缪尔方程，a 值即为最大吸附量，是一个比较重要的参数；Q_e 为活性炭吸附量，mg/g；C_e 为吸附平衡时测得残留的吸附质的质量浓度，mg/L。一般来说，若吸附剂吸附平衡等温线符合朗缪尔型，则说明该吸附剂对被吸附物质的吸附以单分子层吸附为主；若符合弗罗因德利希型，则倾向于多分子层吸附。

研究指定条件下达到吸附平衡所需的时间是人们关心的另一个问题，这就需要研究吸附剂吸附的动力学特性。主要有两种动力学模型来描述吸附速率：

拟一级反应：
$$\lg(Q_e - Q_t) = \lg Q_e - \frac{k_1 t}{2.303}$$

拟二级反应：
$$\frac{t}{Q_t} = \frac{1}{k_2 Q_e^2} + \frac{1}{Q_e}$$

方程中 Q_t 是指 t 时刻吸附剂的吸附量，mg/g；$k_1 (\min^{-1})$ 和 $k_2 [g/(mg \cdot \min)]$ 分别指拟一级反应和拟二级反应的动力学常数，根据拟合方程的相关系数 R^2 的数值大小判断吸附反应的级数。

三、实验内容

（1）测定恒定温度条件下吸附量与平衡浓度的关系曲线，即吸附等温线，拟合等温线方程。

（2）测定恒定温度条件下同一初始浓度下的吸附量-时间曲线，拟合吸附动力学方程。

四、实验安排

（1）分成 4 个小组，每组 4～5 名同学；
（2）配制待吸附样品溶液[100、150、200（2 份）、250、300 mg/L]；
（3）将待吸附样品置于恒温振荡器上进行振荡并开始计时；
（4）学习紫外分光光度计的使用方法和亚甲基蓝吸收光谱测试方法，确定测量吸光度的吸收波长（680 nm）；
（5）配制标准溶液并测定标准曲线；
（6）吸附动力学测试（200 mg/L）；
（7）吸附等温线测试（100～300 mg/L）；
（8）清洗相关实验仪器，完成实验。

五、实验步骤

（1）熟悉实验原理，学会使用紫外分光光度计。

(2)标准曲线绘制。

称量 1.000 g 亚甲基蓝,在烧杯中用去离子水溶解后转移到 1 L 容量瓶中,加去离子水至刻度线,摇匀,得到 1000 mg/L 亚甲基蓝的标准液;取标准液稀释得一系列不同浓度的亚甲基蓝溶液;取适量上述溶液,用 1 cm 石英比色皿,以去离子水为参比,用紫外分光光度计在 200～1000 nm 范围内扫描,测定亚甲基蓝的最大吸收峰;以亚甲基蓝溶液浓度为横坐标,对应的吸光度值为纵坐标,绘制标准曲线,拟合得到线性方程。

(3)吸附动力学。

称取 50 mg 活性炭置于 250 mL 锥形瓶中,然后加入 50 mL 质量浓度为 200 mg/L 的亚甲基蓝溶液,置于恒温振荡器上振荡,频率设定为 140 r/min,温度设定为 30 ℃,每隔一段时间取出过滤,取上清液,在紫外分光光度计上测定残留亚甲基蓝溶液的浓度,残留溶液浓度不再变化时证明吸附达到平衡,绘制曲线拟合动力学方程,判断反应级数,求出动力学常数 k。

(4)吸附等温线绘制。

分别称取 50 mg 活性炭置于 250 mL 锥形瓶中,然后分别加入 50 mL 质量浓度为 100、150、200、250、300 mg/L 的亚甲基蓝溶液,置于恒温振荡器上振荡,频率设定为 140 r/min,温度设定为 30 ℃;待吸附平衡后过滤取上清液,在紫外分光光度计上测定残留亚甲基蓝溶液的浓度,并绘制吸附等温线,用 Origin 软件拟合朗缪尔和弗罗因德利希两种吸附平衡等温线方程。

(5)待数据测量完毕,清洗比色皿等实验仪器,整理实验数据。

六、实验注意事项

(1)使用紫外分光光度计测量吸光度时应尽量保证其数值在 0.2～0.8 范围内,如果不在可通过稀释或者增大浓度调整。制作标准曲线时,10～100 mg/L 仅为参考值,其吸光度应尽量控制在 0.2～0.8 范围内。测量动力学实验及等温吸附实验的样品时,需对样品进行适当稀释,使其吸光度落在 0.2～0.8 范围内。

(2)测定标准曲线拟合线性方程时应按浓度从小到大测量,且应使相关系数大于 0.99。

(3)使用比色皿时一定要清洗干净,过滤时也要确保清液不含固体颗粒,否则影响吸光度值。

(4)实验用到的玻璃仪器较多,小心轻放。

(5)比色皿只能抓取毛玻璃的两面,光滑玻璃面测试前需使用擦镜纸擦拭干净。

(6)使用过的玻璃仪器需及时清洗,防止亚甲基蓝沉积。

(7)紫外分光光度计在使用推杆切换样品时,需小心推拉,防止用力过度造成损坏。

(8)注意计算活性炭能达到的最大吸附量和达到平衡所需的时间。

(9)双对数坐标图可在双对数坐标纸上进行绘制,也可以使用 Origin 软件进行绘制。

七、实验数据处理

(1)朗缪尔吸附等温线用 C_e-Q_e 曲线表示;弗罗因德利希吸附等温线在双对数坐标纸上绘制,用 $\lg C_e$-$\lg Q_e$ 曲线表示。

(2)计算朗缪尔模型中最大吸附量及两个模型的相关系数 R^2。

(3)计算不同动力学模型的平衡吸附量和动力学常数 k 及 R^2。

八、思考题

(1) 简述水体污染物的主要来源及其特点。
(2) 活性炭还可以用来吸附哪些物质?
(3) 简述活性炭再生方法并评价其重复利用价值。

三 电化学反应及过程实验

实验十九 储能电极材料 $LiMn_2O_4$ 的制备及电化学性能表征

一、实验目的

制备锂离子电池正极材料锰酸锂并探究其电化学性能。

二、实验原理

锂离子电池是一种可充电电池,它主要依靠锂离子(Li^+)在正极和负极之间移动来工作。在充放电过程中,Li^+在两个电极之间往返嵌入和脱嵌:充电池时,Li^+从正极脱嵌,经过电解质嵌入负极,负极处于富锂状态;放电时则相反。一般采用含有锂元素的材料作为电池的电极。储能材料锰酸锂($LiMn_2O_4$)具有价格低、电位高、对环境友好、安全性能高等优点,本实验重点探究储能电极材料 $LiMn_2O_4$ 的制备及电化学性能表征。

(一)$LiMn_2O_4$

$LiMn_2O_4$ 具有尖晶石结构,属于 Fd3m 空间群,结构如图 19-1 所示。32 个氧原子(O)呈面心立方密堆积,16 个锰原子(Mn)交替位于 O 密堆积的八面体空隙位置,8 个锂原子(Li)占据四面体位置。Mn_2O_4 骨架构成一个利于 Li^+ 扩散的四面体与八面体共面的三维网络,尽管 $LiMn_2O_4$ 晶体中 Mn 与 O 以较强的共价键构成 Mn_2O_4 立体网,但是 Li^+ 完全离子化,故 Li^+ 可以直接嵌入由 O 构成的四面体间隙位,因而其结构可表示为 $Li8a[Mn_2]16dO_4$,即 Li 占据四面体(8a)位置,Mn 占据八面体(16d)位置,O 占据面心立方(32e)位置。Li^+ 可沿 8a→16c→8a 通道自由地"嵌入和脱嵌"。

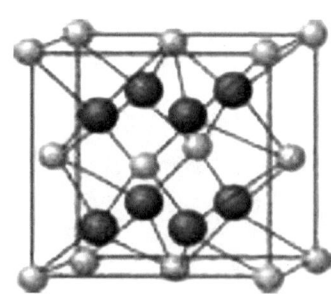

图 19-1 $LiMn_2O_4$ 的结构单元示意图

锂离子电池充电时,正极中的 Li^+ 从晶格中脱嵌,经过电解质到达负极表面并嵌入石墨层间。放电时,过程正好相反。在充、放电过程中,Li^+ 往返于正、负极之间,故也称为摇椅式电池。$LiMn_2O_4$ 的电极反应为:

充电: $Li_xMn_2O_4 \rightarrow Li_{1-x}Mn_2O_4 + xLi^+ + xe^-$

放电: $Li_{1-x}Mn_2O_4 + xLi^+ + xe^- \rightarrow Li_xMn_2O_4$

$LiMn_2O_4$ 充电时,Li^+ 从 8a 位置脱出,Mn^{3+}/Mn^{4+} 比变小,最后变成 $\lambda\text{-}MnO_2$,只留下

[Mn$_2$]16dO$_2$ 稳定的尖晶石骨架。放电时,在静电力的作用下嵌入的 Li$^+$ 应首先进入势能低的 8a 空位。发生如下转变:[Li$^+$]8a[Mn$_{4+2}$]16d[O$_{2-4}$]32e+Li$^+$+e$^-$→[Li$^+$]8a[Mn^{4+}Mn^{3+}]16d[O$_{2-4}$]32e$^-$。图 19-2 为锰酸锂二次锂电池的工作原理示意图。

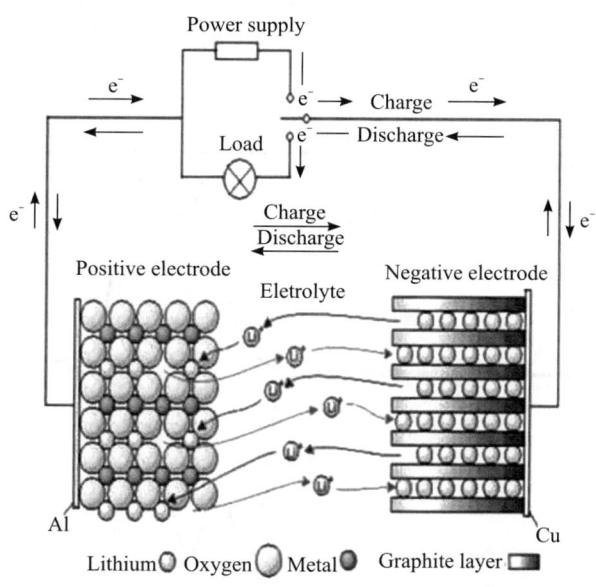

图 19-2 锰酸锂二次锂电池的工作原理示意图

LiMn$_2$O$_4$ 的制备反应为:Li$_2$CO$_3$+MnO$_2$ $\stackrel{\triangle}{=\!=\!=}$ LiMn$_2$O$_4$+CO$_2$↑。将一定比例的 Li$_2$CO$_3$ 和 MnO$_2$ 研磨混匀后一定温度下焙烧会得到 LiMn$_2$O$_4$。

(二)循环伏安法

循环伏安法(cyclic voltammetry,CV)是一种常用的电化学研究方法。

以等腰三角形的脉冲电压加在工作电极上,得到的电流-电压曲线包括两个分支,如果前半部分电位向阴极方向扫描,电活性物质在电极上还原,产生还原波,那么后半部分电位向阳极方向扫描时,还原产物又会重新在电极上氧化,产生氧化波。因此一次三角波扫描,完成一个还原和氧化过程的循环,故该法称为循环伏安法,其电流-电压曲线称为循环伏安图。如果电活性物质可逆性差,则氧化波与还原波的高度就不同,对称性也较差。循环伏安法中电压扫描速度可从 1 mV/s 到 1 V/s。工作电极可用悬汞电极,或铂、玻碳、石墨等固体电极。该法控制电极电势以不同的速率随时间以三角波形一次或多次反复扫描,电势范围是使电极上能交替发生不同的还原和氧化反应,并记录电流-电势曲线。根据曲线形状可以判断电极反应的可逆程度,中间体、相界吸附或新相形成的可能性,以及偶联化学反应的性质等。循环伏安法常用来测量电极反应参数,判断其控制步骤和反应机理,并观察整个电势扫描范围内可发生哪些反应,及其性质如何。对于一个新的电化学体系,首选的研究方法往往就是循环伏安法,可称之为"电化学的谱图"。

循环伏安法是一种很有用的电化学研究方法,可用于电极反应的性质、机理和电极过程动力学参数的研究,但该法很少用于定量分析。

(1)电极可逆性的判断。循环伏安法中电压的扫描过程包括阴极与阳极两个方向,因此由所得的循环伏安图的氧化波和还原波的峰高和对称性可判断电活性物质在电极表面反应的可逆程度。若反应是可逆的,则曲线上下对称;若反应不可逆,则曲线上下不对称。

(2)电极反应机理的判断。循环伏安法还可研究电极吸附现象、电化学反应产物、电化学-化学偶联反应等,对有机物、金属有机化合物及生物物质的氧化还原机理研究很有用。

本实验通过循环伏安法对锰酸锂扣式半电池进行表征。锰酸锂的循环伏安图如图 19-3 所示。

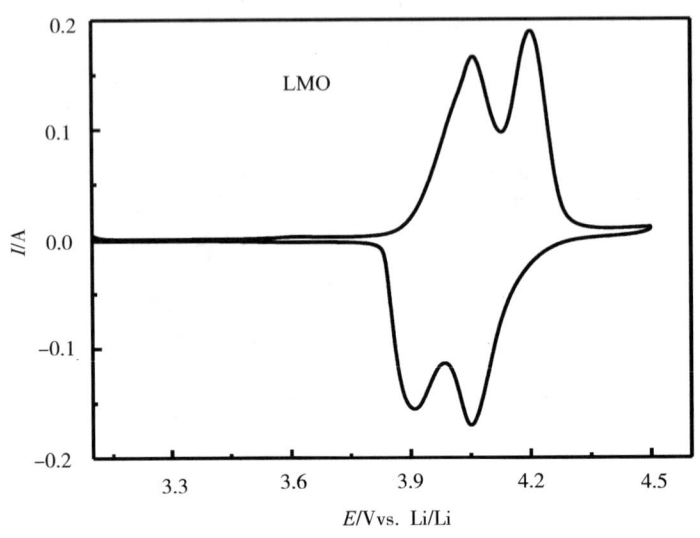

图 19-3　$LiMn_2O_4$ 的循环伏安图

三、实验仪器与试剂

仪器:万分之一天平,玛瑙研钵,马弗炉,钥匙,称量纸,刮刀,瓷舟,X 射线衍射仪,CHI 电化学工作站。

试剂:Li_2CO_3,MnO_2。

四、实验步骤

(一)$LiMn_2O_4$ 的制备

按比例称取 Li_2CO_3 和 MnO_2,其中 M_{Li}/M_{Mn} 为 0.56。取称好的药品总量 5 g 放入玛瑙研钵中,研磨 30 min,保证物料充分混合;将物料转移至瓷舟中,并将瓷舟放置到马弗炉中;设定马弗炉的升温程序,5 ℃/min 升温至 500 ℃,恒温 5 h,然后升温至 800 ℃,恒温 12 h,随后 200 min 降温至 600 ℃,最后随炉冷却至室温,得到 $LiMn_2O_4$ 固体粉末。

(二)$LiMn_2O_4$ 的表征

对制得的 $LiMn_2O_4$ 粉末进行 XRD(X 射线衍射)表征。

(三)$LiMn_2O_4$ 正极材料的电化学性能测试

$LiMn_2O_4$ 与乙炔黑(质量比 90∶5)混合物 1.9 g 放入玛瑙研钵中,研磨 30 min,保证物料充分混合;往所得粉体加入 2 g 5%的聚偏氟乙烯/N-甲基吡咯烷酮溶液,磁力搅拌 1 h,保证浆料充分混匀。将所得浆料均匀涂敷在铝箔上,80 ℃烘干备用。所得正极极片与负极金属锂以及锂电池隔膜、电解液组成扣式电池。将所得扣式电池充电至 4.3 V 后进行循环伏安表征。

五、实验注意事项

(1)焙烧前研磨一定要充分,不充分将导致形成的晶体纯度不高。

(2)制作电极材料时研磨以及磁力搅拌一定要充分,不充分导致极片不均匀,电流分布不均匀,影响电池的电化学性能。

六、实验数据处理

根据实验原理,总结计算 $LiMn_2O_4$ 产率(%)。

七、思考题

(1)简述该制备方法的利与弊。为什么要梯度升温?为什么要先缓慢降温至 600 ℃,再自然冷却?

(2)锂离子电池的基本原理是什么?为什么要在手套箱中进行装配?

(3)从循环伏安曲线上,你获得了关于 $LiMn_2O_4$ 的什么信息,请讨论。

实验二十　锂离子电池 $LiCoO_2$ 正极材料电化学性能测试

一、实验目的

(1) 掌握评价锂离子电池电极材料电化学性能的常用方法。
(2) 掌握锂离子电池阴极材料 $LiCoO_2$ 的电化学行为。
(3) 掌握锂离子扣式电池的制备过程。

二、实验原理

自 20 世纪 80 年代初古迪纳夫(Goodenough)研究小组提出具有层状结构的 $LiCoO_2$ 为可充锂电池正极材料以来，$LiCoO_2$ 一直是商品化锂离子电池中最常用的正极材料。$LiCoO_2$ 通常采用固相合成法合成，合成条件比较温和，制备工艺简单，材料的均一性好。$LiCoO_2$ 具有 α-$NaFeO_2$ 型层状结构，空间群属于 $R\bar{3}m$（图 20-1）。其中 Li^+ 位于 3b 位置，过渡金属离子 M(M=Co,Mn,Ni)位于 3a 位置，O 位于 6c 位置，为立方紧密堆积，与过渡金属离子构成 MO_6 八面体，金属离子位于八面体位置。过渡金属离子和 Li^+ 交替分布于 O 层两侧，形成稳定的层状结构，Li^+ 在层状结构中脱嵌。$LiCoO_2$ 的工作电压为 3.7 V 左右，理论比容量达到 274 mA·h/g，但是实际应用中一般被限制在 120～150 mA·h/g。因为其能够可逆脱嵌的 Li^+ 为 0.5 个左右，如果进行深度充放电，会导致材料结构不稳定。在充放电过程中，其电化学反应是：

$$Li_xCoO_2 \underset{放电}{\overset{充电}{\rightleftharpoons}} Li_{1-x}CoO_2 + xLi^+ + xe^-$$

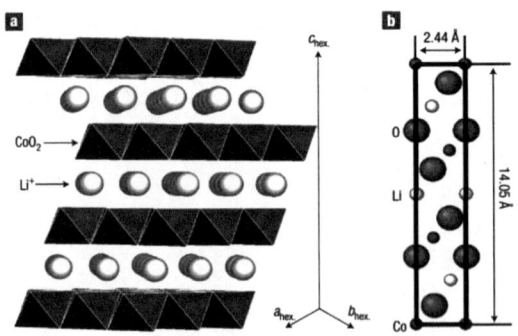

图 20-1　正极材料 $LiCoO_2$ 的结构示意图

锂离子电池电极材料的电化学性能通常包括充放电容量、循环性、倍率性能、库伦效率、充放电平台等。主要可通过恒流充放电和循环伏安测试进行分析。

恒电流充放电测试在充放电仪上进行。在电极表面上通过的极化电流密度 I 保持不变，则称为恒电流极化。参加氧化还原反应的粒子的流量 J 与电流密度 I 之间存在如下关系：$I=\pm nFJ$（其中 n 为转移电子数，F 为法拉第常数）。电池的恒电流充放电测试主要考察锂离子电池正极材料充电和放电的电压比容量关系,以及它们的循环性能。循环伏安法是电化学研究中最常用的实验手段之一。它控制电极电位,以三角形电波之电位输入待测物中,待电位线性增加至某一设定值后,再反向操作至原电位,电位改变期间若有氧化或还原反应发生,则会有电流产生,从而得电流对电位之关系。循环伏安法的分析应用于锂离子二次电池研究,主要可利用在不同条件下(如循环次数、扫描速度、不同温度及扫描电压范围等),观察电池电极材料的氧化还原反应(即充放电)机制、电池的循环性能(可逆性)、活性物质结构的改变,亦可测量电化学反应发生时的扩散系数与电子转移数等。由于Li^+在材料中的扩散非常缓慢,因此一般使用比较慢的电位扫描速度,通常小于 1 mV/s。

三、实验仪器与试剂

(一)仪器

惰性气体手套箱,电化学工作站(CHI660D),充放电仪、行星式球磨仪(含球磨罐)。

(二)材料

锂离子电池电极材料($LiCoO_2$)、粘结剂(聚偏氟乙烯,PVDF)、溶剂(N-甲基吡咯烷酮,NMP)、导电剂(炭黑)、电解液[1 mol/L $LiPF_6$/EC+DMC+DEC(体积比 1∶1∶1)]、锂片等。

四、实验步骤

(一)电极制备

电极制备主要包括制浆和涂膜两个过程。具体操作步骤如下:

(1)称取 0.8 g $LiCoO_2$、0.1 g 炭黑、0.1 g PVDF,置于玛瑙球磨罐中,量取 2 mL NMP 溶液,采用行星式球磨机,以 500 r/min 的速度球磨混合 2 h,制成具有一定黏度的浆液。

(2)铝片集流体预处理:利用模具将铝箔(厚度 0.1 mm)切成圆片,用 320 号砂纸粗糙化(压力 2 MPa),然后将隔膜和处理好的铝箔置于草酸溶液和丙酮中超声清洗,以去除其表面污渍,随后烘干、称重待用。

(3)用小玻璃棒将浆液涂覆在处理后的铝片上。单面涂覆,涂覆量约为 3~5 mg/cm^2,膜面尽量平整均匀。涂膜后的电极片送往真空干燥箱中于 110 ℃干燥 2 h 后,称重待用。

(4)将电极片送入手套箱中,准备组装电池。

(二)扣式电池组装

扣式电池的组装在氩气氛围的除水除氧手套箱中进行,其间手套箱中的氧气和水分含量始终保持在$5×10^{-6}$(质量分数)以下。装配顺序如图 20-2 所示:首先将制得的极片置于 2025 型扣式电池下盖的中央位置;随后放入一层 Celgard 2400 隔膜,并加入足量的电解液;再放入锂片,使其正好与极片相对;然后盖好上盖,擦拭掉电池外壳多余的电解液,用封口膜包裹后移出手套箱,并立即用封口机加压密封;待电池静置 1 h 后,再对其进行电化学测试。

(三)电化学性能测试

(1)测量所组装电池的开路电位、内阻。

(2)测量 $LiCoO_2$ 在 0.1 C 倍率下的首次充/放电曲线。

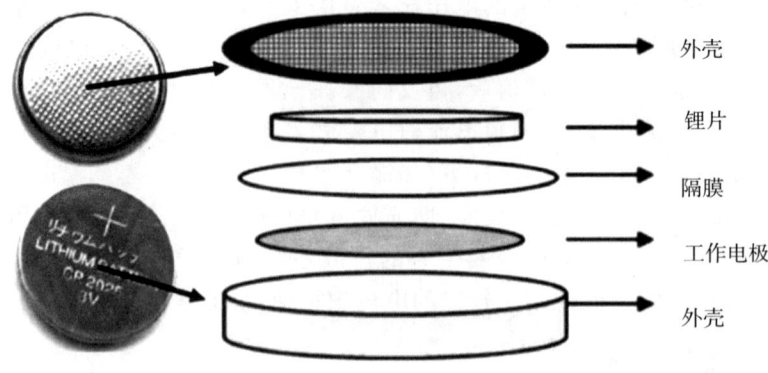

图 20-2 扣式电池组装示意图

(3) 测量 $LiCoO_2$ 在 2 C 倍率的前 50 周的充/放电曲线。

(4) 测量 $LiCoO_2$ 的循环伏安曲线。设置初始电位(开路电位、OCP)、上限电位(4.4 V)、下限电位(3.0 V)、扫描速度(0.1 mV/s)、扫描周数(2)、灵敏度、扫描方向等参数。

五、实验数据处理

(1) 从循环伏安谱图中读出电流峰电位、峰电流。

(2) 计算 $LiCoO_2$ 理论比容量,从充放电曲线分析 $LiCoO_2$ 的容量、倍率性能、循环性能、库伦效率。

六、思考题

(1) 为何所测得的 $LiCoO_2$ 比容量比其理论比容量小?影响 $LiCoO_2$ 比容量的因素有哪些?

(2) 采用循环伏安法和恒电流充放电实验分析电极材料的性能的主要区别是什么?

实验二十一 直接甲醇燃料电池阳极电催化剂制备及性能评估

一、实验目的

(1) 了解恒电位仪与三电极体系的工作原理,掌握循环伏安法的原理;
(2) 了解循环伏安法电沉积制备 Pt 纳米催化剂的方法;
(3) 掌握电极清洗技术与活化面积计算方法;
(4) 掌握甲醇电氧化的过程。

二、实验原理

(一) 甲醇燃料电池阳极电催化剂

燃料电池(fuel cell)是把化学能直接转换为电能的能源转换装置。以甲醇为燃料的直接甲醇燃料电池(direct methanol fuel cell,DMFC,图 21-1)具有结构简单、质量轻、体积小、比能量高、维修方便、容易操作等优点,有着广泛的应用前景。然而 DMFC 的商业化受到了两个关键问题的困扰:(1)阳极对甲醇的电催化性能差,容易被甲醇的解离吸附产物等所毒化;(2)DMFC 中甲醇的"渗溢",即甲醇透过膜电解质到达阴极,在阴极催化剂下发生氧化反应并造成阴极催化剂中毒和电池电压、效率降低。DMFC 的阳极和阴极反应分别为:

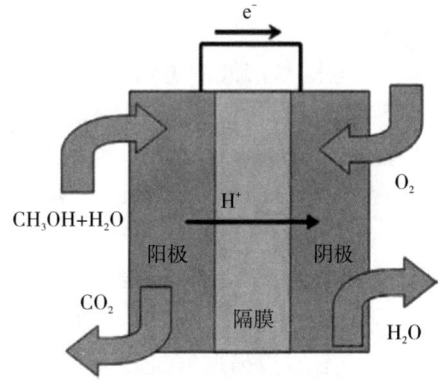

图 21-1 直接甲醇燃料电池示意图

阳极反应:$CH_3OH+H_2O \rightarrow CO_2+6H^++6e^-$ 　$E_1=0.046$ V
阴极反应:$3/2\ O_2+6H^++6e^- \rightarrow 3H_2O$ 　$E_2=1.229$ V
总反应为:$CH_3OH+3/2O_2 \rightarrow CO_2+2H_2O$ 　$E_{cell}=E_2-E_1=1.183$ V

铂(Pt)是甲醇电氧化最有效的催化剂,它比其他的过渡金属催化活性都要高。但甲醇在 Pt 电极上容易发生解离吸附,生成毒性中间体,导致催化剂中毒。已有的大量研究表明甲醇氧化是一个十分复杂的过程,服从双途径的反应机理:在低电位区间,甲醇发生吸附和解离;电极电位升高时,水吸附解离,从而产生甲醇氧化所需要的含氧物种,使甲醇在电极上直接被氧化。

(二) 三电极体系和恒电位仪

在电化学测量中,常采用三电极体系,其包含工作电极(working electrode,WE)、对电极(counter electrode,CE,也称辅助电极)和参比电极(reference electrode,RE)。工作电极就是所研究的电极材料;对电极通常是比较惰性的铂片(丝),或者碳材料,其作用是提供电子回路;参比电极通常选电位比较固定的电极,比如标准氢电极(NHE,电位是 0 V)、饱和甘汞电极(SCE,电位是0.241 V),本实验选择SCE作为参比电极。参比电极既作为电位参照,也用来控制工作电极电位。三电极体系要配合恒电位仪来测试(图21-2)。恒电位仪是电化学、电分析测试中最基本的仪器,其作用是提供流过工作电极的电流(电流不流过参比电极),并将工作电极和参比电极之间的电位控制在某一设定值。由于参比电极相对于溶液的电位是已知的,因而可实现控制工作电极

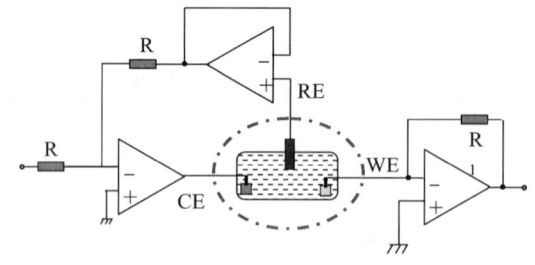

图 21-2　恒电位仪的原理图与三电极体系

的电位。工作电极的电位精确控制是基于参比电极所接的负反馈电子回路,一旦参比电极断路(如气泡堵塞,或者电极线没接),将引起电位失控,损坏工作电极。

(三)循环伏安法

电极浸入电解质溶液中后,电极表面存在的过剩电荷会吸引溶液中的反号粒子以及极化态的溶剂分子,构成一个非常薄(纳米级)的电化学双电层。对工作电极施加一个电位,可以引起两个变化:一是改变工作电极内电子的费米能级(最高已占轨道电子的能级),从而使电子在电极与溶液中电活性物质之间传递(即电子穿过界面),即电化学氧化还原反应,该过程产生的电流叫作法拉第电流;二是引起双电层结构变化,比如过剩的离子种类与数量,该过程没有涉及电化学反应,类似于电容器充电,也称为双层电容充电电流。电化学研究的主要目的是通过改变施加在电极表面的电位,使得电极表面电子能量发生改变,从而使得溶液或电极表面物种可控地发生氧化还原反应。根据电位、电流的控制方式不同,产生许多电化学研究方法。本实验仅介绍最基本的循环伏安法(CV)。

循环伏安法是一种暂态研究方法。在该方法中,工作电极的电压被控制在上、下限之间,以一定的扫描速度进行来回线性扫描,同时记录下电极上的电流数值,并对电压作图,得到循环伏安曲线。

在循环伏安法过程中,若在某一电位区间出现电流峰,就表明在该电位发生了电极反应(有时也与法拉第吸脱附过程有关)。对于可逆、准可逆的反应,电位正向扫描出现氧化电流峰,反向扫描会出现相应的还原电流峰。根据每一峰值电流相对应的电位值,从标准电极电位表和pH电位图等便可以推测出在所研究电位范围内可能发生了哪些电极反应。因此,伏安曲线可视为电化学电位谱图,它对于开展研究工作、掌握研究体系性质是十分重要的。

在循环伏安法中,通过改变扫描速度与上下限电位可以得到的最重要数据有:(1)正向峰值电流 i_{pc};(2)正向峰值电位 E_{pc};(3)正向半峰电位 $E_{p/2}$;(4)逆向峰值电流 i_{pa};(5)逆向峰值电位 E_{pa}。

在25 ℃下,针对一个溶液物种扩散控制的反应及反应的可逆性,不同体系具有以下特征(以一个还原反应过程为例):

1. 可逆体系

$\Delta E = E_{pa} - E_{pc} = (58/n)$ mV,$E_p - E_{p/2} = (28.5/n)$ mV,$i_{pa}/i_{pc} = 1$,$i_p \propto v^{1/2}$(扫速),E_p 与 v 无关。

2. 准可逆体系

$|i_p|$ 随 $v^{1/2}$ 增加,但不成正比,ΔE 大于 $(58/n)$ mV 且随 v 增加而增加,E_{pc} 随 v 增加

负移。

3. 不可逆体系

无反向峰,$i_p \propto v^{1/2}$;若某体系涉及表面吸附物种反应,则 $i_p \propto v$。

(四)Pt 电极在 H_2SO_4 溶液与甲醇溶液中的循环伏安研究

Pt 电极上 H_2SO_4 溶液中会出现如图 21-3 所示的循环伏安曲线。从图中可以观察到:在 $-0.25 \sim 0.15$ V 电位区间出现两对电流峰,归因于氢的吸附和脱附过程;当电位正向扫描时,在 0.8 V 电位附近出现一个较大的阳极电流包峰,归因于氧的吸附和 Pt 电极上氧化物种的形成;而当电位反向扫描时,在 0.5 V 电位附近观察到非常明显的阴极还原峰,归因于 Pt 电极上氧化物的还原。由该图可得出以下信息:(1)电流峰的数目反映了不同吸附态的存在,峰电位值 E_p 表示相应吸附自由能的大小;

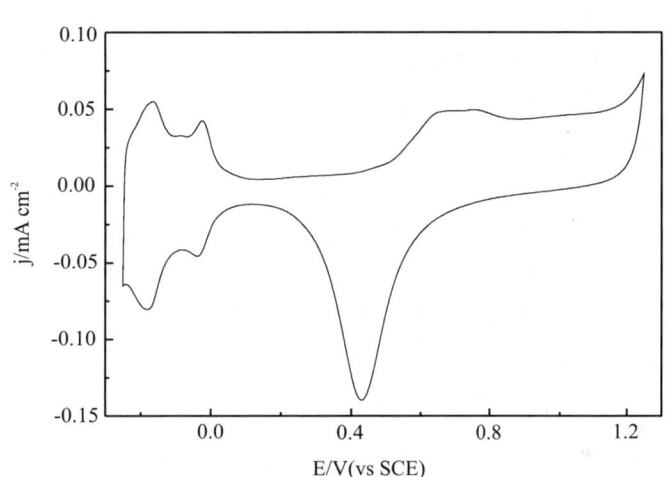

图 21-3 Pt 电极在 0.1 mol L^{-1} H_2SO_4 的 CV 图,扫描速度:50 mV·s^{-1}

氢吸附区中 E_p 较负的电流峰表示氢的弱吸附,而较正的电流峰表示氢的强吸附;(2)电流峰的面积等于电量,相当于吸附量的大小。将氢吸脱附的积分电量除以 210 μC/cm^2 可得到真实的铂表面积,也称为电化学活性表面积(electrochemically active surface area,ECSA)。ECSA 通常会比 Pt 电极的几何面积大一些,二者比值为电极粗糙度;(3)阴、阳极峰的对称性,阴、阳极峰分别表示吸、脱附过程,峰的形状和峰电位之差 ΔE_p 反映过程的可逆性,电流峰越对称表示可逆性越好。

电化学实验包含电解池清洗、溶液配制、电极研磨与清洁处理,以及最后的电化学测试。由于电化学反应仅发生在电极表面,而表面又很容易吸附溶液中的杂质,因此,电化学实验对溶液和电极的清洁程度要求非常高。溶液通常要用超纯水配制,试剂尽量采用优级纯。电极要在 Al_2O_3 等研磨粉上细心研磨抛光,并超声清洗。

三、实验仪器与试剂

(一)仪器

恒电位仪、超声清洗仪、电解池。

(二)试剂和材料

H_2SO_4(GR)、甲醇(AR)、氯铂酸钾、超纯水(电导率大于 18 MΩ·cm)、玻碳(GC)电极(mm)、饱和甘汞电极(SCE)、铂对电极、电极研磨器材。

四、实验步骤

(一)玻碳机械研磨和清洗

将适量 Al_2O_3 抛光粉(5 μm)倒在抛光布上,再滴加少量水调成浆状,将本体 GC 电极竖直置于研磨布上匀速画"8"字进行机械抛光。抛光时要注意抛光布表面是否有其他杂质,否则会划伤电极;电极表面要平行于抛光布并均匀用力,防止电极表面倾斜。抛光 5 min 后取出用水冲洗电极表面的 Al_2O_3 抛光粉,再将电极放入烧杯中,加超纯水超声 3 min 后,更换超纯水重复超声清洗两次。

将 0.1 mol/L H_2SO_4 倒入带有铂片辅助电极的电解池,依次放入工作电极和 SCE 参比电极。实验前要检查溶液浸没电极表面并且电极表面没有气泡,参比电极内没有气泡,3 根电极线(WE:绿夹子;RE:白夹子;CE:红夹子)均连接无误。通入高纯氮气吹扫,在 $-0.25\sim1.25$ V 电位区间进行循环伏安扫描(100 mV/s,30 周),并记录数据,以除去可能存在于电极表面的杂质。

(二)Pt 薄膜电极制备

将 GC 电极小心转移到含 0.002 mol/L K_2PtCl_6、0.1 mol/L H_2SO_4 的溶液中,连接好 3 根电极。通过循环伏安电沉积法制备 Pt 薄膜($-0.25\sim0.40$ V,20 周,50 mV/s)。

(三)Pt 电极电化学清洁和氢吸脱附研究

将所制备好的 Pt 薄膜小心转移到 0.1 mol/L H_2SO_4 溶液中,连接好 3 根电极,通入氮气吹扫。进行循环伏安扫描($-0.25\sim1.25$ V,20 周,0.1 V/s)。上述扫描可重复进行,直到获得氢吸脱附电流峰明显的稳定循环伏安曲线。

依次为 0.05 V/s、0.1 V/s、0.2 V/s、0.3 V/s、0.4 V/s、0.5 V/s 进行不同扫描速度的循环伏安实验($-0.25\sim1.25$ V,5 周,氮气保护)。通过研究不同扫描速度下的氢吸附 i_{pc} 与扫描速度的关系,确定反应是否为表面吸附过程。

(四)甲醇氧化实验与上下限电位对体系的影响

将溶液更换为 0.1 mol/L CH_3OH、0.1 mol/L H_2SO_4 混合液,连接好 3 根电极,通入氮气吹扫 10 min。进行循环伏安扫描(10 周,50 mV/s)。实验结束后,观察各个峰的行为,探求其可能的电极表面变化,观察正向扫描与反向扫描的差别。

维持 High E 在 1.25 V,逐步升高 Low E 至(-0.25、-0.1、0.0、0.1、0.2 V),观察谱图变化。

维持 Low E 在 -0.25 V,逐步降低 High E 至(1.1、1.0、0.9、0.8、0.7、0.6 V),观察谱图变化,特别是反向扫描峰电流与正向扫描哪个电流峰密切相关,分析可能原因。

实验结束后,先断开工作电极连接,取出工作电极,用超纯水清洗,再取出参比电极,并关闭恒电位仪。

五、注意事项

(1)电化学实验前,一定要检测电解线连接正确,饱和甘汞电极内部是否存在气泡。
(2)抛光电极时要注意抛光布洁净与平行抛光,防止损坏电极。

六、实验数据处理和讨论

(1)根据扫描速度 0.1 V/s 的 Pb 电极在 H_2SO_4 溶液中的循环伏安曲线,积分求取 $-0.25\sim0.1$ V 区间氢吸/脱附电量,二者取平均值,计算电极的 ECSA。

(2)绘制氢吸/脱附峰电流与扫描速度的关系曲线,判断反应类型。

(3)绘制 $-0.25\sim1.2$ V 电位区间的甲醇电氧化循环伏安曲线,对每个峰进行归属。

(4)分别绘制不同上限和下限电位的甲醇电氧化循环伏安曲线,指认甲醇电氧化反向扫描的氧化峰强度与哪些因素有关,理解为什么在(3)中正、反向扫描甲醇氧化电流相差这么大。

六、思考题

(1)为什么要用三电极体系?若用两电极体系会发生什么情况?

(2)循环伏安法是否可以进行搅拌或者对流等体系扰动?循环伏安法为什么会形成"峰形"曲线?

(3)在 H_2SO_4 溶液实验中,-0.25 V 到 0.1 V 为什么会有两个峰?分别对应什么?

实验二十二　水分解析氧廉价电催化剂的制备及性能评估

一、实验目的

(1) 掌握电解水析氧的过程；
(2) 掌握电解水析氧电催化剂的催化活性评价过程；
(3) 了解电解水析氧非贵金属电催化剂的制备过程。

二、实验背景及原理

伴随着全球性的人口剧增，化石能源矿藏日益锐减，人类对能源需求持续增长；同时，化石能源的大幅开采与使用亦导致了严重的全球性环保问题。在此背景下，亟须利用可再生资源，发展低成本、清洁、高效的能源转化、储备技术。水是地球上最为广泛存在的"氢矿"，水分解制氢被认为是获得洁净、可再生氢能源的最重要的途径。其中，依托于光电转换、核电等清洁电力生产技术的发展，利用电网富余电力分解水，即电解水制氢，被认为是最可行的清洁制氢技术路线之一。水的电解过程包括析氢反应和析氧反应（oxygen evolution reaction，简称 OER）两个半反应。由于每产生 1 个 O_2 分子需转移 4 个电子，相较于析氢反应，析氧反应是电解水过程中的热力学控制步骤，其所需理论电势为 1.23 V（相对 RHE 电位，即 vs RHE）。其中，RHE 是可逆氢电极，其电位与溶液 pH 的关系可以用能斯特（Nernst）方程表示：

$$E(\text{RHE}) = 0.000 - 0.059\text{pH}$$

由于溶液内阻等的存在，电解水析氧反应实际所需的氧化电势常高于这一理论值，并且，随着反应产生的电流密度越高，所需要的过电势越大。实际反应过程中产生某一电流密度所需电势与理论所需电势的差值即成为过电势（overpotential，η）。因此，为促进水分解过程，需要使用高效、廉价的析氧反应电催化剂如 $Co(OH)_2$、$Ni(OH)_2$ 等过渡金属氢氧化物修饰工作电极，使得获得一定电流密度的析氧反应尽可能在较低过电势下发生。本研究以析氧反应过程电流密度在 10 mA/cm^2 时的过电势为指标评价电催化剂的催化性能。

实际测量过程中，采用三电极体系，其包含工作电极（WE）、对电极（CE，也称辅助电极）和参比电极（RE）。工作电极就是所研究的电极材料，本研究采用玻碳电极，以室温下制备的 $Ni(OH)_2$ 纳米片作为电催化剂修饰玻碳电极后作为工作电极用于催化析氧反应；对电极通常是比较惰性的铂片（丝），或者碳材料，其作用是提供电子回路；参比电极通常选电位比较固定的电极，参比电极即作为电位参照，用来控制工作电极电位，本实验采用 Ag/AgCl，其电位为 0.197 V（使用饱和 KCl）。采用恒电位仪，使用线性扫描伏安法（linear sweep voltammetry）来测试。在该方法中，工作电极的电压被控制在上、下限之间，以一定的扫描速度按照电压从高到低或从低到高进行线性扫描，同时记录电极上的电流数值，并对电压进行作图，得到线性扫描伏安曲线。为方便比较，常将所得电位仪测得的反应电势 $E(\text{Ag/AgCl})$ 转为相对 RHE 的电势 $E(\text{vs RHE})$，按照如下公式转换：

$$E(\text{RHE}) = E(\text{Ag/AgCl}) + E(\text{Ag/AgCl}) - E(\text{RHE})$$

即：
$$E(\text{RHE}) = E(\text{Ag/AgCl}) + 0.197 + 0.059\,\text{pH}$$

则过电势（η）可由以下公式计算：
$$\eta = E(\text{RHE}) - 1.23$$

三、实验仪器与试剂

（一）仪器设备

磁力搅拌器、电化学工作站、超声清洗仪、电解池。

（二）试剂和材料

碳黑、$Ni(NO_3)_2 \cdot 6H_2O$、KOH、超纯水（电导率大于 18 MΩ·cm）、玻碳（GC）电极（3 mm）、Ag/AgCl 电极、铂对电极、电极研磨器材、旋转圆盘电极、磁子。

四、实验步骤

（一）制备碳载 $Ni(OH)_2$ 电催化剂

取 10 mg 碳黑于 10 mL 含 0.2 mol/L KOH 去离子水中超声分散，逐滴缓慢加入 1 mL 1 mol/L $Ni(NO_3)_2$ 溶液，全过程伴以磁力搅拌。持续搅拌 0.5 h 后，将溶液高速离心，将离心所得沉淀物采用乙醇清洗一次再次离心分离后，在 800 ℃ 烘箱中干燥。

（二）涂饰工作电极

取 5 mg 干燥后所得催化剂分散于 0.8 mL Nafion 的乙醇、水混合液中（$V_{乙醇} : V_{水} : V_{nafion} = 1:1:0.2$），超声 0.5 h，制备均匀的"墨水"。

同时，采用粒径为 1 μm、0.3 μm、0.05 μm 的 Al_2O_3 粉末对玻碳电极进行抛光。抛光过程中要注意抛光布表面没有其他杂质，否则会划伤电极，电极表面要平行于抛光布并均匀用力，防止电极表面倾斜。

用移液枪于取 2~3 μl 上述制得的"墨水"滴于抛光后的玻碳电极上，室温静置 1~2 h 待干。

（三）析氧反应催化活性与稳定性表征

配制 0.1 mol/L KOH 溶液 30.0 mL 于带有铂片辅助电极的电解池中，依次装入涂饰有催化剂的工作电极及参比电极，其中工作电极采用旋转圆盘电极（RDE），参比电极采用 Ag/AgCl 电极。在 0~1 V 电位区间进行循环伏安扫描（50 mV/s，20 周），以活化电极。

采用电化学工作站进行 IR 降补偿。采用线性扫描伏安法，扫描速度 10 mV/s，从 0 V 升至 0.8 V，RDE 转速 1500 r/min，获得极化曲线 1。

采用与极化曲线 1 同样的测试操作，但直接使用抛光后的玻碳电极装载于 RDE 上，获得极化曲线 2，并与极化曲线 1 对比。

采取与极化曲线 1 同样的测试操作，仍然使用极化曲线 1 中带有催化剂的工作电极，但换用浓度为 1.0 mol/L KOH 溶液进行测试，获得极化曲线 3，将之与极化曲线 1 对比。

采用计时电流法，在 1.0 mol/L KOH 溶液中对工作电极施以 0.7 V（vs Ag/AgCl）的电势,保持测试时间 1 h,获得 i-t 曲线,测试催化剂稳定性。

结束后,先断开工作电极连接,取出工作电极,用超纯水清洗,再取出参比电极,并关闭电化学工作站。

五、注意事项

(1)电化学实验前,一定要检测电解线连接是否正确。
(2)抛光电极时要注意抛光布洁净与平行抛光,防止损坏电极。
(3)KOH 溶液刺激皮肤,注意配制、使用时的安全。

六、实验数据处理和讨论

(1)根据极化曲线,求取析氧反应电流密度为 10 mA/cm^2 时的过电势。
(2)比较极化曲线 1 和 2,讨论电催化剂的作用。
(3)比较极化曲线 1 和 3,讨论二者过电势差值的原因。

七、思考题

(1)为什么要做 IR 降补偿?产生系统内阻的原因有哪些?怎样可以降低系统内阻?
(2)测量过程中有哪些因素会影响测得的析氧反应的过电势及稳定性?
(3)在测试过程中,催化剂可能会发生哪些变化?
(4)除了反应过电势以外,我们还能由极化曲线得到哪些有用的信息?

四

能源材料制备与处理实验

实验二十三 碳钢的热处理工艺实验

一、实验目的

（1）了解常规的热处理工艺（退火、正火、淬火、回火）；
（2）了解加热温度、冷却速度、回火温度等主要因素对 45 钢热处理后性能（硬度）的影响；
（3）分析淬火和回火温度对 45 钢性能的影响；
（4）掌握硬度测量中硬度计的选择与使用；
（5）观察热处理后 45 钢的组织。

二、实验原理

（一）钢的常规热处理

1. 退火

退火通常是将钢加热到 Ac3 或 Ac1 以上 20～30 ℃，保温一段时间，然后缓慢地随炉冷却，此时奥氏体在高温区分解而得到比较接近平衡状态的组织。一般中碳钢（如 40、45 钢）经退火后组织稳定，硬度较低（HB 180～220），有利于下一步切削加工。

2. 正火

正火是将钢加热到 Ac3 或 Accm 以上 30～50 ℃，保温后进行空冷。由于冷却速度稍快，与退火组织相比，组织中珠光体相对量较多，且片层较细密，所以性能有所改善。对低碳钢而言，正火可以提高硬度并改善切削加工性能，降低零件表面粗糙度；对高碳钢而言，正火可以消除网状渗碳体，为下一步球化退火及淬火做准备。

3. 淬火

淬火是将钢加热到 Ac3 或 Ac1 以上 30～50 ℃，保温后放入各种不同的冷却介质中快速冷却，以期获得马氏体组织。碳钢经淬火后的组织由马氏体及一定数量的残余奥氏体组成。要进行正确淬火，须考虑以下几个因素：钢的含碳量、淬火加热温度、保温时间和冷却速度。

4. 回火

回火是指将淬火后的钢加热到 A1 以下某一温度，保温一段时间后，冷却至室温的工艺过程。钢经过淬火后得到的马氏体组织质硬而脆，并且工件内部存在很大的内应力，如果直接进行磨削加工往往会出现龟裂，一些精密的零件在使用过程中将会引起尺寸变化而降低精度，甚至开裂。对于碳素钢，回火工艺的选择主要考虑回火温度和保温时间这两个因素，按照回火温度，可分为低温、中温、高温回火。

（1）低温回火：在 150～200 ℃进行回火，所得到的组织为回火马氏体（HRC57～60），保持工件淬火后的高硬度，减少淬火后的应力，降低钢的脆性。常用于高碳素钢中的切削刀具、量具以及要求高硬度、高耐磨性的工件。

（2）中温回火：在 350～500 ℃进行回火，所得到的组织为回火屈氏体（HRC35～45），具有高的弹性极限,同时具有较好的韧性。主要用于碳素钢弹簧。

(3)高温回火:在 500～650 ℃进行回火,所得到的组织为回火索氏体(HRC25～33),既有一定硬度,又有良好的冲击韧性的综合机械性能。常把淬火后经高温回火的处理工艺称为调质处理。主要用于中碳结构钢工件的热处理。

(二)热处理后的显微组织

碳钢经退火、正火可得到平衡或接近平衡的组织,经淬火得到的是非平衡组织。因此,研究热处理后的组织时,不仅要参考铁碳相图,还要参考等温转变曲线和连续转变曲线。铁碳相图说明的是慢冷时合金的结晶过程和室温下的组织以及相的相对量,等温转变曲线和连续转变曲线则能说明一定成分的钢在不同冷却条件下的结晶过程以及所得到的组织。这里我们拿45钢(亚共析钢)的连续冷却进行分析,见图 23-1,其他碳钢转变可依此类推。

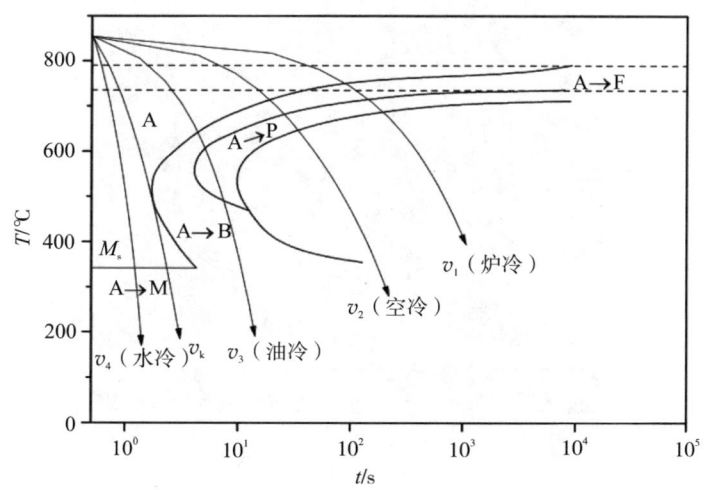

图 23-1 亚共析钢的等温转变-连续转变曲线

1. v_1 速度冷却(炉冷)

当 v_1 线与铁素体析出线相交时,在母相奥氏体晶界处析出铁素体晶核,进而形成铁素体晶粒。当 v_1 线和珠光体转变开始线相交时,铁素体转变中止而珠光体转变开始。继续冷却,剩余的奥氏体转变为珠光体,直至 v_1 线与珠光体转变终了线相交时,珠光体转变结束。最终的转变产物为铁素体、珠光体。

2. v_2 速度冷却(空冷)

铁素体在较低的温度下析出。铁素体析出终止后开始珠光体转变。当 v_2 线与珠光体转变终了线相交时,珠光体转变结束。最终的转变产物为铁素体、珠光体。可见,空冷过程中的组织转变过程与炉冷的相同。但因 $v_2 > v_1$,所以空冷的组织转变是在较低的温度下进行的。

3. v_3 速度冷却(油冷)

试样在经过了铁素体转变、珠光体转变区以及贝氏体转变区后,进入马氏体转变区。由于 v_3 线未与珠光体转变终了线及贝氏体转变终了线相交,因而试样在冷至 M_s 点时,尚有部分过冷奥氏体存在,这部分奥氏体在冷至 M_s 点后开始转变为马氏体。同时,由于奥氏体是在较低温度下进入珠光体转变区的,因而转变产物为极细珠光体(即屈氏体)。最终的转变产物为铁素体、屈氏体、贝氏体、马氏体。

4. v_4 速度冷却(水冷)

v_k 表示淬火试样得到全部马氏体组织的最小冷却速度,即所谓临界冷却速度。由于 $v_4 > v_k$,所以得到全部马氏体组织。过共析钢的转变与亚共析钢相似,不同之处是亚共析钢先析出的是铁素体,而过共析钢先析出的是渗碳体。

(三)基本组织的金相特征

那么,碳钢在各种冷却方式下得到的组织形式究竟是怎样的呢?这里我们很有必要借助显微镜对碳钢的金相特征进行进一步观测。碳钢的组织形成主要有以下几类。

(1)珠光体:铁素体和渗碳体的层片状混合物,见图23-2。

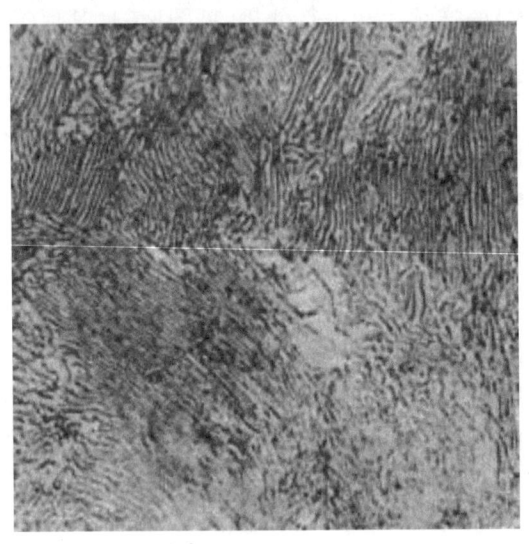

图 23-2　珠光体组织

(2)索氏体:也是铁素体与片状渗碳体的机械混合物。但片层分布比珠光体细密,在高倍(700×左右)显微镜下才能分辨出片层状。

(3)屈氏体:同样是铁素体与片状渗碳体的机械混合物。片层分布比索氏体更细密,在一般光学显微镜下无法分辨,只能看到黑色组织如墨菊状。当其少量析出时,沿晶界分布呈黑色网状包围马氏体;当析出量较多时,则呈大块黑色晶粒状。只有在电子显微镜下观察才能分辨其中的片层状。

层片愈细,则塑性变形的抗力愈大,强度及硬度愈高,而塑性及韧性则有所下降。

(4)贝氏体:从金相形状看,贝氏体主要有两种形态,即羽毛状上贝氏体和针状下贝氏体。

上贝氏体的基本特征是:由许多从奥氏体晶界向晶内平行生长的条状铁素体和在相邻铁素体条间存在的断续的、短杆状的渗碳体组成。同时在铁素体条内有较高的位错密度,见图23-3。

在上贝氏体中,渗碳体条间距取决于铁素体条的宽度,通常片间距大,且渗碳体的分布是断断续续的。上贝氏体的强度较低,同时由于铁素体条间存在着狭长的碳化物沉淀,条间易断裂,故生产中应尽量避免这一组织产生。

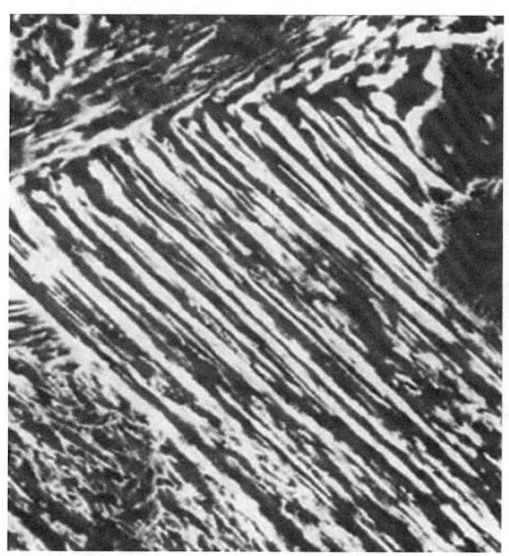

图 23-3　上贝氏体组织

下贝氏体是黑色针状,有一定取向,比淬火马氏体易腐蚀,极相似于回火马氏体。下贝氏体组织特征是:针状铁素体内沉淀有碳化物,碳化物的取向与铁素体的长轴成 $55°\sim60°$,见图 23-4。

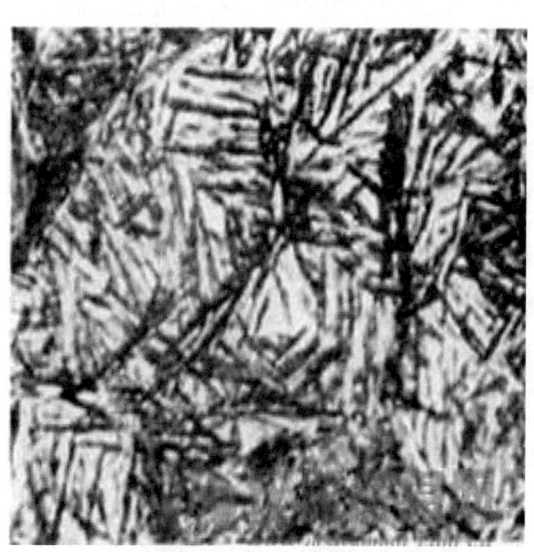

图 23-4　下贝氏体组织

(5)马氏体:马氏体就是碳在 α-Fe 中的过饱和固溶体。马氏体组织形成按其碳含量的高低分为两种,即板条状马氏体和片状马氏体。

①板条状马氏体(图 23-5):一般低碳钢和低碳合金钢淬火后得到板条状马氏体组织,其组织特征是:尺寸大致相同的细马氏体定向平行排列组成马氏体束或马氏体领域。在领域与领域之间位向差较大,一颗原始的奥氏体晶粒内可形成几个不同的马氏体领域。板条状马氏体具有较低的硬度及好的韧性。

图 23-5　板条状马氏体组织

②片状马氏体(图 23-6)：含碳量较高的钢经淬火后，马氏体呈片状（针状、透镜状、竹叶状）存在。它区别于板条状马氏体的主要特征是：板条状马氏体中毗邻的一根根马氏体是平行的、长度大致相同的狭条；而在片状马氏体中，片间不互相平行，在一个奥氏体晶粒内形成的第一片马氏体较粗大，往往横穿整个奥氏体晶粒，将奥氏体晶粒加以分割，使之后形成的马氏体片的大小受到限制。因此，片状马氏体的大小不一，同时有些马氏体有一条中脊面，并在马氏体片周围有残留奥氏体存在。片状马氏体具有高的硬度及低的韧性。

图 23-6　片状马氏体组织

(6)回火马氏体：淬火钢经低温回火(150~250 ℃)后，得到回火马氏体。回火马氏体仍具有针状特征，由于有极小的碳化物析出使回火马氏体易受侵蚀，所以在光学显微镜下，颜色比淬火马氏体深。

(7)回火屈氏体：淬火钢经中温回火(350~500 ℃)后，得到回火屈氏体组织。其金相特征是：原来板条状或片状马氏体的形态仍基本保持，回火屈氏体中的渗碳体颗粒很细小，以至于在光学显微镜下难以分辨,用电子显微镜观察时发现渗碳体已明显长大。

(8)回火索氏体:淬火钢在高温回火(500～650 ℃)后得到回火索氏体组织。它的金相特征是:铁素体基体上分布着颗粒状渗碳体。碳钢调质后回火索氏体中的铁素体已成等轴状,一般已没有针状形态。

必须指出,回火屈氏体、回火索氏体是淬火马氏体回火时的产物,它的渗碳体是颗粒状的,且均匀地分布在α相基体上;而屈氏体、索氏体是奥氏体过冷时直接形成的,它的渗碳体呈片层状。回火组织较淬火组织在相同硬度下具有较高的塑性及韧性。

三、实验仪器与试剂

加热用电炉、布氏硬度计或洛氏硬度计、金相显微镜、45钢试样、钳子、铁丝、磨床、砂纸、淬火水槽和油槽。

四、实验步骤

(1)按人数分为若干个小组,每个小组的样品数是8个;
(2)将样品放入电炉中,温度设置为860°,加热到指定温度后,保温20 min;
(3)对样品做不同的冷却处理;
(4)需要回火的样品水冷后重新放入电炉中,温度分别设置为200 ℃、350 ℃、600 ℃,保温20 min后取出,空冷;
(5)用磨床配合砂纸对样品进行研磨,速度在150～250 r/min,先用粗砂纸,再用细砂纸,最后用抛光膏进行抛光;
(6)用硬度计测取各样品的硬度并记录于表23-1中;
(7)用4%的硝酸酒精对样品进行腐蚀,大约10～15 s,腐蚀后用显微镜观察各样品的显微结构,并标定拷取图片结果。

表23-1 热处理数据表

热处理工艺			硬度值(HB或HRC)				预计组织结构
加热温度/℃	冷却方式	回火温度/℃	1	2	3	平均	
860	炉冷						
	空冷						
	油冷						
	水冷						
	水冷	200					
	水冷	350					
	水冷	600					

五、实验注意事项

(1)往炉中取放试样必须使用夹钳,夹钳必须擦干,不能沾油或水;

(2)打开炉门应迅速,不能等待过长;

(3)在油槽中淬火应迅速,避免样品温度下降而影响淬火效果;

(4)样品在油槽中应不断搅拌,否则会出现冷却不均匀而出现软点;

(5)淬火或回火后的试样需经过磨床打磨表面,去掉氧化皮后再测量其硬度值;

(6)淬火的油温应保持在 30 ℃以下,如出现局部着火,应立即将样品放入油中搅拌,火将自行熄灭;

(7)加热过程中样品应尽量放入炉的中部。

六、实验数据处理

(1)对比分析原始组织和经过热处理后的样品的硬度值变化情况;

(2)对比分析水冷处理后的样品回火前后硬度值变化;

(3)对比分析油淬和水淬的硬度;

(4)对比试样的金相组织(需要把每个成员的照片贴上并标注出作者)。

七、思考题

(1)45 钢常用的热处理工艺分别是什么?请简要说明?

(2)水淬后的 45 钢试样其硬度随回火温度如何变化?为什么?

(3)不同热处理后的 45 钢的硬度与显微观察结果有什么联系?为什么?

(4)运用今天所学的知识解释古代锻造铁器的过程。

实验二十四　金相显微实验

一、实验目的

通过实验使学生进一步加深对所学课程的理解,基本掌握实验仪器设备的使用,认识不同成分的金属合金在平衡状态下的组织形态,了解和鉴别金属的显微组织及成本。

二、实验原理

显微分析是研究金属内部组织的最重要的方法。在金相学一百多年的发展历史中,绝大部分研究工作是借助光学显微镜完成的。近年来,电子显微镜的重要性日益凸显,光学显微金相技术在教学、科研和生产中仍将占据一定的位置。

试样制备工作包括许多技巧,需要有长期的实践经验才能较好地掌握;同时它也比较费时和单调,往往使人感到厌烦。金相显微镜的使用之所以比生物显微镜晚二百年,其原因就是长期没有解决好试样制备问题。

由于研究材料各异,金相显微制样的方法多种多样。其程序通常可分为取样、镶样、磨光、机械抛光(或电解抛光、化学抛光)、腐蚀等几个主要工序,无论哪一个工序操作不当,都会影响最终效果。因此,不应忽视任何一个环节。不适当的操作可能形成"伪组织",导致错误的分析。为了能清楚地显示出组织细节,在制样过程中不使试样表层发生任何组织变化(曳尾、划痕、麻点等),有时尚需保护好试样的边缘。

(一)取样

选择合适的、有代表性的试样是进行金相显微分析的极其重要的一步,包括选择取样部位、检验面及确定截取方法、试样尺寸等。

1. 取样部位及检验面的选择

取样部位及检验面的选择取决于被分析材料或零件的特点、加工工艺过程及热处理过程,应选择有代表性的部位。生产中常规检验所用试样的取样部位、形状、尺寸都有明确的规定(详见有关行业和国家标准)。对于零件失效分析的试样,应该根据失效的原因,分别在材料失效部位和完好部位取样,以便于对比分析。对铸件,必须从表面到心部,从上部到下部观察其组织差异,以了解偏析情况,以及缩孔疏松及冷却速度对组织的影响。因此,取样时要兼顾考虑,对锻轧及冷变形加工的工件,应采用纵向检查面,以观察组织和夹杂物的变形情况,而热处理后的显微组织则应采用横向截面。

2. 试样的截取

取样时,应保证被观察的截面由于截取而产生组织变化,因此对不同的材料要采用不同的截取方法:对于软材料,可以用锯、车、刨等加工方法;对于硬材料,可以用砂轮切片机切割或电火花切割等方法。对于硬而脆的材料,可以用锤击方法。在大工件上取样,可用氧气切割等方法。在用砂轮切割或电火花切割时,应采取冷却措施,以免试样因受热而引起组织变化。

3. 试样尺寸

金相试样的大小以便于握持、易于磨制为准。通常显微试样为直径 15 mm、高 15～20 mm 的圆柱体或边长为 15～25 mm 的立方体。对于形状特殊或尺寸细小不易握持的试样,要进行镶嵌或机械夹持。

试样取下后,一般黑色金属要用砂轮打平,对于很软的材料(如铝、铜、镁等有色金属)可用锉刀锉平。磨砂轮时应利用砂轮的侧面,并使试样沿砂轮径向缓慢往复移动,施加压力要均匀。这样既可以保证使试样磨平,还可以防止砂轮侧面磨出凹槽,导致试样无法磨平。在磨制过程中,试样要不断用水冷却,以防止试样因受热升温而产生组织变化。此外,在一般情况下,试样的周界要用砂轮或锉刀磨成 45°角,以免在磨光及抛光时将砂纸和抛光织物划破,但是对于需要观察表层组织(如渗碳层、脱碳层)的试样,则不能将边缘磨圆,这种试样最好进行镶嵌。

(二)镶样

一般情况下,如果试样大小合适,则不需要镶样,但试样尺寸过小或形状极不规则者,如带、丝、片、管,制备试样十分困难,就必须把试样镶嵌起来。镶嵌分冷镶嵌和热镶嵌两种。

目前一般多采用塑料镶嵌。镶嵌材料有热凝性塑料(如胶木粉)、热塑性塑料(如聚氯乙烯)、冷凝性塑料(环氧树脂加固化剂)及医用牙托粉加牙托水等。这些材料都各有其特点。胶木粉不透明,有各种颜色,而且比较硬,试样不易倒角,但抗强酸强碱的耐腐蚀性能比较差;聚氯乙烯为半透明或透明的,抗酸碱的耐腐蚀性能好,但较软。用这两种材料镶样均需用专门的镶样机加压加热才能成型。金相试样镶样机主要包括加压设备、加热设备及压模三部分。

对温度及压力极敏感的材料(如淬火马氏体与易发生塑性变形的软金属),以及微裂纹的试样,应采用冷镶、洗涤后在室温下固化,以不引起试样组织的变化。环氧树脂、牙托粉镶嵌法对粉末金属、陶瓷多孔性试样特别适用。电解制样时,可加入铜粉等金属填料以产生导电性,还可加入耐磨填料如 Al_2O_3 等来增加硬度及耐磨性,保持试样的边缘,填料一般在制样前加入压镶塑料中去。机械镶嵌法适用于外形比较规则(像圆柱体、薄板等)的试样。

低熔点合金镶嵌法,利用熔融的低熔点合金溶液浇铸镶嵌成合适的金相试样。将欲镶嵌的细小试样放置在一块平整的铁板上,用合适的金属圈或塑料圈套在试样外面,将低熔点合金注入圈内待冷却后即可。

牙托粉加牙托水镶嵌法操作方便。将欲镶嵌的细小试样放置在一块平整的玻璃上,用合适的金属圈或塑料圈套在试样外面,室温下将牙托粉加适量的牙托水调成糊状(不能太稀),并迅速注入金属圈或塑料圈内待 30 min 后即固化。目前这种方法完全可取代低熔点合金镶嵌法。

(三)磨光

磨光分为粗磨与精磨。

1. 粗磨

粗磨的目的是整平试样,并磨成合适的形状。金相试样的磨光除了要使表面光滑平整外,更重要的是应尽可能减少表层损伤。每一道磨光工序必须除去前一道工序造成的变形层,而不是仅仅把前一道工序的磨痕除去;同时,该道工序本身应做到尽可能减少损伤,以便

（a）金相试样镶样机

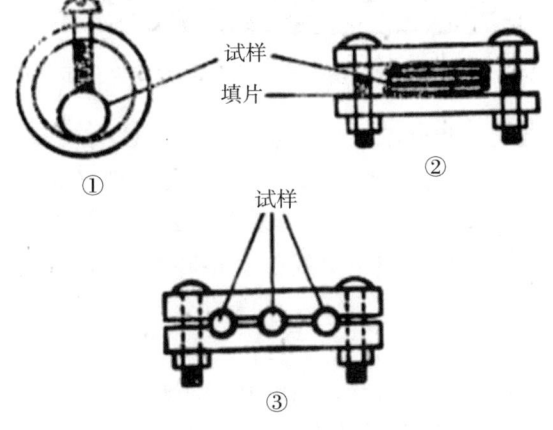

（b）机械镶嵌用夹具

（c）低熔点合金和牙托粉加牙托水镶嵌法

图 24-1

于进行下道工序。最后一道磨光工序产生的变形层深度应非常浅,保证能在下一道抛光工序中除去。图 24-2 为试样经过切割加工及四道磨光工序后表面变形层的厚度变化示意图。图中 A、B、C 均为变形层,越往里,变形量越小,D 为未受损伤的组织。此过程要注意防止金属过分发热。

2. 精磨

精磨的目的是消除粗磨时留下的较深的磨痕,为下一步抛光打好基础。精磨通常是在

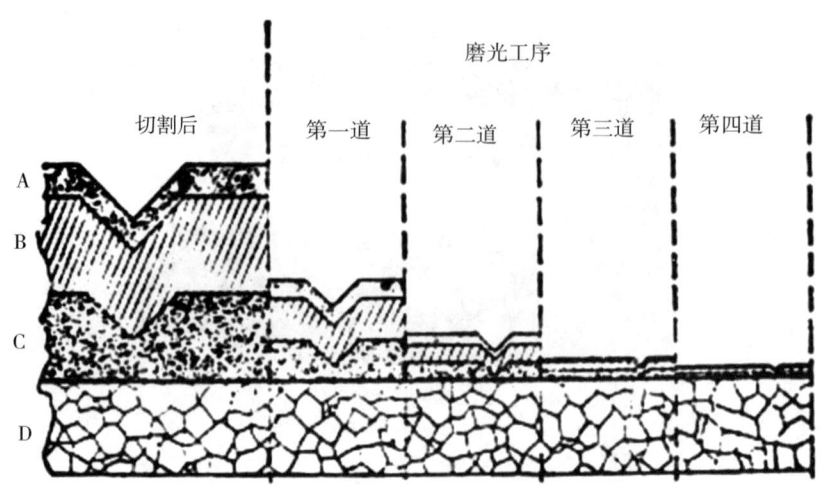

图 24-2 试样经过切削磨光后变形层厚度变化示意图

砂纸上进行,砂纸分水砂纸和金相砂纸。通常水砂纸为 SiC 磨料,不溶于水;金相砂纸的磨料有 $2\text{-}Al_2O_3$、SiC、Fe_2O_3 等,性均极硬,呈多边棱角,具有良好的切削性能,精磨时可用水做润滑剂进行手工湿磨或机械湿磨。通常使用粒度为 240、320、400、600 四种水砂纸进行磨光后即可进行抛光。对于较软金属,应用更细的金相砂纸磨光后再抛光。对于有一定数量的试样,精磨可用手工湿磨机进行。

(1) 手工湿磨

砂纸朝外向下倾斜(从操作者方向看),粘贴在平板玻璃上磨制时,直线向前推,退回时离开砂纸,反复进行,直到旧的磨痕全部消失,在整个磨面上得到方向一致均匀的新磨痕边止。每换一道砂纸之前,必须先用水洗去样品和手上的砂粒,并擦干,然后将试样旋转 90°在次级砂纸上磨制(图 24-3)。使用时流动的水不停地从砂纸表面流过,及时地把绝大部分磨屑和脱落的磨粒冲走。这样在整个磨光操作过程中,磨粒的尖锐棱角始终与试样的表面接触,保持其良好的磨削作用。湿磨法的另一优点是:水的冷却作用可以减少磨光时在试样表面产生的摩擦热,避免显微组织发生变化。整个磨光工序可以在同一设备上完成。

(2) 机械湿磨

将不同粒度的碳化硅砂纸分别置于边缘略有突起、放了一些水的电动转盘上,随着转盘转动,砂纸下面的水被甩出,砂纸被吸附在转盘上,即可进行机械湿磨,磨光效率较手工湿磨进一步提高。如转盘式金相预磨机使用时用水做润滑剂和冷却剂。配有微型计算机的自动磨光机。(图 24-4)可以对磨光过程进行程序控制,整个磨光过程可以在数分钟内完成。

(四) 抛光

抛光的目的是要尽快使磨光留下的细微磨痕成为光亮无痕的镜面。金相试样的抛光基本分为机械抛光、化学抛光、电解抛光三类。

1. 机械抛光

抛光的目的就是要尽快将磨光工序留下的变形层除去,并使抛光产生的变形层不影响显微组织的观察。

抛光与磨光的机制基本相同,即嵌在抛光织物纤维上的每颗磨粒可以看成是一把刨刀,

图 24-3 手工操作砂纸湿磨设备示意图　　图 24-4 自动磨样机

根据它的取向,有的可以切除金属,有的则只能使表面产生划痕(图 24-5)。磨粒只能以弹性力与试样作用,与磨光相比,其所产生的切屑更细小,划痕和变形层更浅。

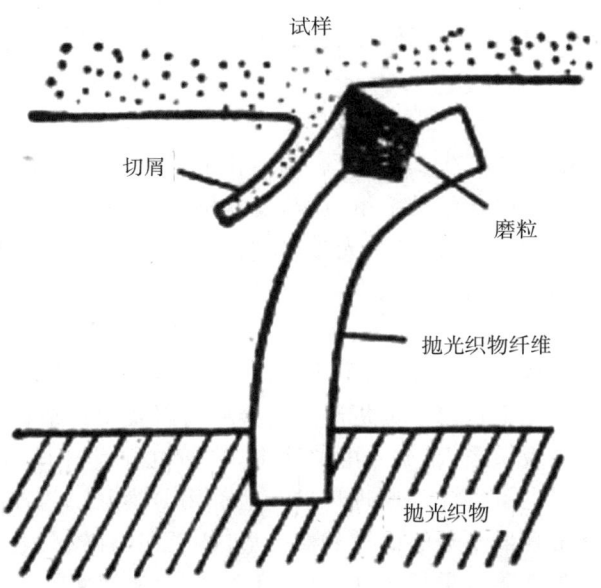

图 24-5 抛光时磨粒在试样表面产生切屑示意图

抛光操作的关键是要设法得到最大的抛光速率,以便尽快除去磨光时产生的损伤层,同时要使抛光产生的变形层不致影响最终观察到的组织,即不会产生假象。这两个要求是有矛盾的,前者要求使用较粗的磨料,但会使抛光变形层较深;后者要求使用较细的磨料,但抛光速率较低。解决这个矛盾的最好办法是把抛光分为两个阶段来进行。首先是粗抛,目的是除去磨光的变形层,这一阶段应具有最大的抛光速率。粗抛本身形成的变形层是次要的考虑,不过也应尽可能小。其次是精抛(又称终抛),其目的是除去粗抛产生的变形层,使抛光损伤减到最少。

以往,粗抛常用的磨料是粒度为 10~20 μm 的 $\alpha\text{-}Al_2O_3$、Cr_2O_3 或 Fe_2O_3,加水配成悬浮液使用。目前,人造金刚石磨料已逐渐取代了 Al_2O_3 等磨料,因其具有以下优点:

(1)与 Al_2O_3 等相比,粒度小得多的金刚石磨粒抛光速率要大得多,例如 4~8 μm 金刚石磨粒的抛光速率与 $10\sim20~\mu m$ Al_2O_3 或 SiC 的抛光速率相近；

（2）表面变形层较浅；

（3）抛光质量最好。

通常，使用金刚石膏状磨料的抛光速率远比悬浮液大。金刚石磨料的价格虽高，但抛光速率大，切削能力保持的时间也长，因此它的消耗量少，只要注意节约使用，并合理选择抛光机的转速（采用机械抛光时应为 $250\sim300$ r/min，自动抛光时应为 150 r/min），就可以充分发挥其优越性。用金刚石研磨膏进行粗抛时，一般先使用粒度为 $3.5~\mu m$ 的磨料，然后使用粒度为 $1~\mu m$ 的磨料；对于较软的材料要使用粒度为 $0.5~\mu m$ 的磨料才可获得最佳效果。

尽管对于磨光及粗抛已经有了比较成熟的原则，但是对于精抛，还要求操作者有较高的技巧。常用的精抛磨料为 MgO 及 γ-Al_2O_3，其中 MgO 的抛光效果最好，但抛光效率低，且抛光技巧不易掌握；γ-Al_2O_3 的抛光速率高，且易于掌握。

近年来已有在抛光机上配置微型计算机，使抛光过程自动化，抛光机可以按照规定的参数（如转速、压力、润滑剂、磨粒喷撒频率等）进行工作，这些参数还可以随时间而变。

对于某种材料的金相试样，只要建立了最佳制样参数，工作效率就可以大大提高。不过这种制样设备并不能完全取代金相技术人员的工作，它只能按照人们预制定的程序进行工作。

2. 电解抛光

机械抛光时，试样表面要产生变形层，影响金相组织显示的真实性。电解抛光可以避免上述问题，因为电解抛光系电化学的溶解过程，没有机械力的作用，不引起金属的表面变形。对于硬度低的单相合金以及一般机械抛光难以做到的铝合金、镁合金、铜合金、钛合金、不锈钢等宜采用此法。此外，电解抛光对试样磨光程度要求低（一般用 800 号水砂纸磨平即可），速度快，效率高。

但是电解抛光对于材料化学成分的不均匀性、显微偏析特别敏感，非金属夹杂物处会被剧烈地腐蚀，因此电解抛光不适用于偏析严重的金属材料及做夹杂物检验的金相试样。

试样接阳极，不锈钢板做阴极，放入电解液中，接通电源后，阳极发生溶解，金属离子进入溶液中[图 24-6(a)]。电解抛光的原理现在一般都用薄膜假说的理论来解释。

电解抛光时，在原来高低不平的试样表面上形成一层具有较高电阻的薄膜，试样凸起部分的膜比凹下部分薄，膜越薄电阻越小，电流密度越大，金属溶解速度越快，从而使凸起部分渐趋平坦，最后形成光滑平整的表面[图 24-6(b)]。在抛光时必须选择合适的电压，控制好电流密度，过低和过高电压都不能达到正常抛光的目的。常见的自动电解抛光仪如图 24-7 所示。

3. 化学抛光

化学抛光是靠化学溶解作用得到光滑的抛光表面。这种方法操作简单，成本低廉，不需要特别的仪器设备，对原来试样表面的光洁度要求不高，这些优点都给金相工作者带来很大方便。

化学抛光的原理与电解抛光类似，是化学试剂对试样表面不均匀溶解的结果。在溶解的过程中，表层也产生一层氧化膜，但化学抛光对试样原来凸起部分的溶解速度比电解抛光慢，因此经化学抛光后的磨面较光滑但十分不平整。这种不平整一般在物镜的垂直鉴别能力内，适于用显微镜做低倍和中倍观察。

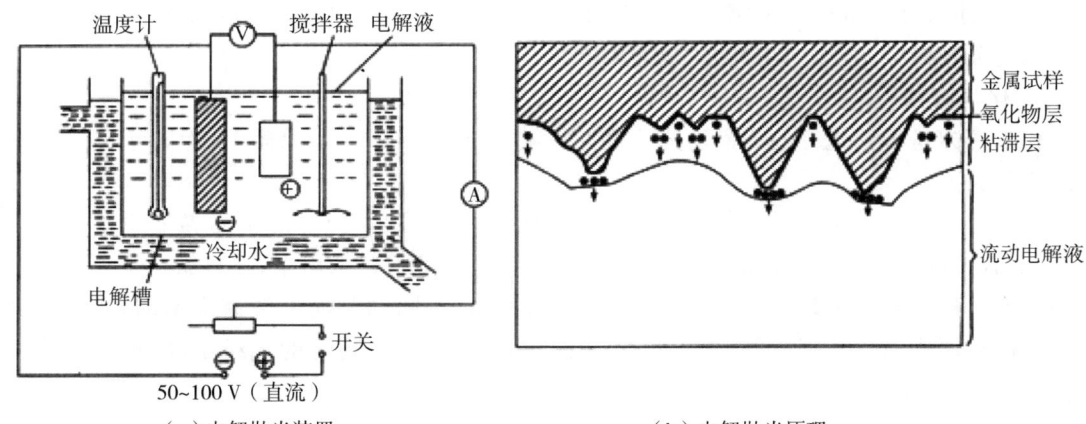

(a) 电解抛光装置　　　　　　　　(b) 电解抛光原理

图 24-6　电解抛光装置与电解抛光原理

化学抛光是将试样浸在化学抛光液中,进行适当的搅动或用棉花经常擦拭,经过一定时间后,就可以得到光亮的表面。化学抛光兼有化学腐蚀的作用,能显示金相组织,抛光后可直接在显微镜下观察。

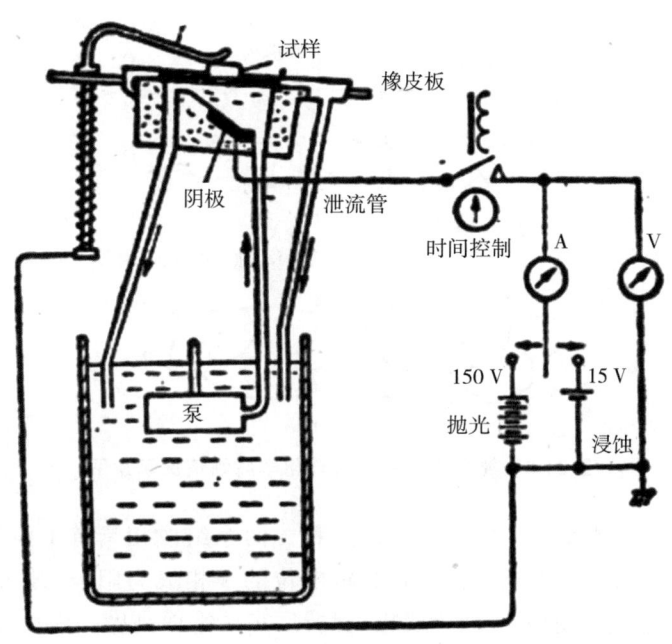

图 24-7　自动电解抛光仪

化学抛光液的成分随抛光材料的不同而不同。一般为混合酸液,常用的酸类有 H_3PO_4、H_2CrO_4、H_2SO_4、CH_3COOH、HNO_3 及 HCN;为了增加金属表面的活性以利于化学抛光的进行,还加入一定量的 H_2O_2。化学抛光液经使用后,溶液内金属离子增多,抛光作用减弱,需经常更换新溶液。

（五）腐蚀

试样机械抛光后,在显微镜下只能看到光亮的磨面及夹杂物等。要对试样的组织进行显微分析,还必须让试样经过腐蚀。常用的腐蚀方法有化学腐蚀法和电解腐蚀法(观察非金属夹杂的金相试样,直接采用光学法,不需要做任何腐蚀)。

1. 化学腐蚀

化学腐蚀是将抛光好的样品磨光面在化学腐蚀剂中腐蚀一定时间,从而显示出其试样的组织形貌。

纯金属及单相合金的腐蚀是一个化学溶解的过程(图24-8)。由于晶界上原子排列不规则,具有较高自由能,所以晶界易受腐蚀而呈凹沟,使组织显示出来,在显微镜下可以看到多边形的晶粒。若腐蚀较深,则由于各晶粒位向不同,不同的晶面溶解速率不同,腐蚀后的显微平面与原磨面的角度不同,在垂直光线照射下,反射进入物镜的光线不同,可看到明暗不同的晶粒。

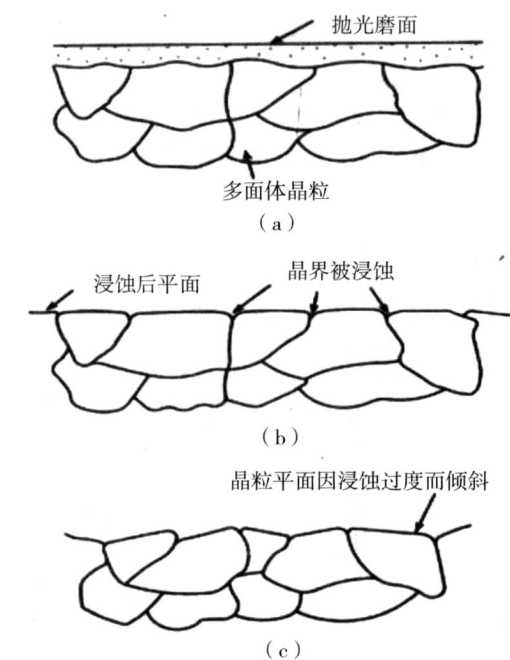

图 24-8　纯金属及单相合金化学腐蚀情况示意图

两相合金的腐蚀主要是一个电化学腐蚀过程。两个组成相具有不同的电极电位,在腐蚀剂中形成极多微小的局部电池。具有较高负电位的一相成为阳极,被溶入电解液中而逐渐凹下去;具有较高正电位的另一相为阴极,保持原来的平面高度。因而在显微镜下可清楚地显示出合金的两相。

多相合金的腐蚀主要也是一个电化学的溶解过程。在腐蚀过程中,腐蚀剂对各个相有不同程度的溶解。必须使用合适的腐蚀剂,如果一种腐蚀剂不能将全部组织显示出来,就应采取两种或更多的腐蚀剂依次腐蚀,使之逐渐显示出各相组织,这种方法也叫选择腐蚀法。另一种方法是薄膜染色法。此法是利用腐蚀剂与磨面上各相发生化学反应,形成一层厚薄不均的膜(或反应沉淀物),在白光的照射下,由于光的干涉使各相呈现不同的色彩,从而达到辨认各相的目的。

化学腐蚀的方法是显示金相组织最常用的方法。其操作方法是:将已抛光好的试样用水冲洗干净或用酒精擦掉表面残留物,然后将试样磨面浸入腐蚀剂中或用竹夹子或木夹夹住棉花球蘸取腐蚀剂在试样磨面上擦拭,抛光的磨面即逐渐失去光泽;待试样腐蚀合适后马上用水冲洗干净,用滤纸吸干或用吹风机吹干试样磨面,即可放在显微镜下观察。试样腐蚀的深浅程度要根据试样的材料、组织和显微分析的目的来确定,同时还与观察者所需要的显微镜的放大率有关——高倍观察时腐蚀稍浅一些,而低倍观察时则应腐蚀较深一些。

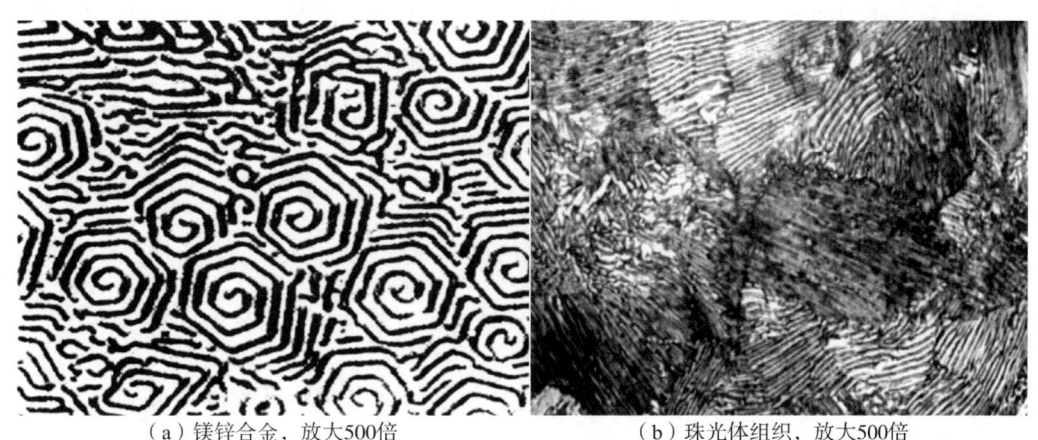

(a) 镁锌合金,放大500倍　　　　　(b) 珠光体组织,放大500倍

图 24-9　两相合金的腐蚀

2. 电解腐蚀

电解腐蚀所用的设备与电解抛光相同,只是工作电压和工作电流比电解抛光时小。这时在试样磨面上一般不形成一层薄膜,由于各相之间和晶粒与晶界之间电位不同,在微弱电流的作用下各相腐蚀程度不同,因而显示出组织。此法适于抗腐蚀性能强、难以用化学腐蚀法腐蚀的材料。

若试样制备好后需要长期保存,则需要在腐蚀过的试样观察面上涂上一层极薄的保护膜,常用的有火棉胶或指甲油等。

三、实验仪器与试剂

(一)仪器

倒置或正置金相显微镜、金相预磨机、金相切割机、金相试样镶嵌机、金相抛光机等。

(二)耗材

金相砂纸、抛光膏、抛光布。

四、实验步骤

(1)每人制备一块工业纯铁或中碳钢的金相显微试样。在制备过程中。先在显微镜下观察抛光后的磨面状况,然后进行腐蚀。要先轻腐蚀再重腐蚀。比较轻、重腐蚀对显微组织的影响,并画出轻、重腐蚀下的显微组织的特征。

(2)观察金相显微试样制备过程中所出现的假象,了解消除假象的方法。

五、实验注意事项

(1) 不能用手触摸目镜、物镜镜头。

(2) 不能用手触摸金相试样的观察面,要保持干净,观察不同部位组织时,可以平推载物台,不要挪动试样,以免划伤表面。

(3) 观察前滑动变阻器放在最小处,再开电源;关闭前确定滑动变阻器在最小处。

(4) 操作要细心,不得有粗暴和剧烈的动作,调焦距时要慢慢下降或上升载物台,使试样接近物镜,但不要碰到物镜,以免磨损物镜。

(5) 使用中出现故障和问题,立即报告老师处理。

(6) 使用完毕后,把显微镜恢复到使用前的状态,并罩好显微镜,方可离开实验室。

六、实验报告要求

(1) 写出实验目的及所用实验设备。

(2) 简述金相显微试样制备过程。

(3) 分析试样制备过程中出现假象的原因,及如何制备出高质量的显微试样。

七、思考题

(1) 显微试样的制备主要有哪几个步骤?

(2) 显微试样截取方法通常有哪几种?选用不同截取方法的原则是什么?

(3) 显微试样在什么情况下需要镶样?常用的镶样方法有哪几种?各有什么特点?

(4) 显微试样磨光、抛光的机制是什么?损伤层对显微组织有什么影响?

(5) 常用的砂纸有几种?都有什么特点?如何选用?

(6) 显微试样有几种抛光方法?它们各有什么特点?

(7) 显微试样的显示有几种?各是什么原理?怎样判断试样腐蚀的深浅程度?

(8) 脱碳层、夹杂物的试样制备应注意什么?

(9) 制备好的显微试样怎样保护?

实验二十五　固相烧结法制备 BaTiO₃ 陶瓷材料

一、实验目的

(1) 掌握固相法制备陶瓷材料的基本方法；
(2) 理解陶瓷烧结工艺，以及烧结过程中各参数对最终样品的影响；
(3) 学习陶瓷片抛光的方法。

二、实验原理

(一) 背景

钛酸钡($BaTiO_3$, BTO)是电子陶瓷材料的基础原料，被称为电子陶瓷业的支柱。它具有高介电常数，低介电损耗，优良的铁电、压电、耐压和绝缘性能，被广泛地应用于制造陶瓷敏感元件，尤其是正温度系数热敏电阻(PTC)、多层陶瓷电容器(MLCCS)、热电元件、压电陶瓷、声呐、红外辐射探测元件、晶体陶瓷电容器、电光显示板、记忆材料、聚合物基复合材料以及涂层等。$BaTiO_3$ 具有钙钛矿晶体结构，用于制造电子陶瓷材料的粉体粒径一般要求在 100 nm 以内。因此，$BaTiO_3$ 粉体粒度、形貌的研究一直是国内外关注的焦点之一。

(二) 材料结构

$BaTiO_3$ 是一致性熔融化合物，其熔点为 1618 ℃。1460 ℃以上结晶出来的 $BaTiO_3$ 属于非铁电的六方晶系 6/mmm 点群，此时，六方晶系是稳定的。在 1460～130 ℃区间，$BaTiO_3$ 转变为立方钙钛矿型结构，在此结构中 Ti^{4+}（钛离子）居于 O^{2-}（氧离子）构成的氧八面体中央，Ba^{2+}（钡离子）则处于 8 个氧八面体围成的空隙中（见图 25-1）。此时的 $BaTiO_3$ 晶体结构对称性极高，因此无偶极矩产生，晶体无铁电性，也无压电性。

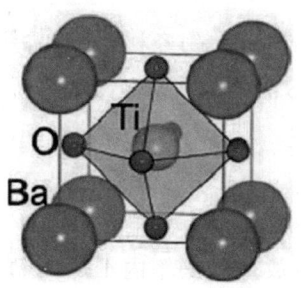

图 25-1　$BaTiO_3$ 的六方晶系结构

随着温度下降，晶体的对称性下降。当温度下降到 130 ℃时，$BaTiO_3$ 发生顺电-铁电相变。在 130～5 ℃区间，$BaTiO_3$ 为四方晶系 4mm 点群，具有显著的铁电性，其自发极化强度沿 c 轴方向，即[001]方向，$BaTiO_3$ 从立方晶系转变为四方晶系时，结构变化较小。从晶胞来看，只是晶胞沿原立方晶系的一轴（c 轴）拉长，而沿另两轴缩短。当温度下降到 5 ℃以下，在5～-90 ℃温度区间时，BaTiO₃晶体转变成正交晶系mm2点群，此时晶体仍具有铁电性，其自发极化强度沿原立方晶胞的面对角线[011]方向。为了方便起见，通常采用单斜晶系的参数来描述正交晶系的单胞。这样处理的好处是使我们很容易地从单胞中看出自发极化的情况。BaTiO₃从四方晶系转变为正交晶系，其结构变化也不大。从晶胞来看，相当于原立方晶系的一根面对角线伸长了，另一根面对角线缩短了，c轴不变。

当温度继续下降到-90 ℃以下时，晶体由正交晶系转变为三斜晶系3m点群，此时晶体仍具有铁电性，其自发极化强度方向与原立方晶胞的体对角线[111]方向平行。BaTiO₃从正交晶系转变成三斜晶系，其结构变化也不大。从晶胞来看，相当于原立方晶胞的一根体对角线伸长了，另一根体对角线缩短了。

综上所述，在整个温度区(<1618 ℃)，BaTiO₃共有5种晶体结构，即六方、立方、四方、单斜、三斜；随着温度降低，晶体的对称性越来越低。在130 ℃(即居里点)以上，BaTiO₃晶体呈现顺电性，在130 ℃以下呈现铁电性。其变化规律如图25-2。

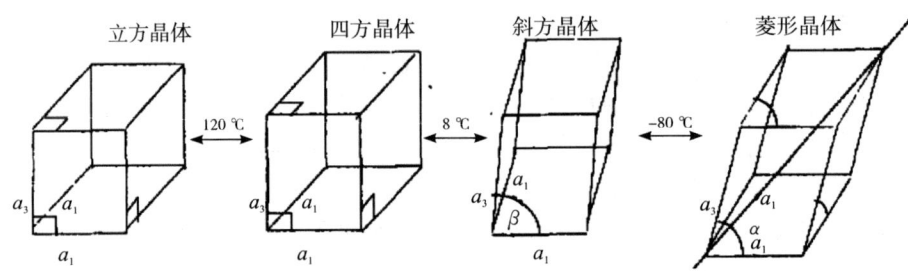

图25-2 不同温度下 BaTiO₃ 的晶胞形态

三、实验仪器与试剂

药品$BaCO_3$和TiO_2，天平，瓷方舟，称量纸，镊子，干燥箱，球磨机，压片机，高温烧结炉，切割机，抛光机，砂纸，抛光剂。

四、实验步骤

本实验采用固相烧结法制备BaTiO₃陶瓷材料，所需药品为一定质量的$BaCO_3$和TiO_2，经充分研磨后，制备BTO粉体。加黏结剂PVA(聚乙烯醇)，压片成型，1200～1400 ℃烧结，冷却后制得样品。

(一)药品称量

每种药品的称量按以下三个步骤完成：粗称—干燥—细称。粗称时只要求样品质量精确到0.01 g，粗称好的样品应及时放入干燥箱内干燥，否则粗称的药品内可能物理吸附了一定量的水分。为了保证实验的准确性，要对粗称后的样品进行干燥处理。本次实验要求温度设置在180 ℃，烘干20 min，烘干时应注意以下两点：

(1)干燥样品前要保证干燥箱内清洁无污染，干燥前要用酒精擦拭干燥箱，若干燥箱长时间不用，一定要在不内置样品的情况下干燥30 min。

(2)干燥结束后不要立即打开箱盖，否则样品会吸附空气中的水分，干燥30 min后断电，让干燥箱自然冷却至室温再取出样品。

细称是本次实验的最关键部分,它直接影响到样品的掺杂比例是否准确,进一步影响到实验的准确性。所以细称时要求我们要严格按照天平上标注的使用方法进行,并要保证换样品称量时,更换称量纸并用酒精清洗药匙、镊子、称量瓶等用具,且详细登记所称质量,称量完毕后仍要对样品密封妥善保管。称量时对操作者的熟练程度有很高的要求:首先,要保持双手的清洁,以防止污染样品;其次,要把天平放在一个水平而稳定的实验台上,而且要避风及保持实验室安静。由于天平的精确度很高,微弱的振动,甚至大声说话都能使天平失去平衡,稳定的实验台能为称量提供一个相对稳定的工作环境。在实验中,我们使用的是 BSA124S 电子天平,见图 25-3,其具体的操作细则如下:

图 25-3　BSA124S 电子天平

(1)调水平:调整地脚螺栓高度,用辅助水平仪找平。

(2)预热:天平在初次接通电源或长时间断电之后,至少需要预热 30 min。为取得理想的测量结果,天平应保持在待机状态。

(3)开机:接通电源,按开关键,使称盘空载并按压"ON"键,天平进行显示自检(显示屏所有字段短时点亮),显示天平型号,当天平显示回零时就可以称量了。

(4)预清零:在称量过程中,我们将称量纸置于秤盘中,并按压"Tare"键,将称量纸的质量剔除在我们的称量结果外。

细称时应注意几个问题:

(1)称量前要用湿抹布擦拭桌面,保持桌面干净。

(2)桌上放两张白纸,一张放药匙,一张放药品,且每换一种药品都要换一次纸。

(3)不要向天平上加载质量超过其称量范围的物体(大于 200 g),绝不能用手压秤盘或使天平跌落地下,以免损坏天平或使重力传感器的性能发生变化;另外,称量一个物体(特别是较重的物体)一般不要超过 30 s。

本过程需要制备 BTO 粉末 2.77 g,所需药品 $BaCO_3$ 和 TiO_2 的量如表 25-1 所示。

表 25-1　第一次称量所需药品质量

项目	药品名称	
	$BaCO_3$	TiO_2
摩尔质量/(g·mol^{-1})	197.34	79.88
纯度/%	99.0	99.0
所需量/mol	0.01	0.01
所需质量/g	1.993 3	0.806 8
所称质量/g	1.993 53	0.806 74
粗称质量/g	2.5	1.5

(二)研磨

研磨目的是将各种药品混合均匀,并且让药品的颗粒尺寸足够小。研磨时一定要注意不要让药品撒出研钵,同时不要让杂质混入研钵。具体的要求就是研磨时禁止说话和走动,在样品没有混合均匀前禁止用药匙等其他物品搅拌,这样做是为了保证比例的稳定,提高样品的纯度。另外,在进行样品的研磨前,研钵一定要进行清洗,一般先用浓 HNO_3 清洗,而后用水清洗,在水分蒸发完后再用酒精进行清洗,这样做能减少杂质的混入,提高样品的纯度。

注:这一部分可以用行星式球磨机进行球磨来替代。我们所使用的球磨机为 QM-3SPQ4 行程式球磨机,见图 25-4。安装球磨罐具体操作细则如下:

(1)球磨机上通常装 4 个球磨罐,也可以装 2 个球磨罐,但须保证重量平衡,球磨罐中放 4~6 颗大小不一的磨球。

(2)转动 V 形把手压紧球磨罐,然后用平把手锁紧,以防止螺杆松动,发生意外。卸罐的顺序相反。

(3)罩上安全罩。

电源控制箱的操作如下:

(1)将"调速"旋钮逆时针旋至底,接通电源,电源开关至"开"。

(2)根据需要选择工作方式。这里我们采用"正反向交替运行,定时停机"的方式,自转速度大约定在 400~500 r/min,为了充分地球磨,一般球磨时间为 1~2 h。

(3)将"调速"旋钮顺时针缓慢旋至所需转数。

(4)工作结束后,将"调速"旋钮逆时针调至底,关闭电源开关,拔掉电源插头。

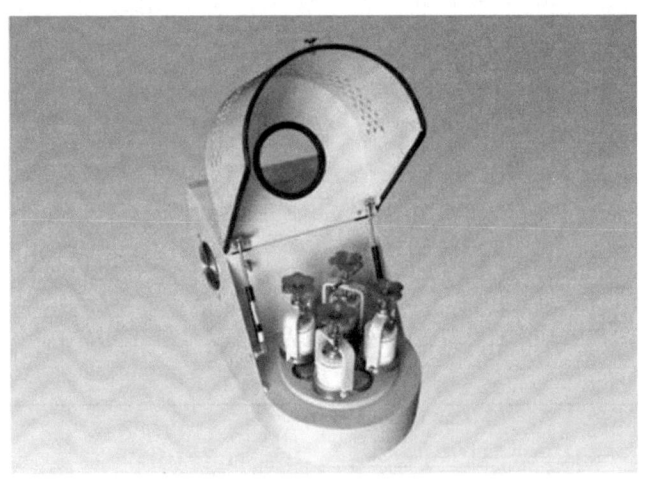

图 25-4　QM-3SPQ4 行程式球磨机

(三)压片

烧结后的样品重新研磨,加适量黏结剂 PVA,将其压成直径为 12~13 mm、厚度为 1.5~2 mm 的薄片。分别采用不同压力(8 MPa、10 MPa、12 MPa、12 MPa、12 MPa、12 MPa)、不同的压力保持时间(30 s、60 s、90 s、120 s、150 s、180 s)对各替代样品的预烧混合物进行压片。结果表明,压片压力为 12 MPa、压力持续时间为 120 s 左右时,预烧混合物最易压片成型。压力过小、持续时间过短,不易成片,样品松散;压力过大、持续时间过长,样品容易产生裂纹,易破碎。压片完成后把样品包装好放入储藏瓶中以待烧结。在本实验中,我们使用的压片机如图 25-5 所示。其具体操作细则如下:

(1)顺时针拧紧出油阀 16。
(2)将样片装入磨具中,添加油和黏结剂。
(3)将磨具置于工作空间 9 的中间。
(4)转动手轮 1,将磨具压紧。
(5)转动手动压把 11,直到预定的压力。
(6)保压后,松开出油阀 16,取出磨具。

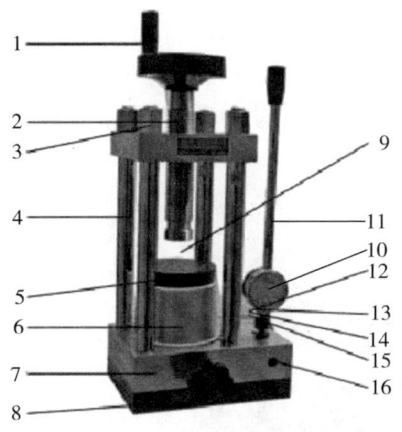

1—手轮;　　　2—丝杠;　　3—螺母;
4—立杠;　　　5—顶盖;
6—大油缸;　　7—大板;
8—油池;　　　9—工作空间;
10—压力表;　　11—手动压把;
12—柱塞泵;　　13—注油孔螺钉;
14—限位螺钉;　15—吸油阀;
16—出油阀。

图 25-5　手动粉末压片机

注意事项:首先要做好压片模具的清洁工作,这样可以保证待压片样品的纯度,避免杂质的混入;其次要保证所施压力的均匀性,压力点必须正对工具的正中心,且要慢慢施加压力,避免忽快忽慢,听到一声响,即表示压片完成,这样可以提高样品的成型率和成型质量。

(四)高温烧结制备 BTO 块材

将样品放入 Al_2O_3 制成的烧结舟中,并将烧结舟放入高温烧结炉中。烧结温度梯度:从室温升至 1200~1400 ℃,保温 360 min,自然降至室温即可得 BTO 陶瓷材料样品。这里我们使用的是高温烧结炉,见图 25-6,其具体操作细则如下:

(1)打开炉门,将压好的样品置于烧结舟中,然后放入炉内,盖上挡火板,关闭炉门。

(2)开启电源和加热按钮,设置温度控制器(初始显示屏为"STOP"。按"<"键进入编程模式:"C01"代表起始温度,按"C"键进入下一级,"t01"代表第一段运行时间,这里我们设置为 360;按"C"键进入下一级,"C02"代表下一段折点温度,这里我们设置为 1200~1400 ℃,按"C"键进入下一级,"t02"代表第二段运行时间,这里我们设置为 360;按"C"键进入下一级,"C03"代表下一段折点温度,这里我们设置为 50,按"C"键进入下一级,"t03"这里我们设置为结束命令-121,

图 25-6　高温烧结炉

让程序跑完,自然冷却。长按"C"键,返回初始"STOP"。按"RUN"键2~3 s,启动加热)。

(3)待炉子自然冷却至室温,即可取出样品。

(五)切样品

如果所压的陶瓷样品过厚,用切片机进行切片,将其切成2 mm左右的厚度。在切割样品时,必须注意操作,注意安全,尽量保证样品的厚度一致。

(六)用砂纸磨样品

在抛光机(图25-7)上分别用400目、1000目、2000目和4000目的砂纸磨样品,控制好抛光机的转速(也可以手抛)。磨样品时要注意,样品有一个面只需用400目砂纸磨平就可以,对另一面进行精细抛光。另外,在磨样品时手指用力要均匀,防止样品磨得厚度不一,因此,在磨样品时要时刻注意样品的厚度,随时调节。

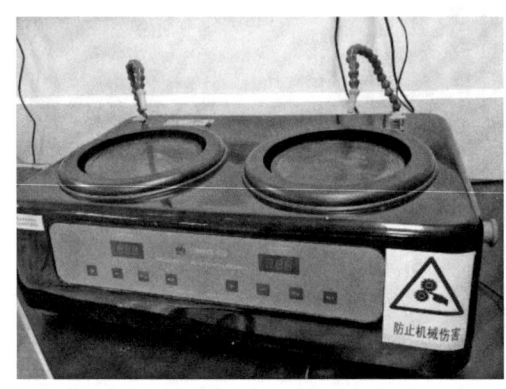

图25-7 金相抛光机

(七)用抛光剂进行抛光

同样是在抛光机上进行,将抛光剂涂抹在抛光垫上,在抛光时尽量保证手指划"8"进行抛光,将陶瓷片抛光面抛光到如镜面为止。

五、实验注意事项

(1)在实验过程中,进行压片的时候,要特别注意压片机的中心要与模具的中心重合,防止压坏模具。

(2)在压完样品后,清洗模具,特别注意不要掉落,以防磕坏模具。

六、实验数据处理与分析

测定所烧结样品的密度,与BTO样品的理论密度进行比较。另利用XRD衍射,检验所烧结的材料是否为纯相的BTO材料。

七、思考题

(1)详细记录实验过程中的所有数据,并指出每一个步骤的意义。

(2)分析结果,指出影响最终烧制样品的重要因素。

(3)简要概述BTO材料晶体结构随温度的变化情况。

实验二十六 真空蒸发镀膜实验

一、实验目的

(1) 了解真空技术的基本知识；
(2) 掌握低、高真空的获得和测量的基本原理及方法；
(3) 掌握真空蒸发镀膜机的结构特点；
(4) 了解真空镀膜的基本知识；
(5) 学习掌握蒸发镀膜的基本原理和方法；
(6) 了解影响真空发镀膜厚度的因素；
(7) 掌握利用台阶仪测量薄膜厚度。

二、实验原理

(一) 真空度与气体压强

压强低于标准大气压的稀薄气体空间称为真空。在真空状态下，由于气体稀薄，分子之间或分子与其他质点之间的碰撞次数减少，分子在一定时间内碰撞于固体表面上的次数亦相对减少，这导致其有一系列新的物化特性，诸如热传导与对流小、氧化作用少、气体污染、汽化点低、高真空时绝缘性能好等优点。真空技术是基本实验技术之一，真空技术在近代尖端科学领域，如表面科学、薄膜技术、空间科学、高能粒子加速器、微电子学、材料科学等中都占有关键的地位，在工业生产中也有着广泛的应用。

真空度是对气体稀薄程度的一种客观度量，单位体积中的气体分子数越少，表明真空度越高。由于气体分子密度不易度量，通常真空度用气体压强来表示，压强越低真空度越高。按照国际单位制(SI)，压强单位是牛/米^2(N/m^2)，称为帕斯卡，简称帕(Pa)。真空量度具备以下常用单位换算关系：

$$标准大气压 = 760 \text{ mmHg} = 760 \text{ Torr}$$
$$标准大气压 = 1.013 \times 10^5 \text{ Pa}$$
$$1 \text{ Torr} = 133.3 \text{ Pa}$$

按照气体空间的物理特性及真空技术应用特点，我们通常将真空划分为以下几个区域（见表26-1）：

表 26-1 真空区域的划分及其特点和应用

项目	真空区域				
	粗真空	低真空	高真空	超高真空	极高真空
范围/Pa	$10^5 \sim 10^3$	$10^3 \sim 10^{-1}$	$10^{-1} \sim 10^{-6}$	$10^{-6} \sim 10^{-12}$	$<10^{-12}$
分子密度/cm^{-3}	$10^{19} \sim 10^{17}$	$10^{17} \sim 10^{13}$	$10^{13} \sim 10^{8}$	$10^{8} \sim 10^{2}$	$<10^{2}$

续表

项目	真空区域				
	粗真空	低真空	高真空	超高真空	极高真空
自由层平均厚度/cm	$10^{-5} \sim 10^{-3}$	$10^{-3} \sim 10$	$10 \sim 10^{7}$	$10^{7} \sim 10^{12}$	$< 10^{12}$
距地高度/km	14~30	30~90	90~440	440~20 000	>20 000
抽气系统	机械泵 吸附泵	机械泵 吸附泵	扩散泵 分子泵	分子泵 离子泵 低温泵	
测量仪器	U形管压差计	电阻真空计 热偶真空计	电离规 潘宁规	超高真空电离计	
应用举例	真空形成、真空浓缩、真空运输	真空蒸馏、干燥、冷冻、真空焊接	真空镀膜、真空冶金、粒子加速器	表面物理、热核反应、超导技术	

(二) 真空的获得

真空技术主要包括真空的获得、真空测量和真空检漏三个部分。

按获得真空方法的原理不同,可以将真空泵分为输运式真空泵和捕获式真空泵。本实验提供机械泵作为前级泵、油扩散泵作为次级泵来获得高真空。用来获得真空的设备称为真空泵,真空泵按其工作机理可分为排气型和吸气型两大类。排气型真空泵是利用内部的各种压缩机构,将被抽容器中的气体压缩到排气口,而将气体排出泵体之外,如机械泵、扩散泵和分子泵等。吸气型真空泵则是在封闭的真空系统中,利用各种表面(吸气剂)吸气的办法将被抽空间的气体分子长期吸着在吸气剂表面上,使被抽容器保持真空,如吸附泵、离子泵和低温泵等。真空泵的主要性能可由下列指标衡量:

(1) 极限真空度:无负载(无被抽容器)时泵入口处可达到的最低压强(最高真空度)。

(2) 抽气速率:在一定的温度与压力下,单位时间内泵从被抽容器抽出气体的体积(L/S)。

(3) 启动压强:泵能够开始正常工作的最高压强。

1. 机械泵

机械泵是运用机械方法不断地改变泵内吸气空腔的容积,使被抽容器内气体的体积不断膨胀压缩从而获得真空的泵。机械泵的种类很多,目前常用的是旋片式机械泵(图26-1)。

图26-1是旋片式机械泵的结构示意图,它是由一个定子和一个偏心转子构成。定子为一圆柱形空腔,空腔上装着进气管和排气阀,转子顶端保持与空腔壁相接触,转子上开有槽,槽内安放了由弹簧连接的两个刮板。当转子旋转时,两刮板的顶端始终沿着空腔的内壁滑动。整个空腔放置在油箱内。工作时,转子带着旋片不断旋转,就有气体不断排出,完成抽气作用。旋片旋转时的几个典型位置如图26-2所示。当刮板A通过进气口[图26-2(a)所示的位置]时开始吸气,随着刮板A的运动,吸气空间不断增大,到图26-2(b)所示位置时达到最大。刮板继续运动,当刮板A运动到图26-2(c)所示位置时,开始压缩气体,压缩到压强大于标准大气压时,排气阀门自动打开,气体被排到大气中,如图26-2(d)所示。之后就

四、能源材料制备与处理实验

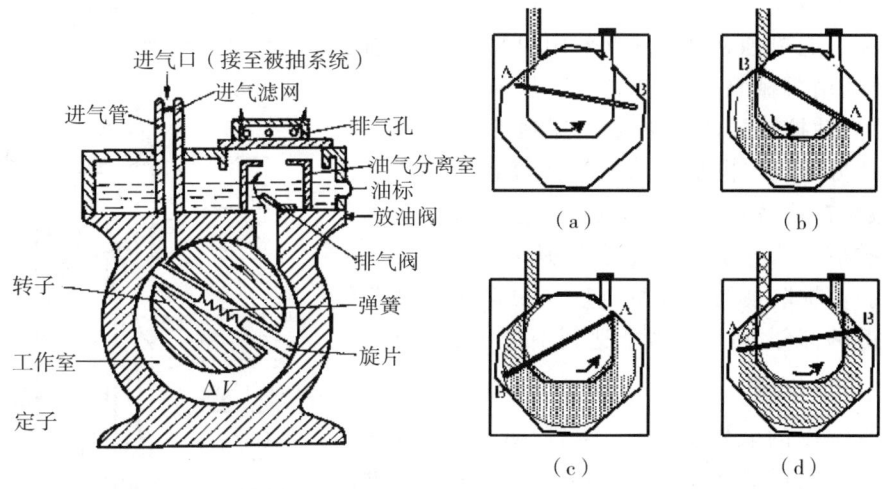

图 26-1　旋片式机械泵结构　　图 26-2　旋片式机械泵工作原理

进入下一个循环,整个泵体必须浸没在机械泵油中才能工作,泵油起着密封、润滑和冷却的作用。

机械泵可在大气压下正常工作,其极限真空度可达 10^{-1} Pa。极限真空度取决于:①定子空间中两空腔间的密封性,因为其中一空间为大气压,另一空间为极限压强,密封不好将直接影响极限压强;②排气孔附近有一"死角"空间,在旋片移动时它不可能趋于无限小,因此没有足够的压力去顶开排气阀门;③泵腔内密封油有一定的蒸气压(室温时约为 10^{-1} Pa)。旋片式机械泵使用时必须注意以下几点:

(1)启动前先检查油槽中的油液面是否达到规定的要求,机械泵转子转动方向与泵的规定方向是否符合(否则会把泵油压入真空系统)。

(2)机械泵停止工作时要立即让进气口与大气相通,以消除泵内外的压差,防止大气通过缝隙把泵内的油缓缓地从进气口倒压进被抽容器(回油现象)。这一操作一般都由机械泵进气口上的电磁阀来完成,当泵停止工作时,电磁阀自动使泵的抽气口与真空系统隔绝,并使泵的抽气口接通大气。

(3)泵不宜长时间抽大气,超负荷工作会使泵体和电动机受损。

2. 扩散泵

扩散泵是利用气体扩散现象来抽气的,最早用来获得高真空的泵就是扩散泵,目前依然广泛使用。油扩散泵的工作原理不同于机械泵,其中没有转动和压缩部件。它的工作原理是通过电炉加热处于泵体下部的专用油,沸腾的油蒸气沿着伞形喷口高速向上喷射,遇到顶部阻碍后沿着外周向下喷射,此过程中与气体分子发生碰撞,使得气体分子向泵体下部运动进入前级真空泵。扩散泵泵体通过冷却水降温,运动到下部的油蒸气与冷的泵壁接触,又凝结为液体,循环蒸发。为了提高抽气效率,扩散泵通常由多级喷油口组成(3 或 4 个),图 26-3 是一个具有三级喷口的扩散泵结构示意图,这样的泵也称为多级扩散泵。扩散泵具有极高的抽气速率,高速定向喷射的油分子在喷口处的蒸气流中形成一低压,将扩散进入蒸气流的气体分子带至泵口被前级泵抽走,而油蒸气在到达泵壁后被冷却水套冷却后凝聚,返回泵底再被利用。射流具有工作过程高流速(200 m/s)、高密度、高分子量(300～500)的特点,能有效地带走气体分子。

扩散泵不能单独使用,一般采用机械泵作为前级泵,首先要利用机械泵将真空室的压强抽到小于 1 Pa 后,然后才启动扩散泵,因为在这一压强下,可以保证绝大部分气体分子以定向扩散形式进入高速蒸气流。此外,若扩散泵在较高空气压强下加热,会导致具有大分子结构的扩散泵油分子氧化或裂解,从而影响扩散泵的使用寿命。油扩散泵的极限真空度主要取决于油蒸气压和反扩散两部分,目前一般能达到 $10^{-5} \sim 10^{-7}$ Pa。

(三)真空测量

测量真空度的装置称为"真空计"或"真空规管"。本实验提供热偶真空计和电离真空计。测量真空度的装置称为真空计。真空计的种类很多,根据气体产生的压强、气体的黏滞性、动量转换率、热导率、电离等原理可制成各种真空计。由于被测量的真空度范围很广,一般采用不同类型的真空计分别进行相应范围内真空度的测量。常用的有热偶真空计和电离真空计。

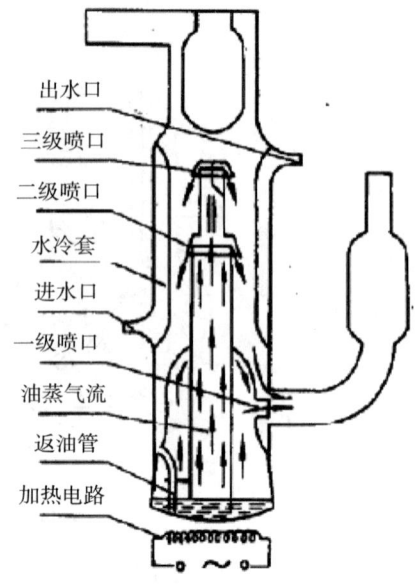

图 26-3 油扩散泵结构示意图

热偶真空计也叫热偶规,通常用来测量低真空,可测范围为 $10 \sim 10^{-1}$ Pa。它是利用低压下气体的热传导与压强成正比的特点制成的。电离真空计也叫电离规,是根据电子与气体分子碰撞产生电离电流随压强变化的原理制成的,测量范围为 $10^{-1} \sim 10^{-6}$ Pa。使用时要特别注意,当压强高于 10^{-1} Pa 或系统突然漏气时,电离真空计中的灯丝会因高温很快被氧化烧毁,因此必须在真空度达到 10^{-1} Pa 以上时,才能开始使用电离真空计。

为了使用方便,常把热偶真空计和电离真空计组合成复合真空计。

(四)真空检漏

真空检漏是真空技术中极其重要的一环,方法有显湿法、液泡法、活性炭法、电离计法、质谱计法和放射性法等。一个高真空系统,如果经过长时间抽气仍达不到预期的真空度,在排除泵的因素后,可能的原因有:

(1)蒸气源:水蒸气、机械泵油和扩散泵油的蒸气、高真空的密封油脂和封蜡的蒸气及系统内其他污染物形成蒸气源。

(2)表面放气:系统的器壁、系统内金属元件表面吸附着大量气体分子,在低压下向系统内释放。

(3)真漏:真空系统连接部位安装不良,焊接处有漏孔或漏隙及阀门处密封不严所造成。

对于蒸气源和表面放气,首先在设计系统时要选择合适的材料和结构。尽量选择蒸气压低的真空泵油,其次是搞好真空清洁,使系统表面清洁、干燥,然后在真空条件下烘烤去气,但材料吸附的气体不可能完全去除,在压强较低时,表面放气还是存在。实验中的主要问题是真漏,这正是检漏所要解决的问题。检漏的首要问题是要判断系统是否漏气,其次是确定漏气率的大小,以便确定它是否在允许范围,最后是用合适的仪器找出漏孔的确切位置,用合适的密封材料堵漏。

(五)蒸发镀膜原理

蒸发镀膜就是在真空中通过电流加热、电子束轰击加热和激光加热等方法,使薄膜材料蒸发成为原子或分子,它们随即以较大的自由程作直线运动,碰撞基片表面而凝结,形成一层薄膜。材料单位面积的质量蒸发速率由朗缪尔(Langmuir)导出的公式决定:

$$G \approx 4.37 \times 10^{-3} P_V \sqrt{\frac{M}{T}} \qquad (26\text{-}1)$$

式中,M 为蒸发材料的摩尔质量,P_V 为蒸发材料的饱和蒸气压,T 为蒸发材料温度。材料的饱和蒸气压随温度的上升而迅速增大,温度变化10%,饱和蒸气压就要变化约一个数量级。由此蒸发镀膜要求镀膜室内残余气体分子的平均自由程大于蒸发源到基片的距离,尽可能减少蒸发物的分子与气体分子碰撞的机会,这样才能保证薄膜纯净和牢固,蒸发物也不至于氧化。由分子动力学可知气体分子的平均自由程为:

$$\lambda = \frac{kT}{\sqrt{\pi}\sigma^2 p} \qquad (26\text{-}2)$$

式中,k 为玻尔兹曼常量,T 为气体温度,σ 为气体分子有效直径,p 为气体压强。此式表明,气体分子的平均自由程与压强成反比,与温度成正比。在 25 ℃ 空气的情况下:

$$\lambda \approx \frac{6.6 \times 10^{-2}}{p} \qquad (26\text{-}3)$$

对于蒸发源到基片的距离为 0.15~0.20 m 的镀膜装置,镀膜室的真空度须在 10^{-2}~10^{-4} Pa 之间方能满足要求。蒸发镀膜时,薄膜材料被加热蒸发成为原子或分子,在一定的温度下,蒸发源温度的微小变化可引起蒸发速率的很大变化。因此,在蒸发镀膜过程中,要想控制蒸发速率,必须精确控制蒸发源的温度。

蒸发镀膜最常用的加热方法是电阻大电流加热,采用钨、钼、钽、铂等高熔点、化学性能稳定的金属,做成适当形状的加热源,其上装入待蒸发材料,让电流通过,对蒸发材料进行直接加热蒸发,或者把待蒸发材料放入氧化铝、氮化硼或石墨等坩埚中进行间接加热蒸发。例如蒸镀铝膜,铝的熔点为 659 ℃,到 1100 ℃ 时开始迅速蒸发;常选用钨丝作为加热源,钨的熔化温度为 3380 ℃。

在真空镀膜中,飞抵基片的气化原子或分子,除一部分被反射外,其余的被吸附在基片的表面上。被吸附的原子或分子在基片表面上进行扩散运动,一部分在运动中因相互碰撞而结聚成团,另一部分经过一段时间的滞留后,被蒸发而离开基片表面。聚团可能会在与表面扩散原子或分子发生碰撞时捕获原子或分子而增大,也可能因单个原子或分子脱离而变小。当聚团增大到一定程度时,便会形成稳定的核,核再捕获到飞抵的原子或分子,或在基片表面进行扩散运动的原子或分子,就会生长。在生长过程中核与核合成而形成网络结构,网络被填实即生成连续的薄膜。显然,基片的表面条件(例如清洁度和不完整性)、基片的温度以及薄膜的沉积速率都将影响薄膜的质量。

(六)蒸发源

蒸发源有三种类型:

(1)电阻加热源:用难熔金属如钨、钽制成舟箔或丝状,通以电流,加热在它上方的或置于坩埚中的蒸发物质。电阻加热源主要用于蒸发镉、铅、银、铝、铜、铬、金、镍等材料。

(2)高频感应加热源:用高频感应电流加热坩埚和蒸发物质。

(3)电子束加热源:用电子束轰击材料使其蒸发。适用于蒸发温度较高(不低于 2000 ℃)的材料。

电阻加热蒸发源的形状如图 26-4 所示,大致有螺旋式、篮式、发叉式和浅舟式等。

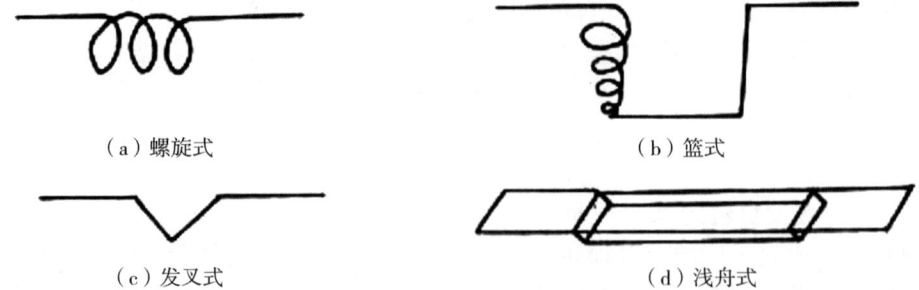

（a）螺旋式　　　　　　　（b）篮式

（c）发叉式　　　　　　　（d）浅舟式

图 26-4　电阻加热蒸发源形状

电阻加热蒸发源选取原则:
(1)有良好的热稳定性,化学性质不活泼,达到蒸发温度时加热器本身的蒸气压要足够低。
(2)蒸发源的熔点要高于被蒸发物的蒸发温度。加热器要有足够大的热容量。
(3)蒸发物质和蒸发源材料的互熔性必须很低,不易形成合金。
(4)线圈状蒸发源所用材料能与蒸发材料有良好的浸润,有较大的表面张力。
(5)对于不易制成丝状或蒸发材料与丝状蒸发源的表面张力较小时,可采用舟状蒸发源。

（七）薄膜厚度分布

设蒸发源为点蒸发源,单位时间内通过任何方向一立体角 $d\omega$ 的质量为:

$$dm = \frac{m}{4\pi} d\omega$$

蒸发物质到达任一方向面积元 dS 质量为:

$$dm = \frac{m}{4\pi} \cdot \frac{\cos\varphi}{r^2} dS$$

设蒸发物的密度为 ρ,单位时间淀积在 ds 上的膜厚为 t,则

$$dm = \rho \cdot t \cdot dS$$

比较以上两式可得:

$$t = \frac{m\cos\varphi}{4\pi\rho r^2}$$

点蒸发源薄膜厚度分布图如图 26-5 所示。

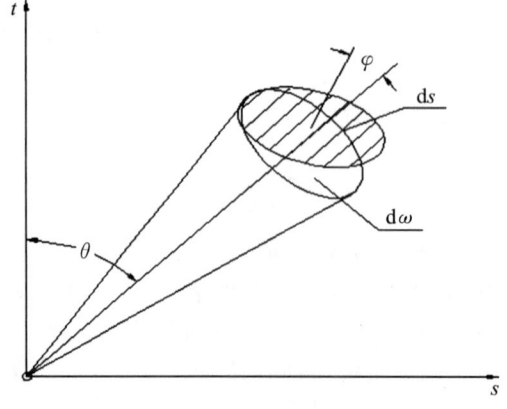

图 26-5　点蒸发源薄膜厚度分布图

对于平行平面 dS,$\varphi=\theta$,则上式为:

$$t=\frac{m\cos\theta}{4\pi\rho r^2}$$

由:

$$\cos\theta=\frac{h}{r},r^2=\delta^2+h^2$$

$$t=\frac{mh}{4\pi\rho(\delta^2+h^2)^{3/2}}$$

平行平面薄膜厚度分布图如图 26-6 所示。

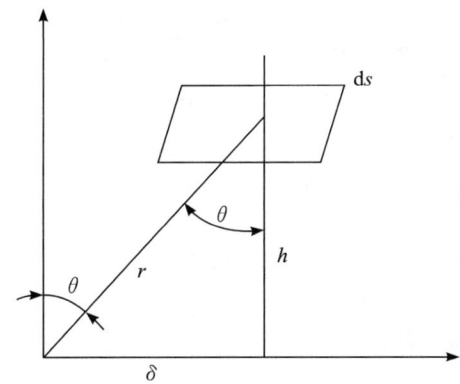

图 26-6 平行平面薄膜厚度分布图

可得在点源的正上方区域($\delta=0$)时:

$$t_0=\frac{m}{4\pi\rho}\cdot\frac{1}{h^3}$$

(八)台阶仪原理

台阶法又称为触针法,是利用一枚金刚石探针在薄膜表面上运动,表面的高低不平使探针在垂直表面的方向上作上下运动,这种运动可以通过连接于探针上的位移传感器转变为电信号,再经过放大增幅处理后,利用计算机进行数据采集和作图以显示出表面轮廓线。这种方法能够迅速、直观地测定薄膜的厚度和表面形貌,并且有相当的精度,但对于小于探针直径的表面缺陷则无法测量。

常用掩膜镀膜法,即将基片的一部分用掩膜遮盖后镀膜,去掉掩膜后形成台阶。由于掩膜与基片之间存在着间隙,因此这种方法形成的台阶不是十分清晰,相对误差也比较大,但可以通过多次测量来提高精确度,探针扫过台阶时就能显示出台阶两侧的高度差,从而得到厚度值。

三、实验仪器与试剂

(一)DM-450C 型(或 DH2010 型)真空镀膜机

DM-450C 型(或 DH2010 型)真空镀膜机由真空镀膜室(钟罩)、抽真空系统和电气系统三部分组成,如图 26-7 所示。其中,机械泵与油扩散泵都与真空镀膜室相连,机械泵为前级泵,油扩散泵为次级泵。真空系统工作时,首先打开机械泵对真空室进行粗抽真空,此时高真空阀门关闭,油扩散泵与外界隔离。待真空室的真空度达到 10^{-1} Pa 数量级别时,高真空阀门打开,油扩散泵工作,维持此种状态工作直至真空度达到镀膜要求。

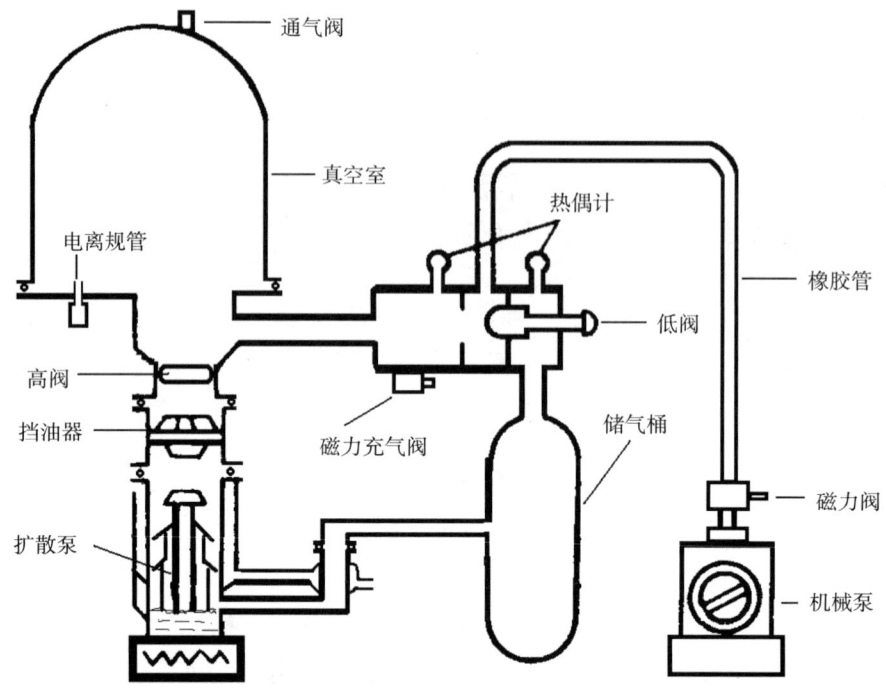

图 26-7 真空镀膜机的结构

真空测量系统是 2DF-IB-2ED 型复合真空计,它是双热偶真空计和电离真空计的组合。在仪器面板上,有两个窗口各自显示热偶与电离的测量值,如图 26-8 所示,此两种真空计的结合使得本仪器具有较宽的测量范围。其中,图 26-8 左侧的热偶单元 2 所显示的是前级管道的压强,而右侧的热偶单元 1 显示的是真空的压强。仪器前面板设有"自动"按钮,当处于"自动"位时,可实现热偶、电离规在同一系统内连续测量及控制,在系统真空度大于 1 Pa 时,热偶计自动开启电离规,电离计工作;小于 10 Pa 时,热偶计自动关闭电离规,使人的参与降到最低程度,从而提高了仪器的可靠性。

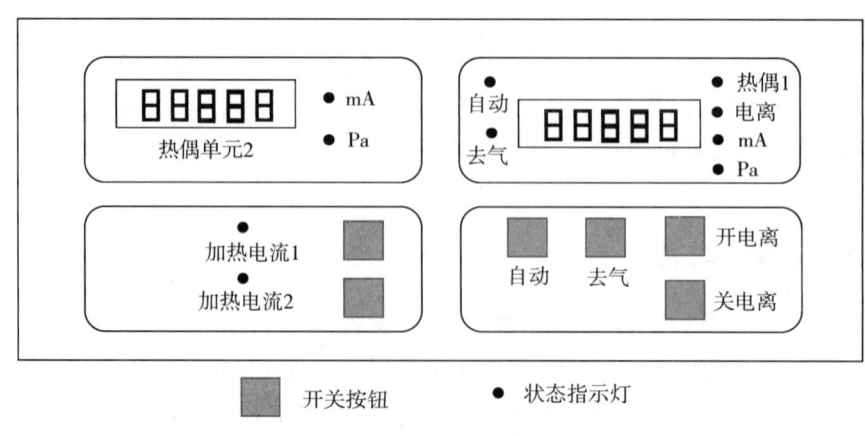

图 26-8 真空计指示与控制面板

真空镀膜室为钟罩形(见图 26-9),由透明玻璃制成,便于实时观察工作室内蒸发溅射等物理现象。镀膜室内装有两对电阻加热电极,可以选择使用,功率大小由电流调节实现,因需要很大的加热电流,为减小电阻,电极用紫铜制成。镀膜室装有离子轰击电极,当真空度达到若干帕时,交流电经升压整流后输送到真空室轰击电极上,稀薄气体发生辉光放电,产生大量离子,这些离子撞击基片表面与真空室壁,起到清洁表面、提高真空度的作用。镀膜室内备有直流溅射装置,高压由底板上通过高压电极引入,经接线柱与阴极连接,溅射功率通过电压调节实现。镀膜时样品架可通过电机减速实现低速转动,以使膜层达到均匀。金属或非金属在蒸发前均要进行预熔,以便清除材质内的杂质;真空室内有可转动的挡板,用于预熔时遮挡杂质。

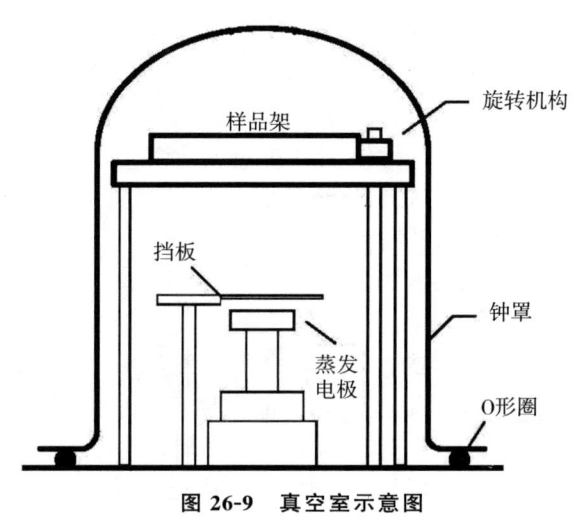

图 26-9 真空室示意图

(二)台阶仪

台阶仪包括金属触针、位移传感器、放大器和计算机。台阶仪的差动变压器式的触针如图 26-10 所示。台阶仪可用于测量轮廓、台阶高度、膜厚,用于控制各种薄膜的生长工艺,是物理、表面、材料、光电子器件、半导体器件、薄膜工艺、厚膜工艺、光盘沟槽的必备表征仪器。

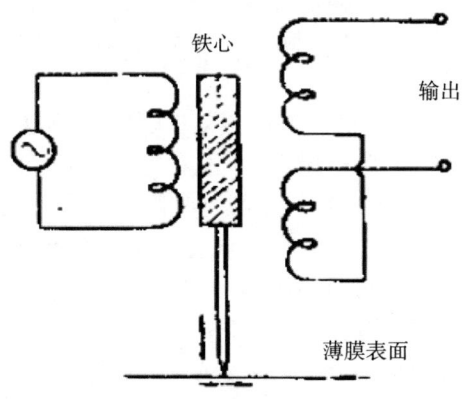

图 26-10 台阶仪差动变压器式的触针示意图

四、实验步骤

(一)真空镀膜

(1)首先熟悉真空系统结构和操作程序。

(2)用酒精清洗衬底玻璃基板、钨丝和待蒸发的高纯铝丝,清洗完毕后用电吹风吹干。

(3)实验前仔细检查各开关的状态,接通电源。电源接通后打开水循环开关,观察扩散泵中水循环状况,确保水路通畅。完成此两步后,打开仪器电源总开关,如右上角绿色指示灯亮表示系统正常工作。接着我们做如下操作:

①按下充气按钮,系统将向真空室内送气,我们将听到"哧哧"声。待充气声结束后,可轻提玻璃钟罩并小心将其取下,内现圆柱形玻璃内衬,其亦可同理取出。

②将待镀金属材料置入电极凹槽内,同时在真空室顶部装载玻璃基片,注意装载过程中确保玻璃面的整洁(注:装载时手指切勿触碰玻璃表面以免粘上杂质)。

③置入内衬,同时盖上玻璃钟罩,钟罩底部黑色O形圈应处于钟罩底部玻璃边缘正中位置。同时关闭充气阀门(按下充气按钮即可)。

(4)将工作状态选择开关从"断开"打到"机械泵"工作挡位,机械泵开始工作。开启复合真空计电源,此时热偶单元2显示的是前级管路的压强,而热偶单元1显示的则是真空室内的压强。

(5)观察热偶计示数的变化,待被测真空室的真空度达到4 Pa时,将工作选择开关打至"扩散泵"挡位,此时关闭了低抽阀,真空室被封闭,同时打开了前级阀,机械泵对扩散泵进行抽真空。

(6)当热偶单元2显示的压强达到3 Pa时,将工作选择开关打到"扩散泵"工作挡位,同时接通扩散泵加热电源(按下"扩散泵加热"按钮即可)。接通电源后,底部加热炉逐渐升温变红,加热硅油逐渐升温。当扩散泵正常工作,即油沸腾喷射蒸气时,打开侧面的高真空阀(把手方向朝下为开),真空室压强将迅速下降,待到真空室压强小于1 Pa时,电离规自动启动。

(7)当扩散泵正常工作约50 min后,开启基片加热电源对真空室内进行烘烤除气,一般烘烤温度控制在100 ℃左右。与此同时,可开启真空计面板上的"除气"按键,对电离规管进行除气,除气时间一般为3 min。待烘烤除气完成后,关闭烘烤电源,同时按"开电离规"按钮将面板切回压强显示。

(8)当真空室压强达到10^{-3} Pa时,打开"蒸发"按钮,调节电压调节旋钮调节蒸发电流。缓慢增大加热电流,使得加热电流保持在20 A左右约3 min,此时观察电离规,会发现系统真空度要经历一个先下降再上升的过程。原因是吸附在蒸发物质和蒸发加热源物质上的气体分子和少量的有机物燃物被解吸附并被真空机组抽出真空室。进一步增大加热电流到30~40 A,仔细观察加热源物质,会发现在加热电流作用下其呈现暗红色,这时温度大致为450 ℃。继续缓慢增大加热电流,蒸发源物质和蒸发物质颜色逐渐呈现明亮的红色,此时温度大致在600~700 ℃。当加热电流达到50 A左右,加热源物质和加热物质颜色呈现红白色,仔细观察蒸发源物质,其形态发生变化,表面出现软化情况,随着时间的延长,原本固态的蒸发物质熔化并在蒸发。增大加热电流到75 A并移开蒸发挡板开始蒸发并计时。达到要求时间后迅速减少电流到0,蒸发过程结束。

(9)关闭镀膜系统,需按以下步骤进行：
①关闭高真空蝶阀。
②将工作选择开关打至"扩散泵",同时切断扩散泵加热电源。
③当扩散泵冷却到50 ℃时,将工作选择开关打至"机械泵",接着关闭机械泵,并立即向泵内充入大气(可通过电磁放气阀自动完成)。
④关闭扩散泵冷却水。
(10)打开"充气"按钮,向真空室内充气,取出镀有金属薄膜的基片,用酒精清洗玻璃内衬和钟罩上的金属薄膜,清洗完毕用电吹风吹干。

在真空系统停止工作时,如无特殊要求,应将系统各元件保持在真空状态下封存。故需重新安装好仪器,将工作选择开关打到"机械泵"挡位,对真空室进行粗抽,待真空室压强达到10 Pa左右时关闭机械泵,同时关闭真空计,最后关闭整个系统,镀膜实验完成。

(二)测量膜厚

(1)打开计算机,开台阶仪电源,等待10 s后打开操作软件。
(2)打开台阶仪保护盖,小心放入样品。
(3)点击"Engage",观察样品与探针所在位置。
(4)点击"Z+"将探针升起,将样品调到适当位置。
(5)点击"Scan",进行扫描。
(6)分析数据。
(7)点击"Z+"将探针升到顶端。
(8)取出样品,关闭保护盖。
(9)关闭操作软件,关闭台阶仪电源,关闭计算机。

五、实验注意事项

(1)注意基片表面保持良好的清洁度。被镀基片表面的清洁程度直接影响薄膜的牢固性和均匀性,基片表面的任何微粒、尘埃、油污等都会大大降低薄膜的附着力。为了使薄膜有较好的反射光的性能,基片表面应平整光滑。镀膜前基片必须经过严格的清洗和烘干,以提高基片与膜的结合力。

(2)将材料中的杂质预先蒸发掉("预熔")。蒸发物质的纯度直接影响着薄膜的结构和光学性质,因此除了尽量提高蒸发物质的纯度外,还应设法把材料中蒸发温度低于蒸发物质的其他杂质预先蒸发掉,而不要使它蒸发到基片表面上。在预熔时用活动挡板挡住蒸发源,使蒸发材料中的杂质不能蒸发到基片表面。预熔时会有大量吸附在蒸发材料和电极上的气体放出,真空度会降低一些,故不能马上进行蒸发,应测量真空度并继续抽气,待真空度恢复到原来的状态后,方可移开挡板,加大蒸发电极的加热电流,进行蒸镀。(注意：只要真空室充过气,即使前次已"预熔"过或蒸发过的材料也必须重新预熔。)

(3)扩散泵连续工作时,落下钟罩后必须先对钟罩抽低真空,当达到6～7 Pa后再开高阀,绝对不容许未对真空室粗抽真空时即打开高阀,以避免扩散泵油氧化。

(4)中途突然停电,应立即将工作选择开关打至"断",关闭高真空蝶阀,来电后,待机械泵工作2～3 min后,再恢复正常工作。

(5)镀膜工作进行2～3次后,必须及时镀膜室内零件,避免蒸发物质大量进入真空系统而损害真空性能。采用酒精清洗，清洗干净后用热吹风机将各零部件吹干，装配时应注意保持清洁。

(6) 测量膜厚时，要保证样品在样品台上平稳放置，放置时要横平竖直，所要测试的台阶的位置靠近探针针尖的垂直位置。

(7) 断电时，UPS(不间断电源)自动启动，此时将探针升到顶端，取出样品，关上保护盖，关闭台阶仪电源，关闭计算机。

六、实验数据处理

将实验数据填入表 26-2 和表 26-3 中。

表 26-2　真空测量数据

时间/min	0	
真空度/Pa	0.1	

表 26-3　真空镀膜数据

项目	样品编号					
	1	2	3	4	5	6
蒸镀时间/min						
真空度/Pa						
蒸镀功率/W						
测量膜厚/nm						

以实际 t(min) 为横坐标、压强 p(Pa) 为纵坐标，利用制图软件，作抽气曲线。

七、思考题

(1) 机械泵的极限真空度是如何产生的？能否克服？

(2) 油扩散泵的启动压强应为多少？为什么？

(3) 用热偶计测高真空、用电离计测低真空行不行？如果不做成复合真空计，怎样避免电离计被烧坏？

(4) 关机时为何要将大气放入机械泵？

(5) 若在实验过程中突然停水、停电，你做何应急处理？

(6) 进行真空镀膜为什么要求有一定的真空度？

(7) 为了使膜层比较牢固，怎样对基片进行处理？

(8) 镀膜过程中，为什么要先用挡板挡住蒸发源一段时间？

(9) 如何测量薄膜厚度？

(10) 有哪些因素会影响镀膜层的厚度和质量？

实验二十七　溶胶-凝胶法制备 TiO_2 纳米材料

一、实验目的

(1) 了解 TiO_2 纳米材料在能源领域的应用；
(2) 掌握溶胶-凝胶法制备纳米材料的基本方法。

二、实验原理

(一) TiO_2 纳米材料

纳米二氧化钛(TiO_2)是一种新型的无机功能材料,它具有常规 TiO_2 不具有的性能,如量子尺寸效应、表面效应、小尺寸效应以及宏观量子隧道效应,使其现出优异的光学特性、光催化活性、热导性能和化学稳定性等物理化学特性,被广泛应用于催化剂、传感器、化妆品、功能陶瓷、介电材料、油漆涂层等领域。

(二) 溶胶-凝胶法

溶胶-凝胶法是一种条件温和的材料制备方法。溶胶-凝胶法(sol-gel 法,简称 SG 法)就是以无机物或金属醇盐做前驱体,在液相将这些原料均匀混合,并进行水解、缩合化学反应,在溶液中形成稳定的透明溶胶体系,溶胶经陈化,胶粒间缓慢聚合,形成三维空间网络结构的凝胶,凝胶网络间充满了失去流动性的溶剂,形成凝胶。凝胶经过干燥、烧结固化制备出分子乃至纳米亚结构的材料。

溶胶-凝胶法就是将含高化学活性组分的化合物经过溶液、溶胶、凝胶而固化,再经热处理而成氧化物或其他化合物固体。近年来,溶胶-凝胶技术在玻璃、氧化物涂层和功能陶瓷粉料,尤其是传统方法难以制备的复合氧化物材料、高临界温度氧化物超导材料的合成中均得到成功的应用。

其最基本的反应是:
(1) 水解反应：$M(OR)_n + xH_2O \rightarrow M(OH)_x(OR)_{n-x} + xROH$
(2) 聚合反应：$-M-OH + HO-M- \rightarrow -M-O-M- + H_2O$
　　　　　　　$-M-OR + HO-M- \rightarrow -M-O-M- + ROH$

三、实验仪器与试剂

(一) 仪器

烧杯,培养皿,量筒,滴管,石英玻璃,烘箱,退火炉,超声清洗仪,磁力搅拌器,旋涂机。

(二) 试剂

钛酸四丁酯,无水乙醇,二乙醇胺,去离子水。

四、实验步骤

(1) 对所需玻璃器皿进行清洗、烘干。
(2) 对石英玻璃进行超声清洗、烘干。
(3) 用量筒量取 67 mL 无水乙醇,加入烧杯中。
(4) 用滴管量取 4.8 mL 二乙醇胺,加入烧杯中。
(5) 用量筒量取 17 mL 钛酸四丁酯,加入烧杯中,并磁力搅拌 0.5 h。
(6) 量取 10 mL 无水乙醇和 1 mL 去离子水混合,加入烧杯中,并磁力搅拌 1 h。
(7) 将上述前驱体溶液静置 2 h。
(8) 将清洗的石英玻璃放置在旋涂机上,并设置好旋涂机的参数。
(9) 用滴管量取一定的前驱体溶液滴加到石英玻璃上进行旋涂。
(10) 将涂有前驱体溶液的玻璃放入烘箱,烘烤 10 min。
(11) 将烘烤后的样品放入退火炉,设置时间和温度,进行退火 1 h。
(12) 将样品取出,进行观察。
(13) 实验完成后,清洗烧杯、量筒等实验仪器。

五、实验注意事项

(1) 请注意钛酸四丁酯、二乙醇胺等化学药品的使用安全。
(2) 烧杯、量筒、培养皿等玻璃仪器易碎,请轻拿轻放。
(3) 去离子水添加到前驱体溶液中时,注意逐滴添加,防止沉淀产生。
(4) 烘箱、退火炉温度较高,请注意安全,防止烫伤。

七、思考题

(1) 观察所制备的 TiO_2 纳米薄膜是否开裂?如果有,是什么原因?
(2) TiO_2 纳米材料还有哪些制备方法?
(3) 表征纳米材料的仪器设备有哪些?

五 能源材料性能表征实验

实验二十八　材料力学性能实验

一、实验目的

(1) 了解万能实验拉伸机的构造及使用方法。
(2) 掌握金属拉伸性能指标屈服点、抗拉强度、延伸率和断面收缩率的测定方法。
(3) 了解碳钢、铸铁材料的强度、塑性的特性,以及拉伸曲线特征与材料含碳量的关系。

二、实验原理

(一) 金属材料的拉伸试验

力学性能也称机械性能,指材料在外力作用下表现出的变形、破坏等方面的特性。常温、静载下的轴向拉伸试验是材料力学试验中最基本、应用最广泛的试验。通过拉伸试验,可以全面地测定材料的力学性能,如弹性、塑性、强度、断裂等性能指标。这些性能指标对材料力学的分析计算、工程设计、材料选择和新材料开发都有极其重要的作用。

依据国标 GB/T 228.1—2010《金属材料　拉伸试验　第1部分:室温试验方法》分别叙述如下:

1. 静载单向拉伸应力-应变曲线

在拉伸试验时,利用试验机的自动绘图器可绘出拉伸曲线,见图 28-1 所示的 P-ΔL 曲线。图中最初阶段呈曲线,是由于试样头部在夹具内有滑动及试验机存在间隙等。分析时应将图中的直线段延长与横坐标相交于 O 点,作为其坐标原点。拉伸曲线形象地描绘出材料的变形特征及各阶段受力和变形间的关系,可由该图形的状态来判断材料弹性与塑性好坏、断裂时的韧性与脆性程度以及不同变形下的承载能力。但同一种材料的拉伸曲线会因试样尺寸不同而各异。为了使同一种材料不同尺寸试样的拉伸过程及其特性点便于比较,以消除试样几何尺寸的影响,可将拉伸曲线图的纵坐标(力 P)除以试样原始横截面面积 A_0,并将横坐标(伸长 ΔL)除以试样的原始标距 L_0,得到的曲线便与试样尺寸无关,此曲线称为应力-应变曲线或 σ-ε 曲线,它与拉伸图曲线相似,也同样表征了材料力学性能。曲线明显分为四个阶段:

(1) 弹性变形阶段(Oab 段):此时变形量与载荷成正比。在此阶段中的 Oa 段,拉力和伸长成正比关系,表明钢材的应力与应变为线性关系,完全遵循胡克定律。当应力继续增加到 b 点时,应力和应变的关系不再是线性关系,但变形仍然是弹性的,即卸除拉力后变形完全消失。a 点所对应的极限载荷值记为 P_p,应力值记为 σ_p;b 点所对应的载荷 P_e 是不产生永久变形的最大抗力,对应应力 σ_e。

峰值:σ_p 为比例极限,应力应变保持线性关系的应力极大值;σ_e 为弹性极限,$\sigma > \sigma_e$ 时外力除去将有残余变形。

(2) 屈服变形阶段(bcd 段):从 b 点开始试样进入塑性变形阶段,c 点是第一次下降的最低点,从 c 点到 d 点变形曲线呈平线或波浪线,这种外力不再增加而试样仍继续产生大量塑

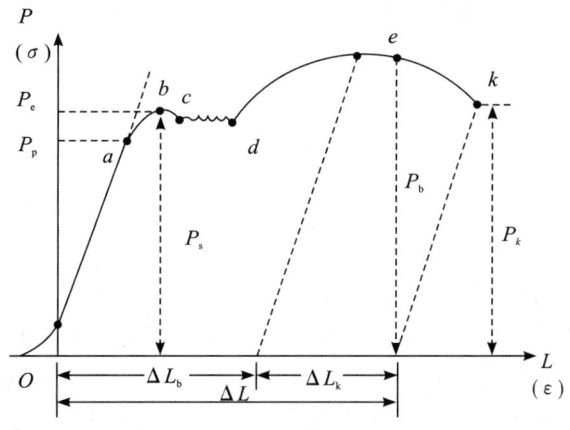

图 28-1 低碳钢应力-应变图

性变形的现象称为"屈服"。c 点是屈服点,该点所对应的载荷为 P_s,对应的应力记为 σ_s。

峰值:σ_s 为屈服(流动)极限,bcd 段最低点所对应的应力值。

(3)硬化阶段(de 段):从 d 点开始曲线上升。这个阶段的最大特点是呈均匀变化,随着塑性变形量的增大,材料的力学性能发生变化,即材料的变形抵抗力提高,塑性降低。在强化阶段卸载,弹性变形会随之消失,塑性变形将会永久保留下来。强化阶段的卸载路径与弹性阶段平行,卸载后重新加载时,加载线与弹性阶段平行,重新加载后,材料的比例极限明显提高,而塑性性能会相应下降。这种现象叫作形变硬化或冷作硬化。这个阶段是金属最重要的塑性变形阶段,金属的变形强化在此阶段进行。e 点对应的是材料所能承受的最大载荷 P_b,相应应力记为 σ_b。

峰值:σ_b 为强度极限(抗拉强度),是材料所能承受的最大应力,又称破坏应力。

(4)颈缩阶段(ek 段):从 e 点开始,试样发生局部变细,同时从拉伸图可见载荷随着变形的增大而减小,这种现象被称为"颈缩"。材料颈缩到 k 点断裂,此时的载荷为 P_k。

2. 材料的强度

强度是表征材料抵抗变形和断裂的能力,通常用材料所承受的极限应力来表示,也就是以材料所承受的极限载荷值除以试样的面积,即 $\sigma = P/A_0$。常用 σ_s 和 σ_b 表示材料的强度大小。

3. 材料的塑性指标

拉伸时,当应力超过弹性极限后,金属在继续发生弹性变形的同时,伴随着产生了塑性变形。金属塑性变形主要是材料晶面产生了滑移,是由剪应力引起的,材料发生塑性变形的能力叫作塑性。为了表示材料塑性的大小,可以用材料拉伸断裂后的延伸率 δ 和截面收缩率 ψ 来表示。δ 和 ψ 值越大,材料的塑性越好。

塑性材料:在显著的残余变形下才破坏的材料。例如低碳钢。

脆性材料:在较小的残余变形下就破坏的材料。例如铸铁、混凝土、石料等。

(1)延伸率 δ。

设试样的标距长为试样拉断后长度的相对伸长量,即:

$$\delta = \frac{L_1 - L}{L} \times 100\%$$

式中，L_1 为拉断试件时的标距，L 为原始标距。$\delta>5\%$ 时为塑性材料，$\delta<5\%$ 时为脆性材料。

(2) 断面收缩率 ψ。

断面收缩率 φ 是试样拉断后的截面积的相对收缩值，即：

$$\varphi = \frac{A-A_1}{A} \times 100\%$$

式中，A_1 为拉断后颈缩处的最小截面面积，A 为原始截面面积。

铸铁是典型的脆性材料，其从开始承受拉力直至试样被拉断，变形都很小。大多数脆性材料在拉伸时的应力-应变曲线上都没有明显的直线段，几乎没有塑性变形，也不会出现屈服和颈缩等现象（如图 28-2 所示），只有断裂时的应力值——强度极限。铸铁试样在承受拉力、变形极小时，就达到最大力 F_m 而突然发生断裂，其抗拉强度也远小于低碳钢的抗拉强度。同样，由公式 $R_m = F_m/S_0$ 即可得到其抗拉强度 R_m，而由公式

$$A = \frac{L_u - L_0}{L_0} \times 100\%$$

可求得其断后伸长率 A。

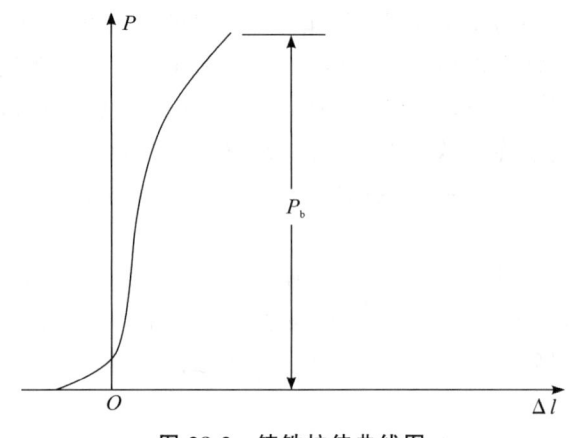

图 28-2 铸铁拉伸曲线图

(二) 金属材料的压缩试验

将试样放在试验机的两压板之间，开动试验机缓慢进行加载，使试样受到缓慢增加的压力作用，示力指针缓慢匀速转动，并利用试验机的绘图装置自动绘出压缩图（见图 28-3）。

1. 低碳钢的压缩

试样开始变形时服从胡克定律，压缩曲线呈直线[见图 28-3(a)]。在开始出现变形增长很快的非线性小段时，表示材料到达了屈服，但这时并不像拉伸那样有明显的屈服阶段，只是示力指针暂停转动或稍有返回，这暂停或返回的最小值即为压缩屈服荷载 P_{sc}。此后，图形呈曲线上升，材料产生显著的残余变形，试样长度显著缩短，而直径增大。由于试验机压板与试样两端面之间的摩擦力，试样两端的横向变形受到阻碍，因而试样被压成鼓形。随着荷载的逐渐增加，塑性变形迅速增长，试样的横截面面积也随之增大，而增大的面积又能承受更大的荷载，因此试样愈压愈扁，甚至可以压成薄饼状而不破裂，所以无法测出其最大荷载 P_{bc} 和抗压强度 σ_{bc}。

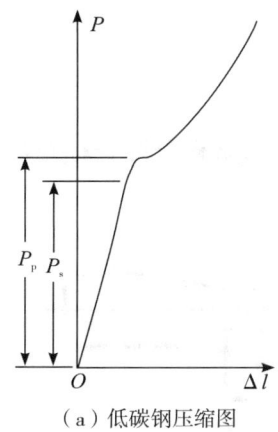
(a) 低碳钢压缩图

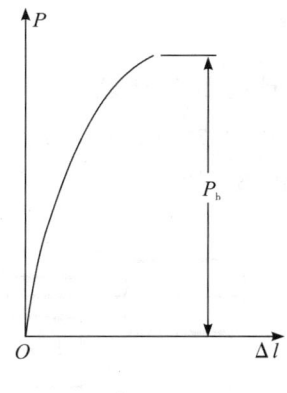
(b) 铸铁压缩图

图 28-3 试验机绘出的压缩图

根据测出的压缩屈服荷载 P_{sc}，由公式 $\sigma_{sc}=P_{sc}/S_0$，即可求出材料的压缩屈服极限。

2. 铸铁的压缩

铸铁试样在压缩时与拉伸明显不同，其压缩曲线上虽然仍没有明显的直线阶段和屈服阶段，但曲线明显变弯[见图 28-3(b)]，表明试样在达到最大荷载 P_{bc} 前就出现了明显的塑性变形，而其最大荷载 P_{bc} 也要比拉伸时的 P_b 大很多倍。当荷载达到最大荷载 P_{bc} 后稍有下降，然后破裂，并能听到沉闷的破裂声。

铸铁试样破裂后呈鼓形，并在与轴线大约成 45°角的斜面上破裂（见图 28-4），此破坏主要是由剪应力引起的。

由公式 $\sigma_{bc}=P_{bc}/S_0$，即可求出材料的抗压强度。

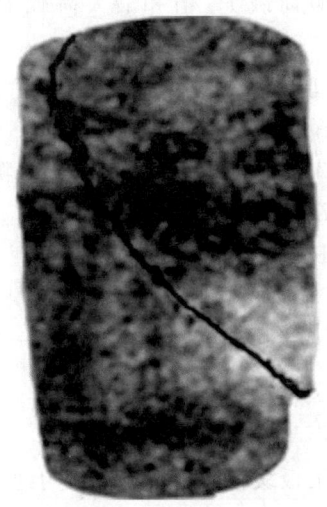

图 28-4 铸铁试样压缩下的破坏

三、实验仪器与试剂

万能实验拉伸机，游标卡尺，碳钢，铸铁。

四、实验步骤

(一)金属材料的拉伸试验

按国家标准 GB 6397—86,采用圆截面比例试样,试样分为长标距 $L_0=10d_0$ 和短标距 $L_0=5d_0$ 两种(如图 28-5 所示),一般采用短标距试样。

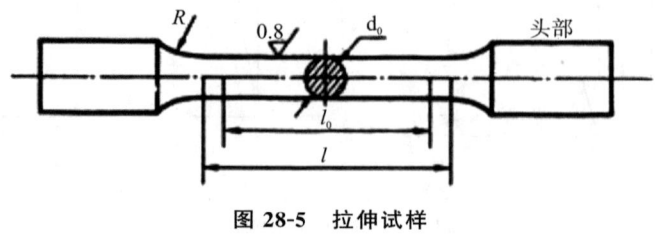

图 28-5 拉伸试样

(1)根据试样的形状、尺寸和预计材料的抗拉强度来估算最大拉力,选用与试样相适应的夹具。

(2)在试样的原始标距长度 l_0 范围内用划线机等分 10 个分格点,并确定标距的端点,以便观察标距范围内沿轴向变形的情况和试样破坏后测定断后延伸率。

(3)根据国标 GB/T 228.1—2010 中的规定,测定试样原始横截面积。试验采用圆形试样,应在标距的两端及中间处的两个相互垂直的方向上各测一次横截面直径,取其算术平均值,选用 3 处测得的直径最小值,并以此值计算横截面面积。

(4)安装试样,经指导教师检查后即可开始试验。

(5)加载试验,在试验过程中,要求均匀缓慢地进行加载。注意观察 45 钢在拉伸过程四个阶段中的各种现象,并记下屈服荷载 P_{sc} 值和最大荷载 P_{bc} 值。试样被拉断后立即停机,并取下试样。

(6)结束试验。取下试样,实验机恢复原状。对断裂后的拉伸试样,测量缩颈处的直径 d_1、断裂后的标距长度 l_1,并做好相应的记录。按照国标 GB/T 228.1—2010 中的规定测定 l_0 时,将试样断裂后的两段在断口处紧密地对接起来,直接测量原标距两端的距离。

如果断口发生于 l_0 的两端或在 l_0 之外,则试验无效,应重做。若断口距 l_0 的一端小于或等于 $l_0/3$,则应修正断后标距长度:由断口处取约等于短段的格数得 B 点,若剩余格数为偶数[图 28-6(b)],取其一半得 C 点,则标距长度 $l_1=AB+2BC$。当剩余格数为奇数时[图 28-6(c)],取剩余格数减 1 后的一半得 C 点,加 1 后的一半得 C_1 点,则 $L_1=AB+BC+BC_1$。

(二)金属材料的压缩试验

上升活动平台,使试样与上压板缓慢接触,并保证匀速加载。根据国标规定,在弹性(或接近弹性)范围,采用控制应力速率的方法,其速率控制在 1~10 MPa/s 范围内;在明显塑性变形范围,采用控制应变速率的方法,其速率控制在 0.000 5~0.000 1/s 范围内。对于低碳钢试样,在加载过程中要注意观察示力数值情况和压缩图,及时而正确地测定屈服荷载 P_{sc},并记录下来。超过屈服阶段后,继续加载,使试样稍压扁即可停止试验。对于铸铁试样,加载至试样破坏为止,并记录最大荷载 P_{bc}。

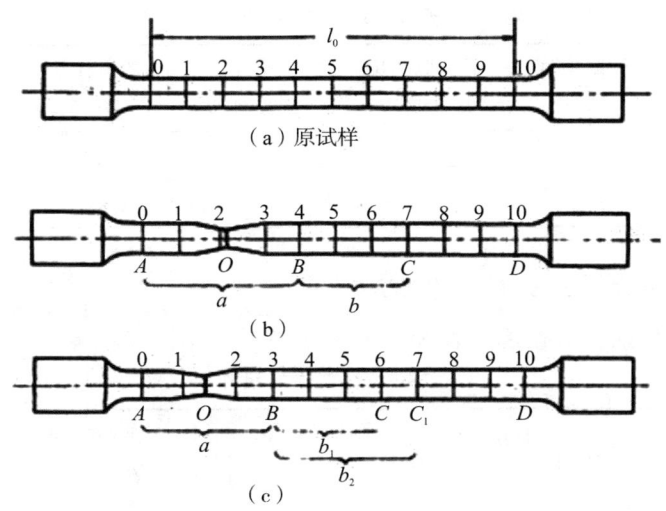

图 28-6 断后标距长的确定方法示意图

五、实验数据处理

(一)金属材料拉伸试验数据记录

将金属材料拉伸试验数据填入表 28-1～表 28-4 中。

表 28-1 试样原始尺寸

材料	标距 l_0/mm	直径 d_0/mm									原始横截面面积 S_0/mm²
		截面Ⅰ			截面Ⅱ			截面Ⅲ			
		1	2	平均	1	2	平均	1	2	平均	
低碳钢	50.00										
铸铁	50.00										

表 28-2 试验数据记录　　　　　　　　　　　　单位:kN

材料	上屈服荷载 F_{eH}	下屈服荷载 F_{eL}	屈服荷载 F_e	最大荷载 F_m
低碳钢				
铸铁	—	—	—	

表 28-3 试样断后尺寸

材料	标距 L_u/mm	断后伸长 $L_u - L_0$/mm	断后缩颈处最小直径 d_u/mm			断后最小横截面面积 S_u/mm²
			1	2	平均	
低碳钢						
铸铁			—	—	—	

表 28-4　数据处理

材料	上屈服强度 R_{eH}/MPa	下屈服强度 R_{eL}/MPa	抗拉强度 R_m/MPa	断后伸长率 A/%	断面收缩率 Z/%
低碳钢					
铸铁		—		—	

（二）金属材料抗压缩试验数据记录

将金属材料抗压缩验数据填入表 28-5～表 28-7 中。

表 28-5　试样原始尺寸

材料	长度 l_0/mm	直径 d_0/mm			横截面积 S_0/mm²
		1	2	平均	
低碳钢					
铸铁					

表 28-6　试验数据记录及处理

材料	屈服荷载 P_{sc}/kN	屈服极限 σ_{sc}/MPa	最大荷载 P_{bc}/kN	抗压强度 σ_{bc}/MPa
低碳钢			—	—
铸铁	—	—		

表 28-7　试样破坏后尺寸

材料	长度 l_1/mm	最大直径 d_1/mm			断面角度 α/(°)
		1	2	平均	
铸铁					

六、思考题

(1) 测定材料的力学性能有何实用价值？

(2) 你认为拉伸试验中产生试验结果误差的因素有哪些？应如何减少或避免其影响？

(3) 有材料和直径均相同的长试样和短试样各一个，用它们测得的断后伸长率、断面收缩率、下屈服强度和抗拉强度是否基本相同？为什么？

(4) 为什么铸铁试样在压缩时沿着与轴线大致成 45°角的斜截面破坏？其破坏形式说明了什么？

实验二十九　能源材料腐蚀行为检测

一、实验目的

(1) 了解金属腐蚀的基本原理；
(2) 掌握恒电位测定阳极极化曲线的原理和方法；
(3) 利用线性极化法测定不锈钢在稀 H_2SO_4 溶液中的腐蚀速度；
(4) 利用金相显微镜观察金属材料腐蚀后的微观形貌。

二、实验原理

(一) 金属的腐蚀

金属的腐蚀是指金属在环境介质的化学作用下产生新相而失效的过程，常常伴随着多个电化学过程的发生，包括金属自身的氧化、氧化剂的还原以及电流传输等。通常将金属腐蚀的过程称为腐蚀电池。腐蚀电池的定义是：只能导致金属材料破坏而不能对外界做有用功的短路原电池。腐蚀电池工作的基本过程必须包括以下三个方面：

(1) 阳极过程。金属（电极）发生阳极溶解（发生氧化反应），以离子形式进入溶液，同时将等当量的电子留在金属（电极）表面：

$$M \rightarrow M^{n+} + ne^-$$

(2) 阴极过程。溶液中的氧化剂吸收金属（电极）表面过剩的电子，自身发生阴极过程（发生还原反应）：

$$O + ne^- \rightarrow R$$

(3) 上述阴、阳极过程是同一块金属上或在直接接触的不同金属上进行的，并且在金属回路中有电流流动。

(二) 极化现象与极化曲线

当一个电极体系处于平衡状态，则该电极反应的阳极和阴极过程的绝对反应速度相等，没有净电流产生，每个电极反应都是在接近于平衡状态下进行的，电极反应是可逆的。若电极系统实际发生的是净的阳极反应（即电极反应的阳极反应速度大于阴极反应速度），即有净的阳极电流产生，则实际的电位 E 将偏离平衡电位 E_e 向更正方向移动；反之，若发生净的阴极反应，实际电位 E 将偏离平衡电位 E_e 向负方向移动。我们将一个电极系统偏离平衡态而导致电极电位偏离平衡电位的现象叫作该电极的极化现象，说此电极发生了极化。实际电极电位与平衡电极电位之间的差值叫作过电位。对于任何电极体系，只要有净的电流通过，电极电位势必偏离其原先的稳定电位，发生极化现象。电极发生极化后，电极反应处于不可逆状态，而且随着电极上电流密度的增加，电极反应的不可逆程度随之增大，过电位也增大。描述电流密度与电极电位（过电位）之间关系的曲线称作极化曲线，如图 29-1 所示。

A 点的电位称为开路电位（open circuit potential, OCP），此时阴极反应和阳极反应的

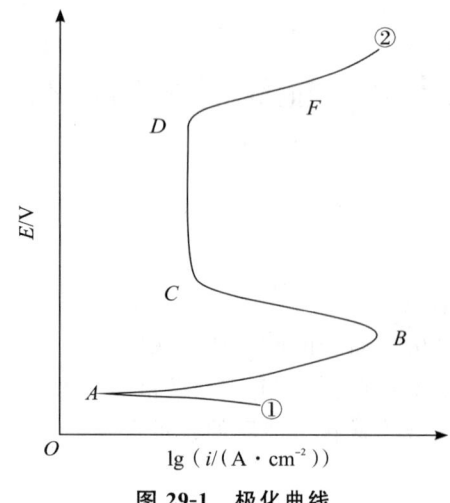

图 29-1 极化曲线

速度相等,回路中的净电流接近于 0,此时的电位也可称为电极的自腐蚀电位,即在此电位下,电极发生自腐蚀现象。

当电位负于(低于)A 点的开路电位时(对应曲线 A-①),阴极反应速度大于阳极反应,回路中流过净的阴极电流,这一段曲线叫作阴极极化曲线。

当电位正于(高于)A 点的开路电位时(对应曲线 A-②),阳极反应速度大于阴极反应,回路中流过净的阳极电流,这一段曲线叫作阳极极化曲线。当电位从 A 点逐渐向正方向移动到 B 点时,电流密度也随之增加到 B 点,当电位过 B 点后,电流密度反而随电位正移急剧减小,这是因为在金属表面生产了一层电阻高、耐腐蚀的钝化膜,钝化开始发生。控制电位的增高,电流密度逐渐衰减至 C 点。在 C 点之后,电位若继续增高,由于金属完全进入了钝化状态,电流维持一个基本不变的很小的值——维钝电流。当电位增高至 D 点后,电流密度重新增大,金属进入过钝化状态。可将阳极极化曲线划分为以下几个区域:

(1)A-B:活性溶解区;
(2)B-C:钝化过渡区,对应于 B 点的电流密度叫致钝电流密度;
(3)C-D:钝化稳定区,CD 段对应的电流密度叫维钝电流密度;
(4)D 点以后:过钝化区。

(三)极化曲线的测定

1. 恒电位法

恒电位法就是将研究电位依次恒定在不同的数值上,然后测量对应于各电位下的电流。极化曲线的测量应尽可能接近稳态体系。稳态体系指被研究体系的极化电流、电极电位、电极表面状态等基本上不随时间而改变。在实际测量中,常用的控制电位测量方法有以下两种:

(1)静态法:将电极电位恒定在某一数值,测定相应的稳定电流值,如此逐点地测量一系列各个电极电位下的稳定电流值,以获得完整的极化曲线。对某些体系,达到稳态可能需要很长时间,为节省时间,提高测量重现性,人们往往自行规定每次电势恒定的时间。

(2)动态法:控制电极电位以较慢的速度连续地改变(扫描),并测量对应电位下的瞬时电流值,以瞬时电流与对应的电极电势作图,获得整个的极化曲线。一般来说,电极表面建立稳态的速度愈慢,则电位扫描速度也应愈慢。对不同的电极体系,扫描速度也不相同。为测得稳态极化曲线,人们通常依次减小扫描速度测定若干条极化曲线,当测至极化曲线不再明显变化时,可确定此扫描速度下测得的极化曲线即为稳态极化曲线。同样,为节省时间,对于那些只是为了比较不同因素对电极过程影响的极化曲线,则选取适当的扫描速度绘制准稳态极化曲线即可。由于可以自动测绘,扫描速度可控制一定,因而测量结果重现性好。动态恒电位法特别适用于对比实验。

2. 恒电流法

恒电流法就是控制研究电极上的电流密度依次恒定在不同的数值下,同时测定相应的稳定电极电位值。采用恒电流法测定极化曲线时,由于种种原因,给定电流后,电极电势往往不能立即达到稳态,不同的体系,电位趋于稳态所需要的时间也不相同,因此在实际测量时一般电势接近稳定(如 1~3 min 内无大的变化)即可读值,或人为自行规定每次电流恒定的时间。

(四)线性极化法测金属腐蚀速度

利用近代电化学测试技术,可以测得以自腐蚀电位为起点的完整的极化曲线。如图 29-2 所示,这样的极化区可划分为三个区:①线性区——AB 段;②弱极化区——BC 段;③塔菲尔区——直线 CD 段。把塔菲尔区的 CD 段(在 E-$\lg i$ 图上)外推,与自腐蚀电位 E_{corr} 的水平线相交于一点 O,此点所对应的电流密度即为金属的自腐蚀电流密度(腐蚀速度)。这种利用极化曲线的塔菲尔直线外推以求腐蚀速度的方法称为极化曲线法或塔菲尔直线外推法。这种方法有很多局限性:只适用于活化控制的腐蚀体系,对于电阻较大的溶液和在强极化时金属表面发生较大变化(如膜的生成或溶解)的情况就不适用。

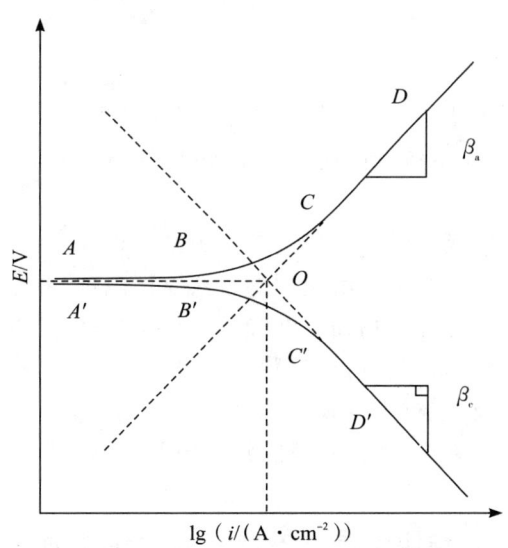

图 29-2 塔菲尔曲线中塔菲尔斜率、腐蚀速度和腐蚀电位的确定

线性极化技术是快速测定金属腐蚀速度的一种电化学方法。特点是灵敏、快速,适用于任何电解质溶液构成的腐蚀体系;由于极化电流很小,不至于破坏试件表面;用一个试件可以进行多次连续测定,并适用于现场监控。

线性极化技术的原理是：对工作电极外加电流行进极化，使工作电极的电位在自腐蚀电位附近变化(约±10 mV)，此时 ΔE 对 Δi 为线性关系(图29-2中的 AB 段)。根据 Stern 和 Geary 的理论，对活化极化控制的腐蚀体系，极化电阻与自腐蚀电流密度之间有如下关系：

$$R_p = \frac{\Delta E}{\Delta i} = \frac{b_a b_c}{2.303(b_a + b_c)} \times \frac{1}{i_{corr}} \tag{29-1}$$

式中：R_p——极化电阻率，$\Omega \cdot cm^2$；

ΔE——极化电位，V；

Δi——极化电流密度，A/cm^2；

i_{corr}——金属的自腐蚀电流密度，A/cm^2；

b_a、b_c——阳极、阴极塔菲尔斜率。

对于一定的腐蚀体系，b_a、b_c 为常数，而 $B = \dfrac{b_a b_c}{2.303(b_a + b_c)}$ 也为常数，则式(29-1)可写为：

$$R_p = \frac{\Delta E}{\Delta i} = \frac{B}{i_{corr}} \tag{29-2}$$

式中的 B 值是仅与 b_a、b_c 有关的常数，对活化状态的金属，B 常取值 26 mV，而对钝化状态的金属，B 常取值 52 mV。显然极化电阻率 R_p 和自腐蚀电流密度 i_{corr} 成反比。根据法拉第定律可以直接将 i_{corr} 换算成腐蚀速度。

三、实验仪器与试剂

电化学工作站，金相显微镜，pH 计，铂电极，电解池，不锈钢，碳钢，玻璃仪器，常规化学药品。

四、实验步骤

(一)不锈钢在稀 H_2SO_4 溶液中的极化曲线的测定及耐腐蚀能力评价

(1)用砂纸将 201 和 304 不锈钢电极打磨至光亮，测量尺寸，并计算其有效工作面积，用丙酮和乙醇脱脂。

(2)按照仪器说明书接好测试线路，检查各接头是否正确。

(3)测量不锈钢电极在稀 H_2SO_4 溶液中的自然腐蚀电位，并记录。

(4)选择合适的电位扫描区间、扫描速度(0.1~1 mV/s)、扫描步进电位等参数。

(5)开始试验，注意观察不锈钢电极表面的试验现象，并如实记录。

(6)试验结束，更换电极，进行重复试验。

(7)分析极化曲线，获得钝化(致钝)电位、致钝电流密度、维钝电流密度、钝化电位区间等参数。

(二)线性极化法分析腐蚀介质对不锈钢腐蚀速度的影响

(1)用砂纸将 201 和 304 不锈钢电极打磨至光亮，测量尺寸，并计算其有效工作面积，用丙酮和乙醇脱脂。

(2)按照仪器说明书接好测试线路，检查各接头是否正确。

(3)测量 201 不锈钢在稀 H_2SO_4 溶液中的线性极化曲线，计算不锈钢的腐蚀电位 E_{corr}

和极化电阻 R_p。

(4)测量 201 不锈钢在含有 Cl^- 的稀 H_2SO_4 溶液中的线性极化曲线,计算不锈钢的腐蚀电位 E_{corr} 和极化电阻 R_p。

(5)测量 304 不锈钢在稀 H_2SO_4 溶液中的线性极化曲线,计算不锈钢的腐蚀电位 E_{corr} 和极化电阻 R_p。

(6)测量 304 不锈钢在含有 Cl^- 的稀 H_2SO_4 溶液中的线性极化曲线,计算不锈钢的腐蚀电位 E_{corr} 和极化电阻 R_p。

(三)观察金属材料的金相结构

利用金相显微镜观察金属材料发生腐蚀前后的金相结构。

五、实验数据处理

(1)记录 201 和 304 不锈钢电极的阳极极化曲线,得到钝化电位、致钝电流密度、维钝电流密度、钝化电位区间等参数,并比较两种不锈钢材料在稀 H_2SO_4 中的耐腐蚀性。

(2)测量 201 和 304 不锈钢电极在稀 H_2SO_4 溶液中的腐蚀电位和极化电阻,并讨论 Cl^- 对不锈钢腐蚀的影响。

六、思考题

(1)分析阳极极化曲线各线段和拐点的意义。
(2)阳极极化曲线对实施阳极保护有何意义?
(3)为什么可以用腐蚀电流密度 i_{corr} 代表金属的腐蚀速度?通过查阅材料,请说明如何由 i_{corr} 换算腐蚀速度(mm/year)的指标。
(4)线性极化曲线测量腐蚀电流密度的测量误差主要有哪些?
(5)Cl^- 对不锈钢的腐蚀有何作用?

实验三十　材料线膨胀系数的测定

一、实验目的

(1) 了解测定材料的膨胀曲线对工业生产的指导意义；
(2) 掌握示差法测定热膨胀系数的原理和方法、测试步骤及要点；
(3) 利用材料的热膨胀曲线，确定材料的特征温度。

二、实验原理

物体的体积或长度随温度的升高而增大的现象称为热膨胀。热膨胀系数是材料的主要物理性质之一，是衡量材料的热稳定性的一个重要指标。在实际应用中，当两种不同材料焊接或熔接的时候，候选材料的热膨胀系数显得尤为重要，例如玻璃仪器、陶瓷制品的焊接加工，都要求两种材料具备相近的膨胀系数。电真空工业和仪器制造工业中广泛地将非金属材料(玻璃、陶瓷)与各种金属焊接，也要求两者有相适应的热膨胀系数。如果材料的膨胀系数相差比较大，焊接时由于膨胀的速率不同，在焊接处产生应力，材料的机械强度和气密性降低，严重时会导致焊接处脱落、炸裂、漏气或漏油。如果层状物由两种材料叠置连接而成，则温度变化时，由于两种材料膨胀值不同，若仍连接在一起，体系中要采用一中间膨胀值，从而使一种材料中产生压应力而另一种材料中产生大小相等的张应力，恰当地利用这个特性，可以提高制品的强度。因此，测定材料的热膨胀系数具有重要的意义。

目前，测定材料线膨胀系数的方法很多，有示差法、双线法、光干涉法、重量温度计法等。在这些方法中，示差法具有广泛的应用。示差法所采用的测试仪器主要包括分立式膨胀仪(如 WEISS 立式膨胀仪)和卧式膨胀仪(如 HTV 型、UBD 型、RPZ-1 型晶体管式自动热膨胀仪)两种。本实验采用示差法测量材料的线膨胀系数。

针对一般材料，通常所说的膨胀系数是指线膨胀系数，其意义是温度升高 1 ℃时单位长度所增加的长度，单位为 cm/(cm·℃)。假设物理原来的长度为 L_0，温度升高后长度的增加量为 ΔL，定义它们之间存在如下关系：

$$\Delta L / L_0 = \alpha_1 \Delta T \tag{30-1}$$

式中的 α_1 称为线膨胀系数，也就是温度每升高 1 ℃时物体的相对伸长量。

当物体的温度从 T_1 上升到 T_2 时，其体积从 V_1 变为 V_2，则该物体在 T_1 至 T_2 的温度范围内，温度每上升一个单位，单位体积物体的平均增长量为

$$\beta = (V_1 - V_2) / [V_1(T_1 - T_2)] \tag{30-2}$$

式中，β 为平均体膨胀系数。

从测试技术来说，测体膨胀系数较为复杂。因此，在讨论材料的热膨胀系数时，常常采用线膨胀系数：

$$\alpha = (L_1 - L_2) / [L_1(T_1 - T_2)] \tag{30-3}$$

式中：α——平均线膨胀系数；

T_1——开始测定时的温度;
T_2——一般定为 300 ℃(若需要也可定为其他温度);
L_1——在温度为 T_1 时试样的长度;
L_2——在温度为 T_2 时试样的长度。

β 与 α 的关系是

$$\beta = 3\alpha + 3\alpha^2 \cdot \Delta T^2 + \alpha^3 \cdot \Delta T^3 \tag{30-4}$$

式中第二项和第三项非常小,一般略去不计,而取 $\beta \approx 3\alpha$。

必须指出,由于膨胀系数实际上并不是一个恒定的值,而是随温度变化的,所以上述膨胀系数都包含是一定温度范围内的平均值的概念,因此使用时要注意适用的温度范围。表 30-1 所示为一些材料的线膨胀系数。

表 30-1 一些材料的线膨胀系数

材料名称	线膨胀系数 (10^{-6}/K) 0~1000 ℃	材料名称	线膨胀系数 (10^{-6}/K) 0~1000 ℃	材料名称	线膨胀系数 (10^{-6}/K) 0~1000 ℃
Al_3O_2	8.8	ZrO_2(稳定化)	10.0	硼硅玻璃	3.0
BeO	9.0	TiC	7.4	黏土耐火材	5.5
MgO	13.5	B_4C	4.5	刚玉瓷	5.0~5.5
莫来石	5.3	SiC	4.7	硬质瓷	6.0
尖晶石	7.6	石英玻璃	0.5	滑石瓷	7.0~9.0
氧化锆	4.2	钠钙硅玻璃	9.0	钛酸钡瓷	10.0

示差法:在较高温度下采用热稳定性良好的石英玻璃棒和管,其线膨胀系数随温度变化很小,当温度升高时,石英玻璃管与其中的待测试样及石英玻璃棒都会发生膨胀,但是待测试样的膨胀比石英玻璃管上同样长度部分要大,因而使得与待测试样相接触的石英玻璃棒发生移动,这个移动是石英玻璃管、石英玻璃棒和待测试样三者的同时伸长和部分抵消后在千分表上所显示的 ΔL 值,它包括试样与石英玻璃管和石英玻璃棒的热膨胀之差值,测定出这个系统的伸长之差值及加热前后温度的差数,并根据已知石英玻璃的膨胀系数,便可算出待测试样的热膨胀系数。

图 30-1 是石英膨胀仪的工作原理示意图,从图中可见,膨胀仪上千分表上的读数为:

$$\Delta L = \Delta L_1 - \Delta L_2$$

由此得到:$\Delta L_1 = \Delta L + \Delta L_2$。

根据定义,待测试样的线膨胀系数为:

$$\alpha = (\Delta L + \Delta L_2)/(L \times \Delta T) = [\Delta L/(L \times \Delta T)] + [\Delta L_2/(L \times \Delta T)]$$

由于 $\Delta L_2/(L \times \Delta T) = \alpha_石$,所以 $\alpha = \alpha_石 + [\Delta L/(L \times \Delta T)]$,其中,$\Delta L$ 为试样的伸长值,即对应于温度 T_2 与 T_1 时千分表读数之差值(mm),L 为试样原始长度(mm),ΔT 为温度差 $T_2 - T_1$,$\alpha_石$ 为石英玻璃的平均线膨胀系数(按表 30-2 温度范围取值)。

表 30-2 不同温度下的石英玻璃的平均线膨胀系数

温度范围/℃	0~300 ℃	0~400 ℃	0~1000 ℃	200~700 ℃
平均线膨胀系数/℃$^{-1}$	5.7×10^{-7}	5.9×10^{-7}	5.8×10^{-7}	5.97×10^{-7}

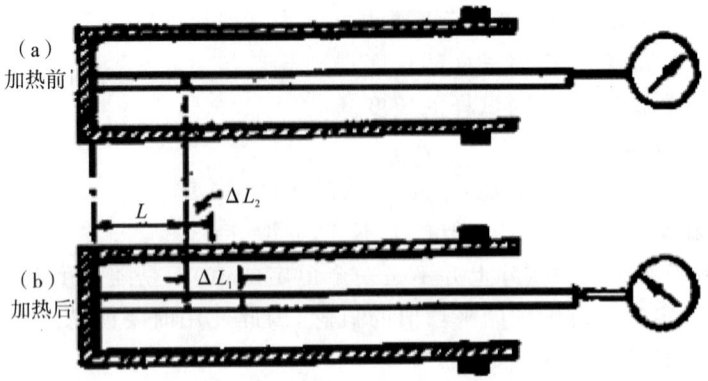

图 30-1　石英膨胀仪工作原理示意图

这样,根据实验数据在直角坐标系上作热膨胀曲线(如图30-2),就可确定试样的线膨胀系数,对于玻璃材料还可以得出其特征温度 T_g 与 T_f。

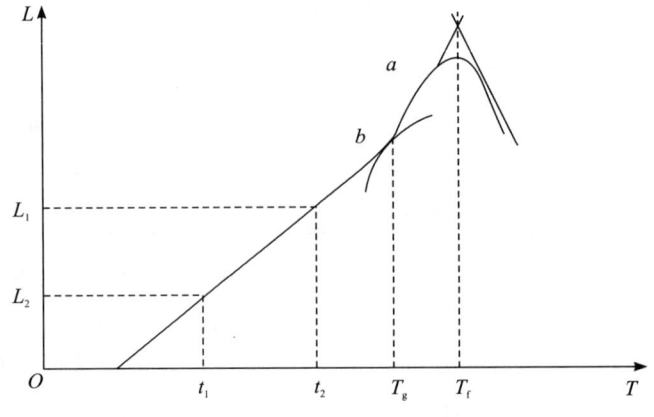

图 30-2　玻璃材料的热膨胀曲线

三、实验仪器与试剂

(1)待测试样金属、陶瓷等;

(2)小砂轮片(磨平试样端面用);

(3)卡尺(量试样长度用);

(4)秒表(计时用);

(5)石英膨胀仪(包括管式电炉、特制石英玻璃管、石英玻璃棒、千分表、热电偶、电位差计、电流表、KV·A调压器等);

(6)仪器装置如图30-3所示。

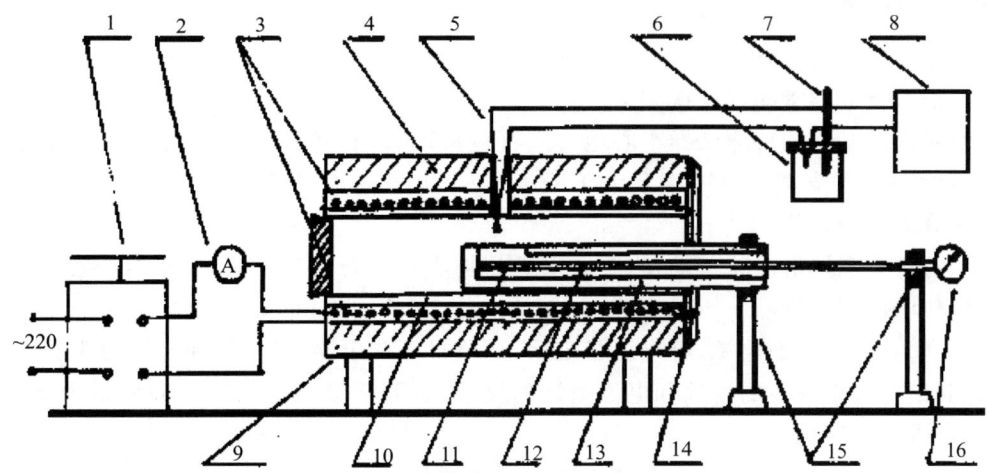

1—调压器；2—电流表；3—电热丝；4—膨胀仪电炉；5—测温热电偶；6—水瓶；7—水银温度计；
8—电位差计；9—电炉铁壳；10—钢柱电炉心；11—待测试棒；12—石英玻璃棒；
13—石英玻璃管；14—遮热板；15—铁制支承架；16—千分表。

图 30-3　示差法测定材料膨胀系数的装置

四、实验内容

(1) 测定材料在不同温度下的热膨胀系数。
(2) 绘制材料的热膨胀曲线。

五、实验步骤

(一) 试降的准备

(1) 必须先取无缺陷(对于玻璃，应当无砂子、波筋、条纹、气泡)材料，作为测定膨胀系数的试样。

(2) 试样尺寸依不同仪器的要求而定。例如，一般石英膨胀仪要求试样直径为 5~6 mm，长为(60±1)mm 的待测棒；UBD 万能膨胀仪要求试样直径为 3 mm、长为(50±1)mm；WEISS 立式膨胀仪要求试样直径为 12 mm、长为(65±1)mm。

(3) 把试棒两端磨平，用千分卡尺精确量出长度。

(二) 测试操作要点

(1) 被测试样和石英玻璃棒、千分表顶杆三者应先在炉外调整成平直相接，并保持在石英玻璃管的中轴区，以消除摩擦与偏斜影响。

(2) 试样与石英玻璃棒要紧紧接触，使试样的膨胀增量及时传递给千分表，在加热测定前要使千分表顶杆紧至指针转动 2~3 圈，确定一个初读数。

(3) 升温速度不宜过快，以控制 2~3 ℃/min 为宜，并维持整个测试过程中均匀升温。

(4) 热电偶的热端尽量靠近试样中部，但不应与试样接触。测试过程中不要触动仪器，也不要振动实验台桌。

（三）测试步骤

（1）先接好线路，再检查一遍接好的电路。

（2）把石英玻璃管固定在铁架上。

（3）先把准备好的待测试样小心地装入石英玻璃管内，然后装进石英玻璃棒，使石英玻璃棒紧贴试样，在支架的另一端装上千分表，使千分表的顶杆轻轻顶压在石英玻璃棒的末端，把千分表转到零位。

（4）将卧式电炉沿滑轨移动，将管式电炉的炉心套上石英玻璃管，使试样位于电炉中心位置（即热电偶端位置）。

（5）合上电闸，接通电源，等电压稳定后，调节自耦调压器，以每分钟 3 ℃的速度升温，每隔 2 min 记一次千分表的读数和电位差计的读数，直到千分表上的读数向后退为止。将所测数据记入表 30-3 中。

表 30-3　测试结果记录表

试样编号	试样长度 L/mm	试样温度 t/℃	千分表读数	试样伸长值 ΔL/mm	膨胀系数 α

六、实验数据处理

（1）根据原始数据绘出待测材料的线膨胀曲线。

（2）按公式计算被测材料的平均膨胀系数。

（3）对于玻璃材料，从热膨胀曲线上确定出其特征温度 T_g、T_f。

七、思考题

（1）举两例说明测试材料膨胀系数对指导生产有何实际意义。

（2）为什么要选用石英玻璃作为安装试样的托管？升温速度的快慢对膨胀系数的测试结果有无影响？为什么？

实验三十一　半导体电学参数的测量

一、实验目的

(1)学会硅片的切割和清洗方法。
(2)掌握四探针法测试电阻率和薄层电阻的原理和方法。
(3)学会如何对特殊尺寸样品的电阻率和薄层电阻测试结果进行修正。
(4)了解影响电阻率和薄层电阻测试结果的因素。
*(5)学会利用霍尔效应测试半导体材料的导电类型、载流子浓度、载流子迁移率等主要电学参数。

二、实验原理

(一)半导体材料电阻率测量原理

电阻率是半导体材料的重要电学参数之一,硅单晶、硅多晶的电阻率与半导体器件的性能有着十分密切的关系。因此,电阻率的测量是半导体材料常规参数测量项目之一。

测量电阻率的方法很多,如三探针法、电容-电压法、扩展电阻法等。而四探针法则是目前测量半导体电阻率的一种广泛采用的标准方法。它具有设备简单、操作方便、精度较高、对样品的几何形状无严格要求等优点。本实验将利用四探针法测量电阻率和薄层电阻。

在半无穷大样品上的点电流源,若样品的电阻率 ρ 均匀,引入点电流源的探针,其电流强度为 I,则所产生的电场具有球面的对称性,即等位面为一系列以点电流为中心的半球面,如图 31-1 所示。

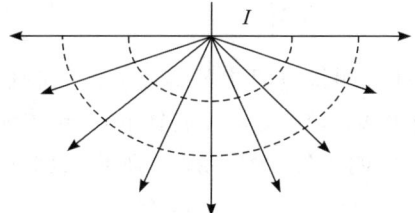

图 31-1　点电流源电场分布

在以 r 为半径的半球面上,电流密度 j 的分布是均匀的。若 E 为 r 处的电场强度,则:

$$E = j\rho = \frac{I\rho}{2\pi r^2}$$

由电场强度和电位梯度以及球面对称关系有:

$$E = -\frac{\mathrm{d}\psi}{\mathrm{d}r} \quad \mathrm{d}\psi = -E\mathrm{d}r = -\frac{I\rho}{2\pi r^2}\mathrm{d}r$$

取 r 为无穷远处的电位为零,则:

$$\int_0^{\psi(r)} d\psi = \int_\infty^r -E\,dr = \frac{-I\rho}{2\pi}\int_\infty^r \frac{dr}{r^2}$$

故

$$\psi(r) = \frac{\rho I}{2\pi r} \tag{31-1}$$

式 31-1 上式就是半无穷大均匀样品上离开点电流源距离为 r 的点的电位与探针流过的电流和样品电阻率的关系式，它代表了一个点电流源对距离 r 处的点的电势的贡献。

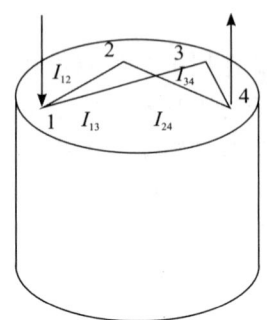

图 31-2 任意位置的四探针

对图 31-2 所示的情形，4 根探针位于样品中央，电流从探针 1 流入，从探针 4 流出，则可将 1 和 4 探针认为是点电流源，由式 31-1 式可知，2 和 3 探针的电位分别为：

$$\psi_2 = \frac{I\rho}{2\pi}\left(\frac{1}{r_{12}} - \frac{1}{r_{24}}\right) \qquad \psi_3 = \frac{I\rho}{2\pi}\left(\frac{1}{r_{13}} - \frac{1}{r_{34}}\right)$$

2、3 探针的电位差为：

$$V_{23} = \psi_2 - \psi_3 = \frac{\rho I}{2\pi}\left(\frac{1}{r_{12}} - \frac{1}{r_{24}} - \frac{1}{r_{13}} + \frac{1}{r_{34}}\right)$$

可得出样品的电阻率为：

$$\rho = \frac{2\pi V_{23}}{I}\left(\frac{1}{r_{12}} - \frac{1}{r_{24}} - \frac{1}{r_{13}} + \frac{1}{r_{34}}\right)$$

上式就是利用直流四探针法测量电阻率的普遍公式。我们只需测出流过 1、4 探针的电流 I 以及 2、3 探针间的电位差 V_{23}，代入 4 根探针的间距，就可以求出该样品的电阻率 ρ。实际测量中，最常用的是直线形四探针（如图 31-3 所示），即四根探针的针尖位于同一直线上，并且间距相等，设 $r_{12} = r_{23} = r_{34} = S$，则有：$\rho = \dfrac{V_{23}}{I}2\pi S$

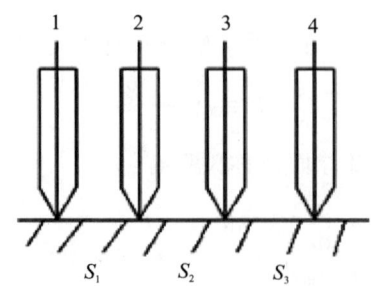

图 31-3 直线形四探针法测量原理图

需要指出的是：这一公式是在半无限大样品的基础上导出的，实际应用中必须满足样品厚度及边缘与探针之间的最近距离大于4倍探针间距，这样才能使该式具有足够的精确度。

如果被测样品不是半无穷大，而是厚度、横向尺寸一定，进一步的分析表明，在四探针法中只要对公式引入适当的修正系数 B_0 即可，此时：

$$\rho = \frac{V_{23}}{IB_0} 2\pi S \tag{31-2}$$

另一种情况是极薄样品。极薄样品是指样品厚度 d 比探针间距小很多，而横向尺寸无穷大的样品，这时从探针1流入和从探针4流出的电流，其等位面近似为圆柱面高 d。

任一等位面的半径设为 r，类似于上面对半无穷大样品的推导，很容易得出当 $r_{12}=r_{23}=r_{34}=S$ 时，极薄样品的电阻率为：

$$\rho = \left(\frac{\pi}{\ln 2}\right) d \frac{V_{23}}{I} = 4.532\,4\, d\, \frac{V_{23}}{I}$$

此式说明，对于极薄样品，在等间距探针情况下，探针间距和测量结果无关，电阻率和被测样品的厚度 d 成正比。

当片状样品不满足极薄样品条件时，仍需按式 31-2 计算电阻率 ρ。

(二) 扩散层薄层电阻的测量

半导体工艺中普遍采用四探针法测量扩散层的薄层电阻，由于反向 pn 结的隔离作用，扩散层下的衬底可视为绝缘层，对于扩散层厚度（即结深 X_j）远小于探针间距 S 而横向尺寸无限大的样品，薄层电阻率为：

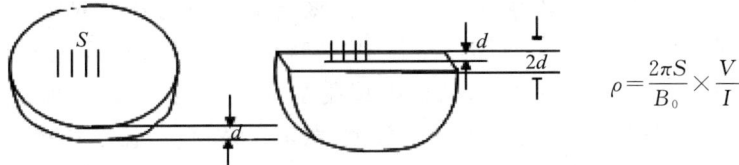

$$\rho = \frac{2\pi S}{B_0} \times \frac{V}{I}$$

图 31-4 极薄样品，等间距探针情况

实际工作中，我们直接测量扩散层的薄层电阻（又称"方块电阻"），薄层电阻就是表面为正方形的半导体薄层在电流方向所呈现的电阻，见图 31-4。

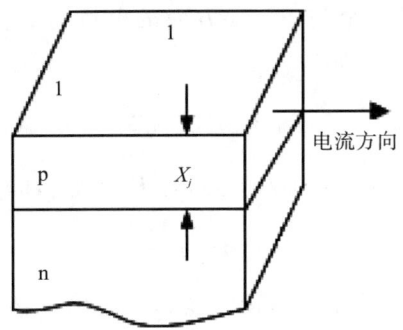

图 31-5 薄层电阻示意

所以：

$$R_S = \rho \frac{l}{l \cdot X_j} = \frac{\rho}{X_j}$$

因此有：

$$R_S = \frac{\rho}{X_J} = 4.5324 \frac{V_{23}}{I}$$

实际的扩散片尺寸一般不大，并且有单面扩散与双面扩散之分，因此需要进行修正，修正后的公式为：

$$R_S = B_0 \frac{V_{23}}{I}$$

本实验可根据以下公式计算薄硅片（厚度不大于 4 mm）的电阻率和薄层电阻：

$$\rho = \frac{V_{23}}{I} \times F(D/S) \times F(W/S) \times W \times F_{SP} \tag{31-3}$$

$$R_\Box = \frac{V_{23}}{I} \times F(D/S) \times F(W/S) \times F_{SP} \tag{31-4}$$

式中，D 为样品直径，单位可为 cm 或 mm（注意与探针间距 S 单位一致）；S 为探针间距，单位可为 cm 或 mm，本实验采用的测试仪 $S=1$ mm；W 为样品厚度，单位可为 cm 或 mm（注意与探针间距 S 单位一致）；F_{SP} 为探针间距修正系数（探头合格证书上的 F 值）；$F(D/S)$ 为样品直径修正因子；$F(W/S)$ 为样品厚度修正因子。

（三）霍尔效应

从本质上讲，霍尔效应是运动的带电粒子在磁场中受洛伦兹力的作用而引起的偏转。当带电粒子（电子或空穴）被约束在固体材料中，这种偏转就导致在垂直于电流和磁场的方向上产生正-负电荷在不同侧的聚积，从而形成附加的横向电场，这个现象叫作霍尔效应。应用霍尔效应，可以测试半导体材料的导电类型、载流子浓度、载流子迁移率。

如图 31-4 所示，把一块半导体薄片放在垂直于它的磁感应强度为 B 的磁场中（B 的方向沿 Z 轴方向），若沿 X 方向通以电流 I_S，薄片内定向移动的载流子受到的洛伦兹力 $F_B = qvB$，其中 q、v 分别是载流子的电量和漂移速度。载流子受力偏转的结果使电荷在 AA' 两侧积聚而形成电场，电场的取向取决于试样的导电类型。设载流子为电子，则 F_B 沿着 Y 轴负方向，这个电场又给载流子一个与 F_B 反方向的电场力 F_E。设 E_H 为电场强度，V_H 为 A、A' 间的电位差，b 为薄片宽度，则

$$F_E = qE_H = q\frac{V_H}{b} \tag{31-5}$$

达到恒稳状态时，电场力和洛伦兹力平衡，有 $F_B = F_E$，即

$$qvB = q\frac{V_H}{b} \tag{31-6}$$

设载流子浓度用 n 表示，薄片的厚度用 d 表示，因电流强度 I_S 与 v 的关系为 $I_S = bdnqv$，或 $v = \frac{I_S}{bdnq}$，故得

$$V_H = \frac{1}{nq}\frac{I_S B}{d} \tag{31-7}$$

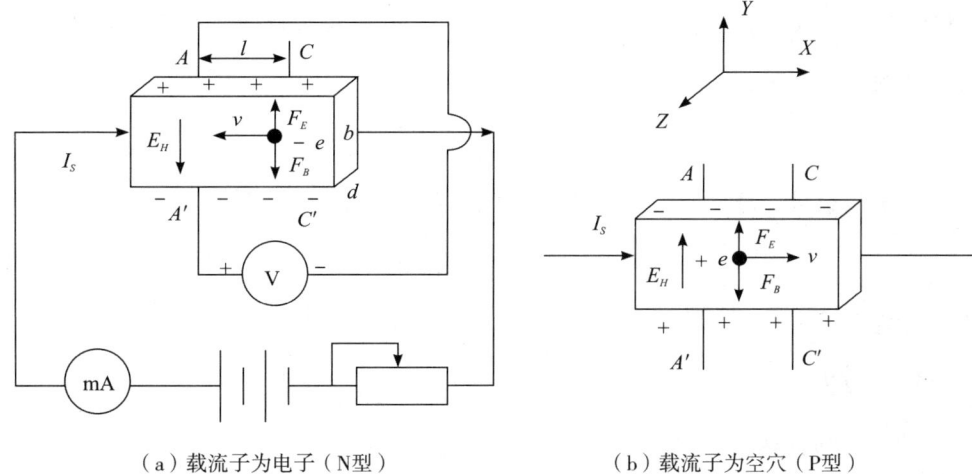

（a）载流子为电子（N型）　　　　　　（b）载流子为空穴（P型）

图 31-6　霍尔效应原理图

令 $R_H = \dfrac{1}{nq}$，则式 31-7 可写成

$$V_H = R_H \dfrac{I_S B}{d} \tag{31-8}$$

V_H 称为霍尔电压，I_S 称为控制电流。比例系数 R_H 称为霍尔系数，是反映材料霍尔效应强弱的重要参数。由式 31-8 可知，霍尔电压 V_H 与 I_S、B 的乘积成正比，与样品的厚度 d 成反比。

（四）霍尔效应在研究半导体性能中的应用

(1) 霍尔系数 R_H 的测量

由式 31-8 可知，只要测得 I_S、B 和相应的 V_H 以及霍尔片的厚度 d，霍尔系数 R_H 可以按 $R_H = \dfrac{V_H d}{I_S B}$ 求得。根据霍尔系数 R_H，可进一步确定以下参数。

(2) 根据 R_H 的符号判断样品的导电类型

半导体材料有 n 型（电子型）和 p 型（空穴型）两种：前者的载流子为电子，带负电；后者载流子为空穴，相当于带正电的粒子。判别的方法是按图 31-4 所示的 I_S 和 B 的方向，若 $V_H = V_{A'} - V_A > 0$，即 $V_{A'} > V_A$，则 $R_H > 0$，样品属 p 型（空穴型）半导体材料；反之，样品属 n 型（电子型）半导体材料。

(3) 由 R_H 确定样品的载流子浓度 n

式 31-7 式是假定所有的载流子都具有相同的漂移速度得到的。如果考虑载流子速度的统计分布规律，这个关系式需引入一个 $\dfrac{3\pi}{8}$ 的修正因子。可得：

$$n = \dfrac{8}{3\pi} \dfrac{1}{|R_H| q} \tag{31-9}$$

根据测得的霍尔系数 R_H，由式 31-9 式可确定样品的载流子浓度 n。

(4) 结合电导率的测量，计算载流子的迁移率

厚度为 d、宽度为 b 的样品通过电流为 I_S 时，测得长度为 L 的一段样品材料上的电压

为 V_0，对应的电阻 $R=\dfrac{V_0}{I_s}$。由于电导率 σ 与电阻率 ρ（单位长度上的电阻）互为倒数，所以可求出样品的电导率为：

$$\sigma=\frac{1}{\rho}=\frac{L}{bdR}=\frac{I_sL}{V_0bd} \tag{31-10}$$

电导率 σ 与载流子浓度 n 及迁移率 μ 之间有如下关系：

$$\mu=\frac{\sigma}{nq}=|R_H|\sigma \tag{31-11}$$

式中 q 为电子电量。

三、实验仪器

(1) RTS-8 型四探针测试仪一台；
(2) 游标卡尺、千分尺各一把；
(3) 圆形、方形硅基片各一片；
*(4) CH-30 永磁体霍尔效应测试系统。

四、实验步骤

(一) 硅片的切割

用金刚刀切割面积为 1.5 cm×1.5 cm 的硅片一片。
注：由于硅片很脆，所以在切割过程中力度不能太大，防止硅片碎掉。

(二) 硅片的清洗

(1) 在切割硅片完毕后，依次使用丙酮和乙醇清洗硅片，各自超声 15 min 以除去表面的有机物。

(2) 配制($NH_3 \cdot H_2O$、H_2O_2、H_2O 质量比为 1∶1∶5 的半导体 1 号溶液，其中 $NH_3 \cdot H_2O$ 的浓度为 25%～28%，H_2O_2 的浓度为 36%～38%。然后在 30～80 ℃下对硅片超声 15 min 以除去表面的颗粒。

(3) 配制 HCl、H_2O_2、H_2O 质量比为 1∶1∶6 的半导体 2 号溶液，其中 HCl 的浓度为 36%～38%，H_2O_2 的浓度为 36%～38%。然后在 65～85 ℃下对硅片超声 15 min 以除去表面的 Al、Fe、Na 等金属杂质。

(4) 配制 HF、H_2O 质量比为 1∶39 的 1%HF 稀释液，其中 HF 的浓度为 40%，具有强腐蚀性，使用时需要特别小心。然后在 20～25 ℃下对硅片超声 4 min 以除去硅片表面的自然氧化层。

注：① 丙酮有毒，H_2O_2 有强氧化性，浓 HCl 易挥发、HF 有强腐蚀性，因此在配制上述的溶液过程中，要戴防毒面和具有耐强酸强碱的手套，并需要有老师在旁边指导。

② 每步结束后，都要用大量的去离子水漂洗。

(三) 测试前准备

(1) 按后面板说明用连线电缆将四探针探头与主机连接好，接上电源。
(2) 开启主机电源开关，此时 $R_\square$ 和 I 指示灯亮，预热约 10 min。

（四）测试

1. 圆形硅片的电阻率和薄层电阻的测量

（1）用游标卡尺测量硅片的直径 D，一共测量 3 次，然后计算其平均值 $\overline{D}$。注意：每次测量完，绕硅片中心旋转 30°，再进行下一次测量。

（2）用千分尺分别测量硅片中心、半径中点、距离样品边缘 6 mm 处的厚度 W_1、W_2、W_3，每处分别测量 3 次，然后计算其平均值 $\overline{W_1}$、$\overline{W_2}$、$\overline{W_3}$。注意：每次测量完，绕硅片中心旋转 90°，再进行下一次测量。

（3）根据上述步骤 1、2 的测量数据，查四探针测试仪说明书附表分别得到 $F(D/S)$、$F(W/S)$。对于电阻率和薄层电阻的测量，分别按以下式 31-12、式 31-13 计算测试电流 I_1、I_2。

$$I_1 = F(D/S) \times F(W/S) \times W \times F_{SP} \tag{31-12}$$

$$I_2 = F(D/S) \times F(W/S) \times F_{SP} \tag{31-13}$$

（4）估计所测样品薄层电阻和电阻率范围，按说明书上表 5.1、表 5.2 选择合适的电流量程对样品进行测量，按下 $K_1(1\ \mu A)$、$K_2(10\ \mu A)$、$K_3(100\ \mu A)$、$K_4(1\ mA)$、$K_5(10\ mA)$、$K_6(100\ mA)$ 中相应的键选择量程（如无法估计样品薄层电阻或电阻率的范围，则可先以"10 μA"量程进行测量，再以该测量值作为估计值选择电流量程得到精确的测量结果）。

（5）分别测量硅片中心、半径中点、距离样品边缘 6 mm 处的电阻率和薄层电阻，正向和反向分别测量，每处分别测量 3 次，然后计算其平均值。注意：每次测量完，绕硅片中心旋转 90°，再进行下一次测量。

探针台上放置样品，压下探针，使样品接通电流，主机此时显示电流数值。根据步骤 4 计算出的测试电流值，调节电位器 W_1 和 W_2 得到所需的测试电流值，则数据显示屏上的数据就是所需的测量值。

2. 方形硅片的电阻率和薄层电阻的测量

采用上述相似的方法测量方形硅片的电阻率和薄层电阻。

*3. 方形硅片的导电类型、载流子浓度、载流子迁移率等主要电学参数的测量

（1）开启 CH-30 永磁体霍尔效应测试系统，将被测样品置于样品操作板的方形区域内，将 4 根铜针分别对准 4 个测试点，并拧紧相应铜片的螺母固定。

（2）根据四探针法测试得到的方形硅片的电阻率值，设置合适的控制电流、磁场（本系统固定磁场强度为 480 mT）、方形硅片的厚度，点击"开始测试"，软件将完成一键测试过程，直至计算出所有的霍尔参数。每次测试完后，可选择保存该计算结果值，然后点击"清除显示"按钮，以进入下一次测试。

五、实验注意事项

（1）压探针时，用力不要过大，以免损坏探针。

（2）在硅片上做标记的时候，一定要放在平整的桌面上进行，以免划破硅片。

（3）使用游标卡尺、千分尺测量硅片直径和厚度时，用力要适中，以免损坏硅片，并且注意有效数字。

六、实验数据处理

（1）详细记录每次测量的圆形硅片的直径 D，并计算其平均值 $\overline{D}$。

（2）详细记录每次测量的圆形硅片中心、半径中点、距离样品边缘 6 mm 处的厚度 W_1、W_2、W_3，并计算其平均值 $\overline{W_1}$、$\overline{W_2}$、$\overline{W_3}$。

（3）利用四探针测试仪说明书附表查 $F(D/S)$、$F(W/S)$ 的值，并根据公式

$$\rho = \frac{V_{23}}{I} \times F(D/S) \times F(W/S) \times W \times F_{SP}$$

$$R_\Box = \frac{V_{23}}{I} \times F(D/S) \times F(W/S) \times F_{SP}$$

计算圆形硅片电阻率和薄层电阻的值。

（4）采用上述相似的方法计算方形硅片的电阻率和薄层电阻。

（5）详细记录霍尔效应测试系统测量的方形硅片的电阻率、载流子浓度、载流子迁移率等数值。

七、思考题

（1）分析测量电阻率中误差的来源，指出公式 $\rho = \frac{V_{23}}{I} 2\pi S$ 和 $\rho = \frac{V_{23}}{IB_0} 2\pi S$ 的区别，应用的条件各是什么。

（2）为什么要用四探针测量？如果只用两根探针既做电流探针又做电压探针，这样是否能够对样品进行较为准确的测量？为什么？

六　流体力学综合实验

实验三十二　流动阻力测量实验

一、局部水头损失实验

（一）实验目的和要求

（1）学习掌握三点法、四点法测量局部阻力因子的技能，并比较突扩管的实测值与理论值、突缩管的实测值与经验值；

（2）通过阀门局部阻力因素测量的设计性实验，学习两点法测量局部阻力因子的方法；

（二）实验装置流程

实验装置及各部分名称如图 32-1 所示，实验管道由圆管突缩、突扩等管段组成，各管段直径已知。在实验管道上共设有 6 个测压点，测压点 1～3 用于测量突扩局部阻力因素，3～6 用于测量突缩局部阻力因素。其中 1 为突扩的起始界面处，引用公认实验结论"突扩环状面积上的动水压强近似按静水压强规律分布"，认为该测点可用于测量小管出口端中心处压强值。气阀 8 用于实验开始时排出管中滞留气体。

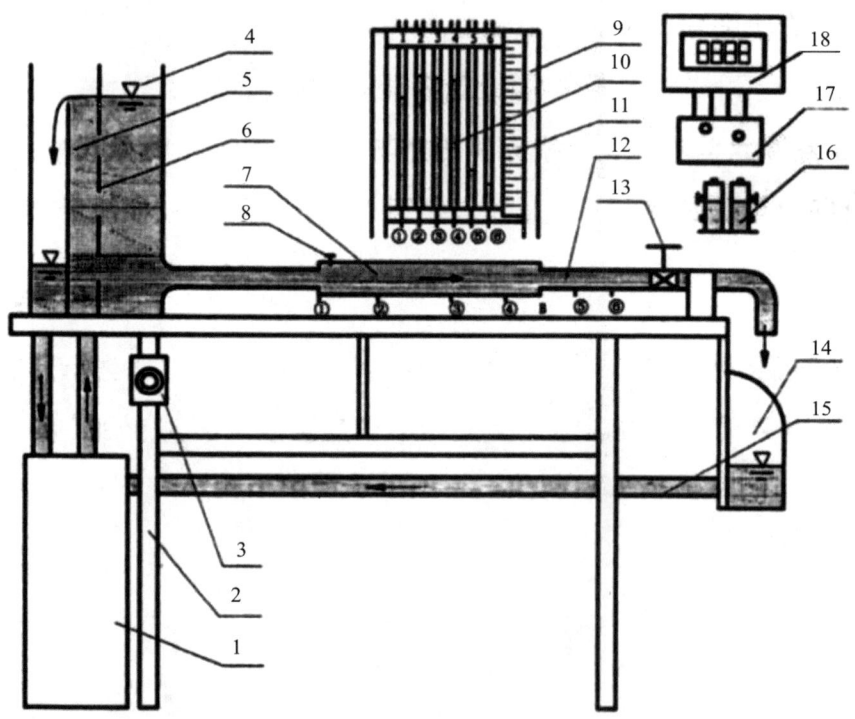

1—自循环供水器；2—实验台；3—可控硅无级调速器；4—恒压水箱；5—溢流板；6—稳水孔板；7—圆管突然扩大；8—气阀；9—测压计；10—测压管；11—滑动测量尺；12—圆管突缩；13—实验流量调节阀；14—回流接水斗；15—下回水管；16—稳压筒；17—传感器；18—智能化数显流量仪。

图 32-1　局部阻力系数实验装置图

(三) 实验原理

流体在流动的局部区域,如流体流经管道的突扩、突缩和闸门等处(图 32-2),由于固体边界的几何改变而引起速度分布的变化,甚至使主流脱离边界,形成漩涡区,从而产生的阻力称为局部阻力。由局部阻力做功引起的水头损失称为局部水头损失,用 h_j 表示。局部水头损失是在一段流程上,甚至相当长一段流程上完成的,如图 32-2,断面 1 至断面 2 这段流程上的总水头损失包含局部水头损失和沿程水头损失。若用 $h_i(i=1,2,\cdots)$ 表示第 i 断面的测压管水头,即有

$$h_w = h_j + h_{f1-2} = \left(h_1 + \frac{av_1^2}{2g}\right) - \left(h_2 + \frac{av_2^2}{2g}\right)$$

局部阻力因子 ζ 为:

$$\zeta = \frac{h_j}{v^2/2g}$$

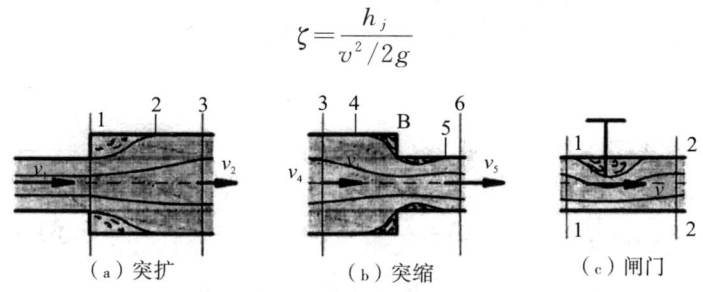

(a) 突扩　　(b) 突缩　　(c) 闸门

图 32-2　局部水头损失

1. 圆管突然扩大段

本实验采用三点法测量。三点法是在突然扩大管段上布设 3 个测点,如图 32-1 测点 1、2、3 所示。流段 1 至 2 为突然扩大局部水头损失发生段,流段 2 至 3 为均匀流流段,本实验仪测点 1、2 间距为测点 2、3 的一半,h_{f1-2} 按沿程长度比例换算得出。

$$h_{f1-2} = h_{f2-3}/2 = \Delta h_{2-3}/2 = (h_2 - h_3)/2$$

$$h_j = \left(h_1 + \frac{av_1^2}{2g}\right) - \left(h_2 + \frac{av_2^2}{2g} + \frac{h_2 - h_3}{2}\right) = E_1' - E_2'$$

式中,h_i 为测压管水头值,当基准面选择在标尺零点时即为第 i 断面测压管液位的标尺读数;E_1'、E_2' 分别表示式中前、后括号项。

因此只要测得 3 个测压点的测压管水头值 h_1、h_2、h_3 及流量即可得突扩段局部阻力水头损失。

若圆管突然扩大段的局部阻力因子用上游流速 v_1 表示,则

$$\zeta = \frac{h_j}{av_1^2/2g}$$

对应上游流速 v_1 的圆管突然扩大段理论公式为

$$\zeta = \left(1 - \frac{A_1}{A_2}\right)^2$$

2. 圆管突然缩小段

本实验采用四点法测量。四点法是在突然缩小管段上布设 4 个测点,如图 32-2 测点 3、4、5、6 所示。图中 B 点为突缩断面处。流段 4 至 5 为突然缩小局部水头损失发生段,流段

3 至 4、5 至 6 为均匀流。流段 4 至 B 间的沿程水头损失按流程长度比例由测点 3、4 测得，流段 B 至 5 的沿程水头损失按流程长度比例由测点 5、6 测得。本实验仪 $l_{3-4}=2l_{4-B}$，$l_{B-5}=l_{5-6}$，有 $h_{f4-B}=h_{f3-4}/2=\Delta h_{3-4}/2$，$h_{fB-5}=h_{f5-6}=\Delta h_{5-6}$。则：

$$h_{f4-5}=\Delta h_{3-4}/2+\Delta h_{5-6}=(h_3-h_4)/2+h_5-h_6$$

$$h_j=\left(h_4+\frac{av_4^2}{2g}-\frac{h_3-h_4}{2}\right)-\left(h_5+\frac{av_5^2}{2g}+h_5-h_6\right)$$

因此只要测得 4 个测压点的测压管水头值 h_3、h_4、h_5、h_6 及流量即可得突缩段局部阻力水头损失。

若圆管突然缩小段的局部阻力因子用下游流速 v_5 表示，则

$$\zeta=\frac{h_j}{av_5^2/2g}$$

对应上游流速 v_4 的圆管突然扩大段理论公式为

$$\zeta=0.5\left(1-\frac{A_5}{A_4}\right)$$

（四）实验内容

(1) 测量突然扩大局部水头损失与突然缩小局部水头损失，并测定相应的局部水头损失因子。

(2) 参照实验基本操作方法，在恒定流量条件下改变流量 2~3 次，其中一次为最大流量，待流量稳定后，测量和记录各测压管液面读数，同时测记实验流量。

（五）实验步骤

(1) 排气。启动水泵待恒压水箱溢流后，关闭实验流量调节阀 13，打开气阀 8 排出管中滞留气体。排气后关闭气阀 8，并检查测压管各管的液面是否齐平，若不平，重复排气操作，直至齐平，智能化数显流量仪调零。

(2) 测压管水头用测压计测量，基准面可旋转至滑动测量尺零点上。

(3) 流量测量。实验流量用阀 13 调节，记录智能化数显流量仪的流量值。

（六）实验数据处理

实验装置台号 No._____

实验者：_____   实验日期：_____

实验管段直径：$d_1=D_1=1.08$ cm $d_2=d_3=d_4=D_2=2.0$ cm $d_5=d_6=D_3=1.13$ cm

实验段长度：$l_{1-2}=12$ cm $l_{2-3}=24$ cm $l_{3-4}=12$ cm $l_{4-B}=6$ cm $l_{B-5}=6$ cm

$l_{5-6}=6$ cm

表 32-1 局部水头损失实验记录表

次数	流量 $q_V/(\text{cm}^3 \cdot \text{s}^{-1})$	测压管读数/cm					
		h_1	h_2	h_3	h_4	h_5	h_6
1							
2							
3							
4							
5							
6							

表 32-2 局部水头损失实验记录表

次数	阻力形式	流量 $q_V/(\text{cm}^3 \cdot \text{s}^{-1})$	前断面 $\dfrac{av^2}{2g}$/cm	前断面 E_1'/cm	后断面 $\dfrac{av^2}{2g}$/cm	后断面 E_2'/cm	$H_j/10^{-2}$ m	ζ	理论值经验值 ζ
1	突然扩大								
2									
3									
4	突然缩小								
5									
6									

注：ζ 对应于突扩段的 v_1 或突缩短的 v_5。

(七) 思考题

(1) 管径粗细相同、流量相同条件下，d_1/d_2 ($d_1 < d_2$) 在什么范围内圆管突然扩大的水头损失比突然缩小的大？

(2) 分析局部阻力损失机理。产生突扩与突缩局部水头损失的主要部位在哪里？怎样减小局部水头损失？

二、沿程水头损失实验

(一) 实验目的和要求

(1) 学会测定管道沿程水头损失因子 λ 和管壁粗糙度 Δ 的方法。

(2) 分析圆管恒定流动的水头损失规律、λ 随雷诺数 Re 变化的规律，验证沿程水头损失 h_f 与平均流速 v 的关系。

(二) 实验装置流程

(1) 水泵与稳压器。自循环高压恒定全自动供水器由水泵、压力自动限制开关、气-水压力罐式稳压器等组成。压力超高时能自动停机，过低时能自动开机。为避免因水泵向实验管道供水而造成的压力波动等影响，水泵的供水先进入稳压器的压力罐，经稳压后再送向实验管道。

(2) 旁通管与旁通阀。由于供水泵设有压力自动限制开关，在供小流量时因压力过高，水泵可能出现断续关闭现象，为此设有旁通管和旁通阀 13，在小流量实验时，通过旁通管分流可使水泵持续稳定运行。

(3) 阀 11 用于调节层流实验流量；阀 12 用于检修，实验时始终全开；阀 13 层流时用于分流(全开)，湍流时用于调节实验流量。

(4) 实验管道 7 为不锈钢管，其测压断面上沿十字形方向设有 4 个测压孔，经过均压环与测点管嘴相连通。

(5) 本实验仪配有压差计 4(倒 U 型气-水压差计)和压差仪 8。压差计测量范围为 0～0.3 mH$_2$O，压差仪测量范围为 0～10 mH$_2$O。压差计 4 与压差仪 8 所测得的压差值均可等

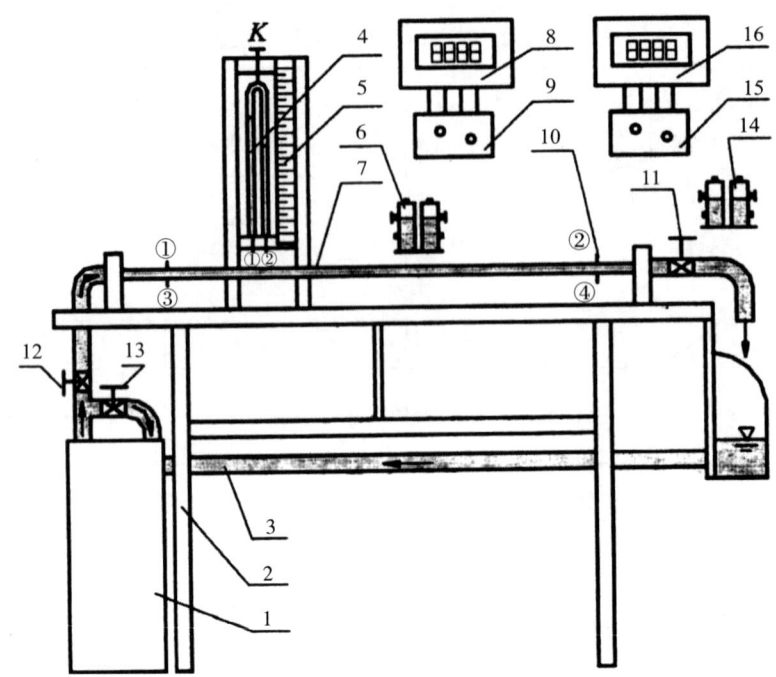

1—自循环高压恒定全自动供水器;2—实验台;3—回水管;4—压差计;5—滑动测量尺;
6—稳压筒;7—实验管道;8—压差数显仪;9—压差传感器;10—测压点;11—实验流量调节阀;
12—供水管及供水阀;13—旁通管及旁通阀;14—稳压筒;15—流量传感器;16—智能流量数显仪。

图 32-3 沿程水头损失实验装置图

值转换为两测点的测压管水头差,单位以 m 表示。在测压点与压差计之间的连接软管上设有管夹,除湍流实验时管夹关闭外,其他操作时管夹均处于打开状态。

(三)实验原理

(1)对于通过直径不变的圆管的恒定水流,沿程水头损失由达西公式表示为:

$$h_f = \lambda \frac{l}{d} \frac{v^2}{2g}$$

式中:λ 为沿程水头损失因子,l 为上、下游测量断面之间的管段长度,d 为管道直径,v 为断面平均流速。

若在实验中测得沿程水头损失 h_f 和断面平均流速,则可直接得沿程水头损失因子:

$$\lambda = \frac{2gdh_f}{l}\frac{1}{v^2} = \frac{2gdh_f}{l}\left(\frac{\pi}{4}d^2/q_v\right)^2 = k\frac{h_f}{q_v^2}$$

其中:

$$k = \pi^2 g d^5 / 8l$$

由伯努利方程可得:

$$h_f = \left(z_1 + \frac{p_1}{\rho g}\right) - \left(z_2 + \frac{p_2}{\rho g}\right) = \Delta h$$

沿程水头损失 h_f 即为两测点的测压管水头差 Δh,可用压差计或电测仪测得。

圆管层流运动

$$\lambda = \frac{64}{Re}$$

(2)管壁平均当量粗糙度在流动处于湍流过渡区或阻力平方区时测量,可由巴尔公式确定:

$$\frac{1}{\sqrt{\lambda}} = -2lg\left[\frac{\Delta}{3.7d} + 4.1365\left(\frac{vd}{q_v}\right)^{0.89}\right]$$

即

$$\Delta = 3.7d \times \left[10^{-\frac{1}{2\sqrt{\lambda}}} - 4.1365\left(\frac{vd}{q_v}\right)^{0.89}\right]$$

(四)实验内容

(1)沿程水头损失因素测量与分析实验。

(2)参照实验基本操作方法,分别在层流和湍流两种流态下测量流量、水温、压差各4~6次。实验数据参考表32-3、表32-4处理。

(五)实验步骤

1. 层流实验

层流实验压差由压差计测量,流量用量体积法。

(1)量体积法是在某一固定的时间段内,计量流过水流的体积,进而得出单位时间内流过的流体量,是依据流量定义的测量方法。

(2)压差连接管排气与压差计补气。启动水泵,全开阀11,间歇性开关旁通阀13数次,待水从压差计顶部流过即可。若测压管内水柱过高需补气,全开阀门11、13,打开压差计4顶部气阀K,自动充气使压差计中的右管液位降至底部(必要时可短暂关闭阀12),立即拧紧气阀K即可。排气后,全关阀11,测压计压差应为零。

(3)实验时始终全开阀13,用阀11调节流量。层流范围的压差值仅为2~3 cm,水温越高,差值越小,由于水泵发热,水温持续升高,应先进行层流实验。用压差计测量,流量调节后须等待几分钟,稳定后再测量。

2. 湍流实验

湍流实验时,用管夹关闭压差计连通管,压差由数显压差仪测量,流量用智能化数显流量仪测量。

(1)调零。启动水泵,全开阀11,间歇性开关旁通阀13数次,以排出连通管中的气泡。然后,在关闭阀11的情况下,管道中充满水但流速为零,此时,压差仪和流量仪读值都为零,若不为零,则可旋转电测仪面板上的调零电位器,使读值为零。

(2)流量调节方法:全开实验流量调节阀11,调节旁通阀13来调节流量。

(3)流量用智能化数显流量仪测量。

无论层流还是湍流实验,每次实验均需测量和记录水温。

(六)实验数据处理

记录实验常数并进行计算。

实验装置台号 No.＿＿＿＿＿＿＿

实验者:＿＿＿＿＿＿＿＿＿＿   实验日期:＿＿＿＿＿＿＿＿＿＿

圆管直径：$d=0.675$ cm

测量段长度：$l=85$ cm

表 32-3　沿程水头损失实验记录表

次数	体积 V/cm^3	时间 t/s	流量 $q_V/(\mathrm{cm}^3 \cdot \mathrm{s}^{-1})$	水温 $T/℃$	压差计、电测仪读数/cm	
					h_1	h_2
1						
2						
3						
4						
5						
6	—	—				
7	—	—				
8	—	—				
9	—	—				
10	—	—				
11	—	—				

表 32-4　沿程水损失实验计算表

次数	流速 $v/(\mathrm{cm}\cdot\mathrm{s}^{-1})$	黏度 $v/(\mathrm{cm}^2\cdot\mathrm{s}^{-1})$	雷诺数 Re	沿程损失 h_f/cm	沿程损失因子 λ	$\lambda=64/Re$（$Re<2300$）
1						
2						
3						
4						
5						
6						
7						
8						
9						
10						
11						

(七)思考题

为什么压差计的水柱差就是沿程水头损失？实验管道倾斜安装是否影响实验结果？

实验三十三　流量测量实验：文丘里实验

一、实验目的

(1) 了解文丘里流量计的工作原理,掌握文丘里流量计的水力特性。
(2) 观察文丘里管压力水头、速度水头的沿程变化,加深对伯努利方程的理解。
(3) 测定文丘里管流量系数,掌握应用文丘里流量计量测管道流量和气-水多管压差计量测压差的技术。

二、实验原理

文丘里流量计实验装置如图 33-1 所示。

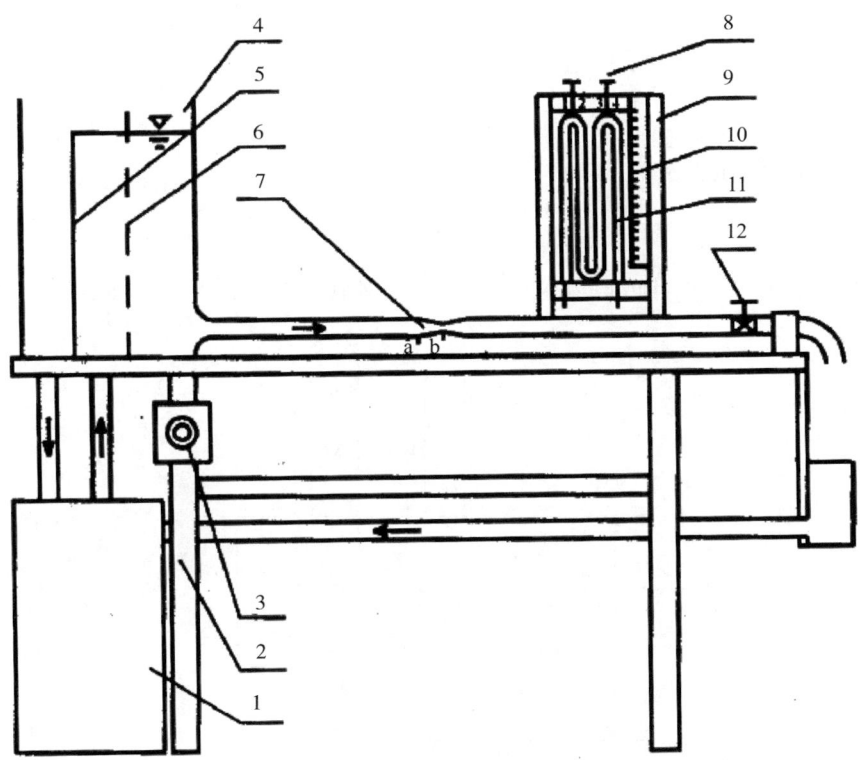

1—自循环供水器；2—实验台；3—可控硅无级调速器；4—恒压水箱；5—溢流板；6—稳水孔板；
7—文丘里管；8—测压计气阀（F_1、F_2）；9—测压计；10—滑尺；11—多管压差计；12—实验流量调节阀。

图 33-1　文丘里流量计实验装置图

流体流经文丘里管时,根据连续性方程和伯努利方程有：

$$vA = Q (常数)$$

$$z + \frac{p}{\gamma} + \frac{v^2}{2g} = H (常数)$$

因而得不计阻力作用时的文丘里管过水能力关系式(a、b断面):

$$Q=\frac{\frac{1}{4}\pi d_2^2}{\sqrt{1-\left(\frac{d_2}{d_1}\right)^4}}\sqrt{2g\left[\left(z_1+\frac{p_1}{\gamma}\right)-\left(z_2+\frac{p_2}{\gamma}\right)\right]}=K\sqrt{\Delta h}$$

由于阻力的存在,实际通过的流量 Q' 恒小于 Q。引入一无量纲系数 $\mu=Q'/Q$(μ 称为流量系数),对计算所得的流量值进行修正。

$$Q'=\mu Q=\mu K\sqrt{\Delta h}$$

从而有:

$$\mu=\frac{Q'}{K\sqrt{\Delta h}}$$

在实验中,测得流量 Q' 和测压管水头差 Δh,即可求得流量系数 μ。μ 一般在 0.92～0.99 之间。

上式中,K 为仪器常数,

$$K=\frac{\frac{1}{4}\pi d_2^2}{\sqrt{1-\left(\frac{d_2}{d_1}\right)^4}}\sqrt{2g}$$

Δh 为两断面测压管水头差

$$\Delta h=\left(z_1+\frac{p_1}{\gamma}\right)-\left(z_2+\frac{p_2}{\gamma}\right)$$

Δh 用气-水多管压差计或电测仪测得。气-水多管压差计测量原理如图 33-2 所示。

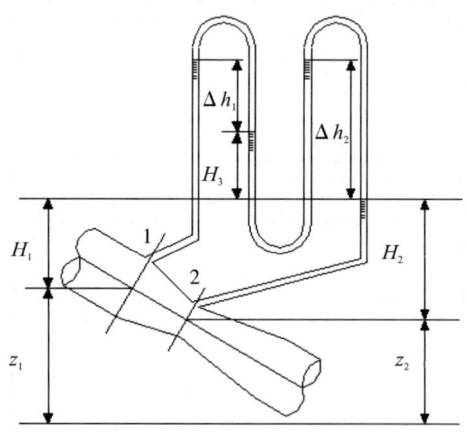

图 33-2　气-水多管压差计原理图

根据流体静力学方程

$$\frac{p_1}{\gamma}-H_1-H_3-\Delta h_1+H_3-\Delta h_2+H_2=\frac{p_2}{\gamma}$$

得

$$\frac{p_1}{\gamma}=\frac{p_2}{\gamma}+H_1+\Delta h_1+\Delta h_2-H_2$$

则

$$\left(z_1+\frac{p_1}{\gamma}\right)-\left(z_2+\frac{p_2}{\gamma}\right)=z_1+\left(\frac{p_2}{\gamma}+H_1+\Delta h_1+\Delta h_2-H_2\right)-\left(z_2+\frac{p_2}{\gamma}\right)$$
$$=(z_1+H_1)-(z_2+H_2)+\Delta h_1+\Delta h_2$$

由图可知：

$$\Delta h=(h_1-h_2)+(h_3-h_4)$$

式中，h_1、h_2、h_3、h_4 分别为各测压管的液面读数。

三、实验步骤

(1) 测量和记录各有关常数。

(2) 打开测压架上部排气阀 F_1、F_2，往测压管 2、3 内注水至刻度值 24.5 cm 左右，关闭（拧紧）排气阀 F_1、F_2。

(3) 开启水泵电源，给恒压水箱供水。

(4) 排气。待溢流之后，对实验系统进行排气，方法为：连续开关实验流量调节阀 12 数次，排尽实验管道内气体；观测传感器一端连接管内是否有气泡，若有，关闭实验流量调节阀 12，打开电测仪端排气阀，待连续出水，管道内无气泡即可。排气完毕，关闭实验流量调节阀 12。

(5) 测压架调平及电测仪调零。在恒压水箱内水位恒定（溢流）、关闭实验流量调节阀 12 的状态下，打开测压架上部排气阀 F_1、F_2，观测测管 h_1、h_4 读数是否相等（允许有 1 mm 误差），不平需调平，待调平之后，关闭（拧紧）排气阀 F_1、F_2，同时对电测仪进行调零。

(6) 调节各测管水柱高度。在恒压水箱内水位恒定（溢流）状态下，全开实验流量调节阀 12，此时测压架内测压管 1、3 水位上升，2、4 水位下降。若 h_1 比 h_3 高，适当开启测压架上部排气阀 F_1，待 $h_1 \approx h_3$，迅速拧紧排气阀 F_1，反之则重复步骤 5；若 h_4 比 h_2 高，适当开启测压架上部排气阀 F_2，待 $h_2 \approx h_4$，迅速拧紧排气阀 F_2，反之则重复步骤 5；若在实验流量调节阀 12 全开状态下，测压管 1、3 水位过高，或者测压管 2、4 水位过低，导致读数不在滑尺读数范围之内，可适当关小实验流量调节阀 12，保证测压管 1、2、3、4 读数都在滑尺读数范围之内。

(7) 实验开始，待水流稳定后，读取各测压管的液面读数 h_1、h_2、h_3、h_4，并用体积法或重量法测定流量；逐次关小流量调节阀 12，改变流量 7～9 次，重复上述步骤。注意调节阀门应缓慢，如测管内液面波动时，应取时均值。

四、实验数据处理

(一) 记录并计算有关常数

实验装置台号 No._____

$d_1=$_____cm　　　　　　　　　　　$d_2=$_____cm

水温 $t=$_____℃　　　　　　　　　水运动黏度 $\nu=$_____cm^2/s

表 33-1　实验数据记录表

次数	测压管读数/cm				水量/cm^3	测量时间/s
	h_1	h_2	h_3	h_4		
1						

续表

次数	测压管读数/cm				水量/cm³	测量时间/s
	h_1	h_2	h_3	h_4		
2						
3						
4						
5						
6						
7						
8						

表 33-2 实验数据计算表

$K=$ _____ cm$^{2.5}$/s

次数	$Q'/\text{cm}^3 \cdot \text{s}^{-1}$	$\Delta h/\text{cm}$	Re	$Q=K\sqrt{\Delta h}/\text{cm}^3 \cdot \text{s}^{-1}$	$\mu=\dfrac{Q'}{Q}$
1					
2					
3					
4					
5					
6					
7					
8					

(二)绘制 Q-Δh 与 Re-μ 曲线

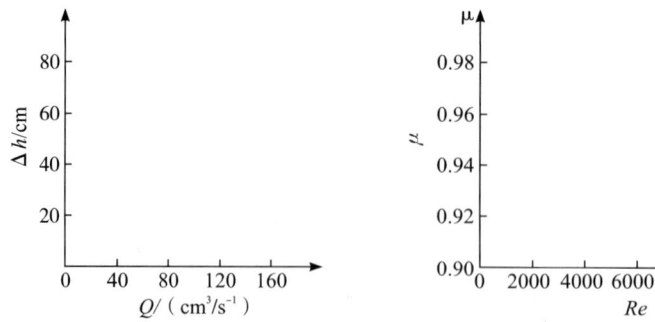

图 33-3 绘制曲线

五、思考题

(1) 本实验中,影响文丘里管流量系数大小的因素有哪些?哪个因素最敏感?对本实验的管道而言,若因加工精度影响,误将 $(d_2-0.01)$ cm 值取代 d_2 值,本实验在最大流量下的 μ 值将变为多少?

(2) 为什么计算流量与实际流量不相等?

(3) 文丘里流量计能否倾斜安装?为什么?

七 太阳能电池设计与制备综合实验

实验三十四　晶体硅电池组件的伏安(I-V)性能模拟

一、实验目的

(1) 了解作为光伏市场主流的晶体硅电池和组件的制备工艺；
(2) 通过 Micro-Cap 软件对电池和组件的伏安(I-V)性能进行模拟分析。

二、实验原理

晶体硅电池组件作为目前主流的太阳能组件占据了超过 90% 的市场，本实验将对这种主流的光伏电池技术做一个较为全面的分析，主要体现在单晶和多晶硅电池的转换效率、工艺、技术的对比，使初学者对晶体硅电池组件有深入浅出的认识和了解。

图 34-1 是晶体硅太阳能电池的工作原理图。太阳电池能量转换的基础是结的光生伏特效应。当光照射到 pn 结上时，产生电子-空穴对，在半导体内部结附近生成的载流子没有被复合而到达空间电荷区，受内建电场的吸引，电子流入 n 区，空穴流入 p 区，结果使 n 区储存了过剩的电子，p 区有过剩的空穴。它们在 pn 结附近形成与势垒方向相反的光生电场。光生电场除了部分抵消势垒电场的作用外，还使 p 区带正电，n 区带负电，在 n 区和 p 区之间的薄层就产生电动势，这就是光生伏特效应。此时，如果使外电路短路，则外电路中就有与入射光能量成正比的光电流流过，这个电流称作短路电流 J_{sc}；若使 pn 结两端开路，则由于电子和空穴分别流入 n 区和 p 区，使 n 区的费米能级比 p 区的费米能级高，在这两个费米

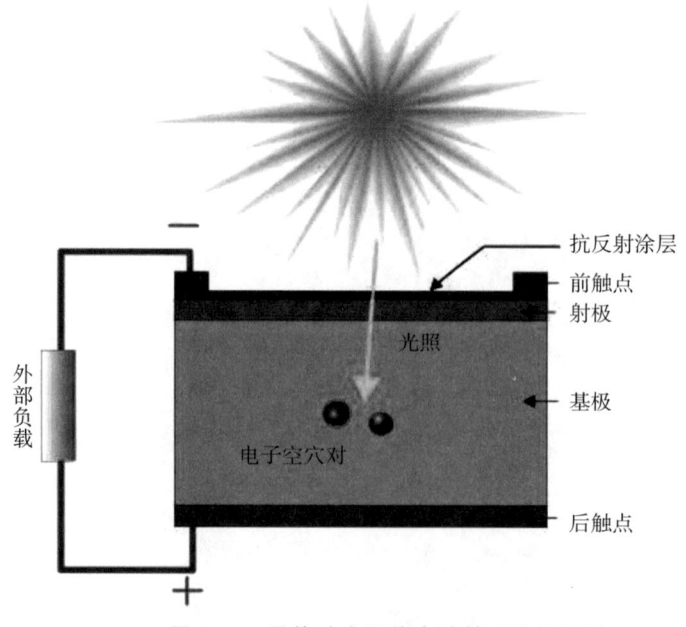

图 34-1　晶体硅太阳能电池的工作原理图

能级之间就产生了电位差 V_{oc}。可以测得这个值,并称为开路电压。由于此时结处于正向偏置,因此,上述短路光电流和二极管的正向电流相等,并由此可以决定 V_{oc} 的值。

图 34-2 为太阳能电池的等效电路图。其中 R_s 为串联电阻,R_{sh} 为并联电阻。该图可以用于 Micro-cap 的电池特性分析。

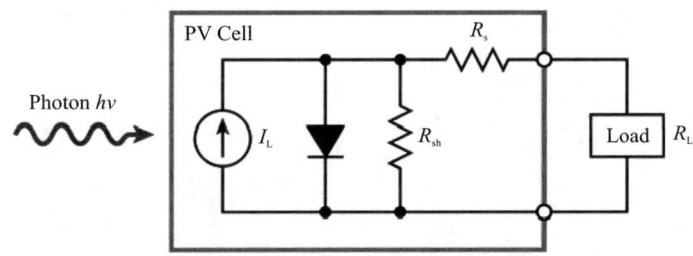

图 34-2 太阳能电池的等效电路图

太阳能电池的 I-V 方程如下所示:

$$I = I_L - I_0 [\exp(qVnkT)]$$

其中,I_L 为光生电流,I_0 为暗电流。

太阳能电池的转换效率 η 由以下公式计算得出。可以看出转换效率与短路电流、开路电压及填充因子都有直接的关系。FF 为填充因子,是评价太阳能电池输出特性的重要参数。

$$P_{\max} = V_{oc} I_{sc} FF$$

$$\eta = \frac{V_{oc} I_{sc} FF}{P_{in}}$$

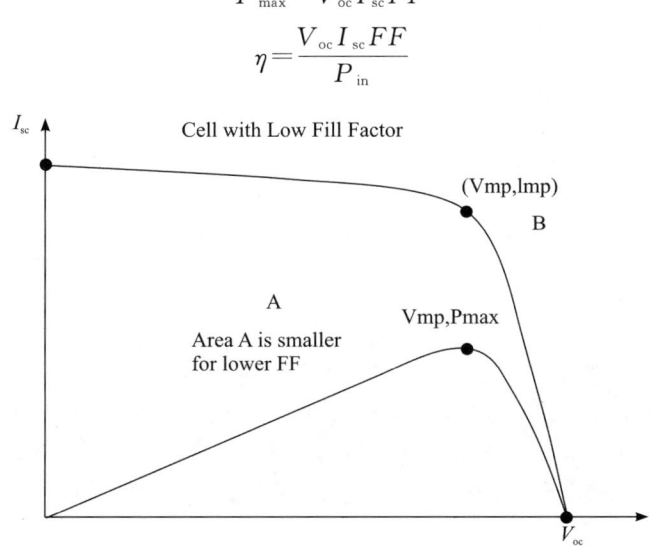

图 34-3 太阳能电池的 I-V 和功率曲线图,拐角点为最大功率工作点

$$FF = \frac{I_{mp} \times V_{mp}}{I_{sc} \times V_{oc}} = \frac{\text{area A}}{\text{area B}}$$

(一)晶体硅电池组件的工艺和原理

图 34-4 展示了单晶硅片和多晶硅片的差异。硅片性质的差异是单晶和多晶系统性能差异的关键。左图是单晶硅片,它是一种完整的晶格排列;右图是多晶硅片,它是多个微小

的单晶的组合,中间有大量的晶界,包含很多的缺陷,它实际上是一个少子复合中心,因此降低了多晶电池的转换效率。此外,单晶硅片的位错密度和金属杂质比多晶硅片少得多,各种因素综合作用使得单晶的少子寿命比多晶高出数十倍,从而表现出转换效率优势。

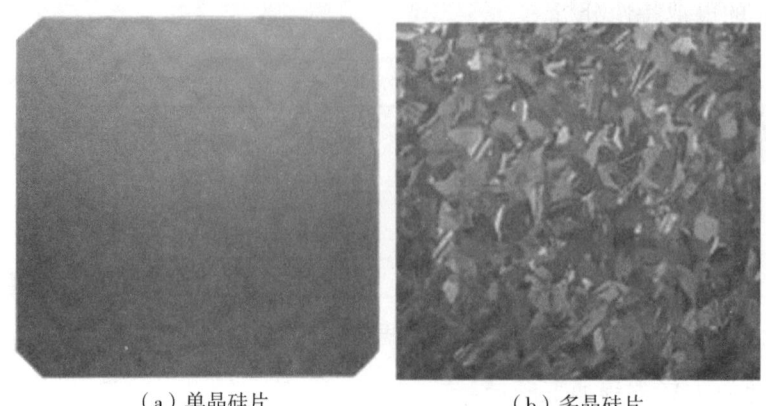

(a)单晶硅片　　　　　(b)多晶硅片

图 34-4　单晶硅片与多晶硅片外观图示

太阳能电池的转换效率等于太阳能电池的输出功率与入射光功率之比。对于晶体硅电池,在减去大气透过损失、热能损失,以及光学、电学、复合的本征损失后,理论转换效率的最高值只有 28%,参见图 34-5。

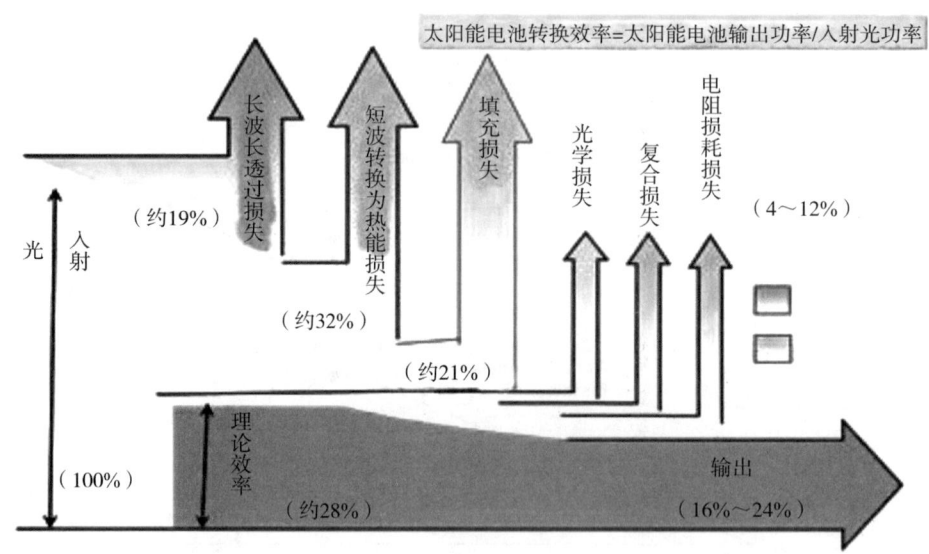

图 34-5　晶体硅电池的理论转换效率分析

(二)单、多晶电池的转换效率

商业单晶电池和多晶电池形貌见图 34-6。从光电转换效率参数分解来看,单晶电池的各项参数全面领先于多晶电池,详见表 34-1。一般来讲,目前工艺下,国内单晶电池量产效率是 19.55%~19.80%(取决于主栅线条数);多晶电池量产效率一般是 18.1% 左右。

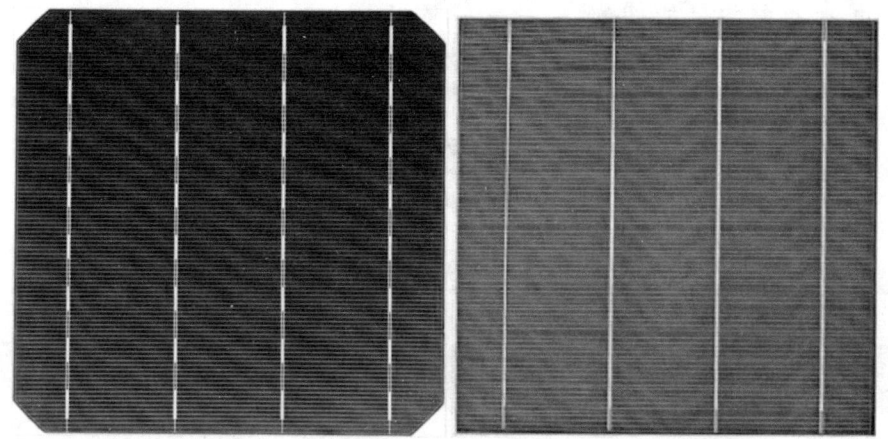

图 34-6　单晶电池(左)和多晶电池(右)正面形貌

表 34-1　量产单晶电池与多晶电池的典型电学参数

电池类型	$J_{sc}/$(mA·cm^{-2})	V_{oc}/V	$FF/\%$	$E_{ta}/\%$	$IR_{ev}2/A$	R_s/Ω	R_{sh}/Ω
单晶电池	38.14	0.643	79.7	19.55	0.020	0.001	1153
多晶电池	35.96	0.637	79.1	18.12	0.056	0.002	502

(三)组件的工艺流程和匹配

组件的基本工艺流程就是将电池串联起来(图 34-7),通过焊接条连接,然后用 EVA(乙烯-醋酸乙烯共聚物)密封,最后用铝框固定,保证电池在 25 年的生命周期内可以可靠工作。一般来说,有 60 片电池封装和 72 片封装标准,大多数情况下采用 60 片封装。在封装时会进行挑选,选择电学性能一致的电池进行串联封装,特别是转换效率和短路电流一致性要求很高,这样可以保证组件的封装损失降至很低(<3%)。

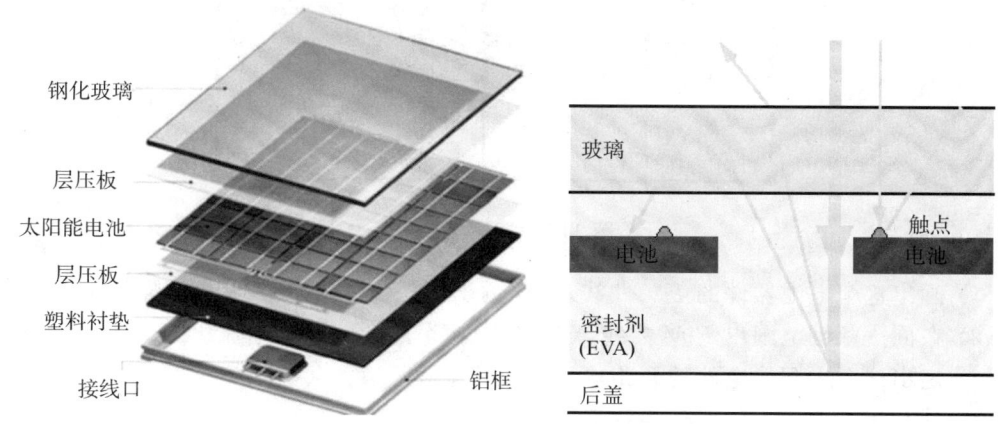

图 34-7　晶硅组件的结构图

（四）电池的电学性能匹配

通常情况下，电池都是串联在一起的，如果有一个或几个电池由于本身损坏或者被遮挡（树叶、鸟粪便等），就会造成电学性能的严重不匹配，引起电池热斑现象，甚至烧毁整个组件。为了防止出现这种现象，在组件中加入旁路二极管(by-pass diode)，可以有效防止这种现象的发生（图34-8）。

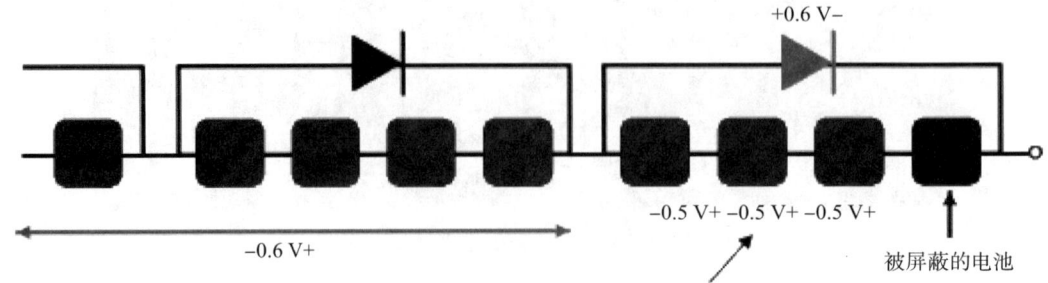

图 34-8　在串联的电池组中加入旁路二极管

三、实验仪器和模拟软件

使用 Micro-Cap 软件，通过对太阳能电池的等效电路图的模拟分析，加深对电池和组件电学性能的认识。可安排计算机教学实验室预先安装 Micro-Cap 软件。

四、实验步骤

（一）太阳能电池特性的模拟分析

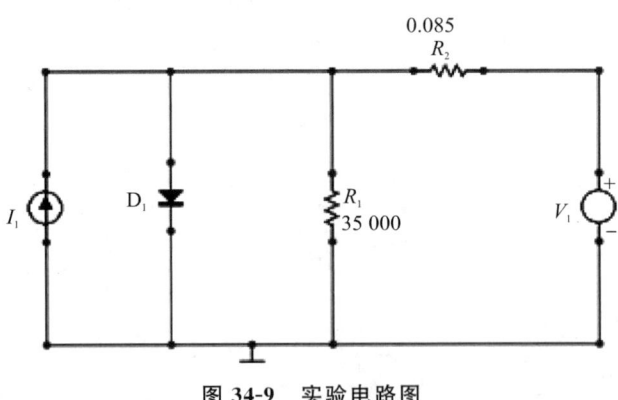

图 34-9　实验电路图

(1) 画出这个电池器件的 $I\text{-}V$ 曲线，电压输出端从 $0\sim0.7$ V 变化，间隔为 10 mV。

(2) 在同一条轴上画出 $P\text{-}V$ 曲线，定出最大功率点的电压和电流。

(3) 定出这个太阳能电池的开路电压和短路电流。

(4) 计算填充因子 FF 和转换效率 η。

(二)串联电阻和并联电阻的影响

1. 串联电阻

改变串联电阻 R_s（0～0.04 Ω，间隔为 0.01 Ω，并联电阻 R_{sh} 设为 100 Ω。作图表明太阳能电池的电流-电压特性是如何随着串联电阻 R_s 的变化而变化的。可以手动改变 R_s，或者用 Micro-Cap 软件自动地改变参数设置

2. 并联电阻

再次作图，将串联电阻 R_s 设为 0.001 Ω，改变并联电阻 R_{sh}（100～0.316 Ω），采用对数轴（例如 R_{sh}=100、31.6、10、3.16、1、0.316 Ω）。

(三)温度影响

太阳能电池可以在很宽的温度范围内工作，所以理解电池性能对工作温度的依赖性是很重要的。采用模拟分析中获得的 R_s 和 R_{sh}，改变工作温度（5～85 ℃，间隔为 20 ℃）。假设 I_L 与温度无关，求出电池在不同温度时的开路电压、短路电流和最大输出功率。

(四)材料参数影响

二极管方程中的参数暗电流 I_0 和理想因子 n 取决于电池中材料的性能，特别是和复合机制相关。提高光生载流子的复合会增加暗电流 I_0。在太阳能电池等效电路中，使暗电流 I_0 增加到 8～10 A，同时设置 $n=1.1$。画出电池的 I-V 曲线并且观察 V_{oc}、I_{sc}、FF 和转换效率的相应变化。

(五)入射光强的影响

固定光谱的光生电流 I_L 直接和光谱强度成比例。

我们通过设置不同的 I_L 值改变光谱强度，I_L 的设定范围为 0～5.0 A，间隔为 1.0 A。工作温度设置为 25 ℃（通常情况下太阳能电池的工作温度会随着光强的增大而升高）。

(六)两个电池串联、没有旁路二极管的情况

如图 34-10 所示，两个太阳能电池串联，每个电池有不同的 R_s 和 R_{sh}，画出 I-V 和 P-V

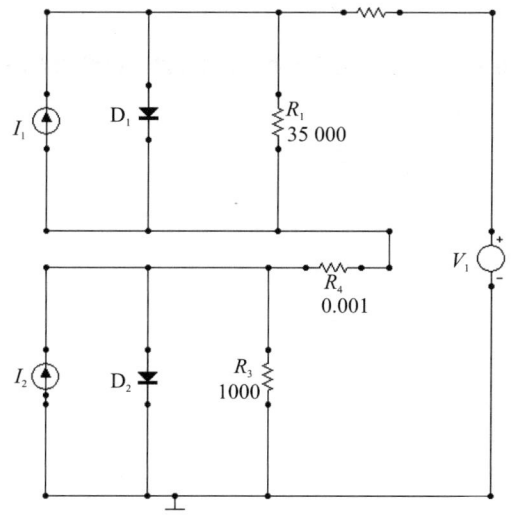

图 34-10　两个电池串联、没有旁路二极管的电路图

曲线。定出在一个电池的遮挡面积为 0％,25％,50％,75％,100％ 时的短路电流和输出功率。

（七）三个电池串联，采用旁路二极管减少失配影响

如图 34-11 所示，三个太阳能电池串联在一起，各自有不同的 R_s 和 R_{sh}，由两个旁路二极管连接，画出 I-V 和 P-V 曲线。定出当一个电池的遮挡面积为 0％、25％、50％、75％、100％ 时的短路电流和输出功率。

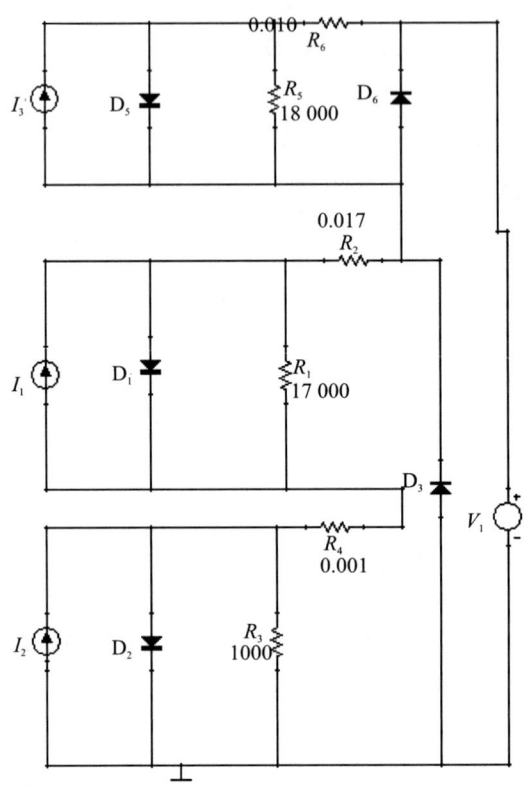

图 34-11　三个电池串联、采用旁路二极管的电路图

实验三十五　太阳能电池特性及应用实验

一、实验目的

(1)了解并掌握太阳能发电系统的组成及工程应用；
(2)测量太阳能电池输出伏安特性；
(3)失配及遮挡对太阳能电池输出功率的影响实验；
(4)太阳能电池以两种方式对储能装置充电实验；
(5)太阳能电池直接带负载实验；
(6)加 DC-DC 匹配电源电压与负载电压实验；
(7)DC-AC 逆变与交流负载实验。

二、实验原理

离网型太阳能电源系统如图 35-1 所示。

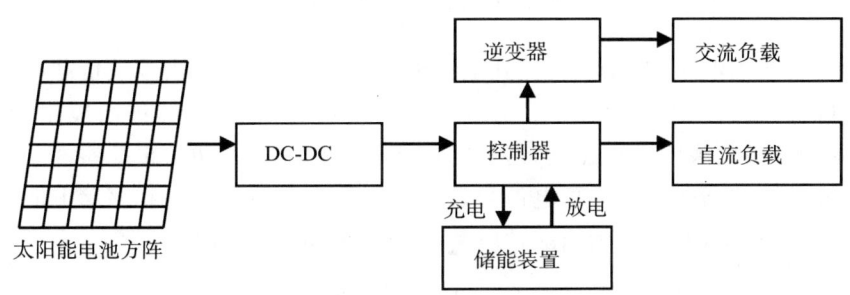

图 35-1　太阳能光伏电源系统

控制器又称充放电控制器,起着管理光伏系统能量、保护蓄电池及整个光伏系统正常工作的作用。当太阳能电池方阵输出功率大于负载额定功率或负载不工作时,太阳能电池通过控制器向储能装置充电;当太阳能电池方阵输出功率小于负载额定功率或太阳能电池不工作时,储能装置通过控制器向负载供电。蓄电池过度充电和过度放电都将大大缩短蓄电池的使用寿命,需要控制器对充放电进行控制。

为训练学生能力,由学生自己完成各种测量线路连接,进行充放电实验及带负载实验,未配备控制器。

DC-DC 为直流电压变换电路,相当于交流电路中的变压器,最基本的 DC-DC 变换电路如图 35-2 所示。U_i 为电源,T 为晶体闸流管,u_c 为晶闸管驱动脉冲,L 为滤波电感,C 为电容,D 为续流二极管,R_L 为负载,u_o 为负载电压。调节晶闸管驱动脉冲的占空比,即驱动脉冲高电平持续时间与脉冲周期的比值,即可调节负载端电压。

DC-DC 的作用为:当电源电压与负载电压不匹配时,调节负载端电压,使负载能正常工

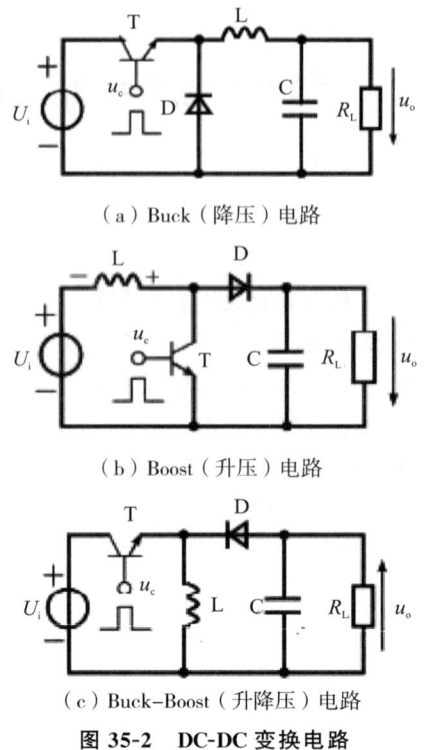

图 35-2 DC-DC 变换电路

作。通过改变负载端电压,改变了折算到电源端的等效负载电阻,当等效负载电阻与电源内阻相等时,电源能最大限度输出能量。若取反馈信号控制驱动脉冲,进而控制 DC-DC 输出电压,使电源始终最大限度输出能量,这样的功能模块称为最大功率跟踪器。

光伏系统常用的储能装置为蓄电池与超级电容。蓄电池是提供和存储电能的电化学装置。光伏系统使用的蓄电池多为铅酸蓄电池,充放电时的化学反应式为:

$$PbO_2 + 2H_2SO_4 + Pb \underset{充电}{\overset{放电}{\rightleftharpoons}} PbSO_4 + 2H_2O$$

蓄电池放电时,化学能转换成电能,正极的 PbO_2 和负极的 Pb 都转变为 $PbSO_4$;蓄电池充电时,电能转换为化学能,$PbSO_4$ 在正、负极又恢复为 PbO_2 和 Pb。

图 35-3(a)为蓄电池恒压充电时的充电特性曲线。OA 段电压快速上升,AB 段电压缓慢上升,且延续较长时间,接近 13.7 V 可停止充电。

蓄电池充电电流过大,会导致蓄电池的温度过高和活性物质脱落,影响蓄电池的寿命。在充电后期,电化学反应速率减慢,若维持较大的充电电流,会使水发生电解,正极析出氧气,负极析出氢气。理想的充电模式是:开始时以蓄电池允许的最大充电电流充电,随电池电压升高逐渐减小充电电流,达到最大充电电压时立即停止充电。

图 35-3(b)为蓄电池的放电特性曲线。OA 段电压下降较快;AB 段电压缓慢下降,且延续较长时间;C 点后电压急速下降,此时应立即停止放电。

蓄电池的放电时间一般规定为 20 h。放电电流过大和过度放电(电池电压过低)会严重影响电池寿命。

蓄电池具有储能密度(单位体积存储的能量)高的优点,但有充放电时间长(一般为数小

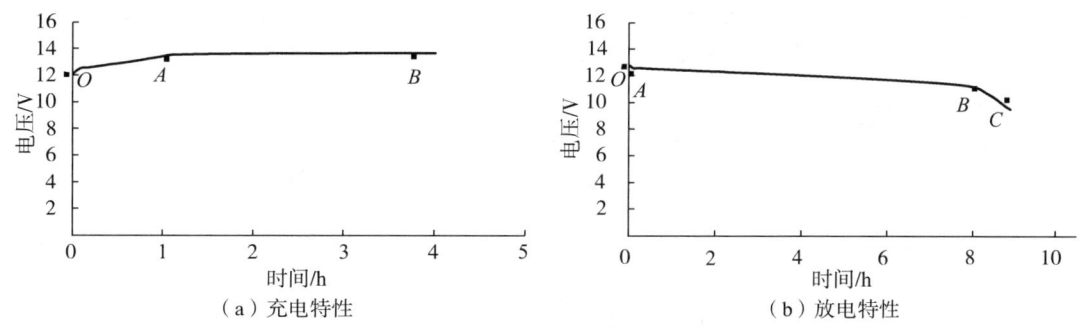

图 35-3 蓄电池充放电特性曲线

时)、充放电寿命短(约 1000 次)、功率密度低的缺点。

超级电容通过极化电解质来储能,它由悬浮在电解质中的两个多孔电极板构成。在极板上加电,正极板吸引电解质中的负离子,负极板吸引正离子,实际上形成两个容性存储层,它所形成的双电层和传统电容器中的电介质在电场作用下产生的极化电荷相似,从而产生电容效应。由于紧密的电荷层间距比普通电容器电荷层间的距离小得多,因而具有比普通电容器更大的容量。

当超级电容所加电压低于电解液的氧化还原电极电位时,电解液界面上电荷不会脱离电解液,超级电容为正常工作状态。当电容器两端电压超过电解液的氧化还原电极电位时,电解液将分解,为非正常状态。超级电容充电时不应超过其额定电压。

超级电容的充放电过程始终是物理过程,没有化学反应,因此性能是稳定的。与利用化学反应的蓄电池不同,超级电容可以反复充放电数十万次。

超级电容具有功率密度大(可大电流充放电)、充放电时间短(一般为数分钟)、充放电寿命长的优点,但储能密度比蓄电池低。若将蓄电池与超级电容并联做蓄能装置,则可以在功率和储能密度上优势互补。

逆变器是将直流电变换为交流电的电力变换装置。

逆变电路一般都需升压来满足 220 V 常用交流负载的用电需求。逆变器按升压原理的不同分为低频、高频和无变压器 3 种。

(1) 低频逆变器首先把直流电逆变成 50 Hz 低压交流电,再通过低频变压器升压成 220 V 的交流电供负载使用。它的优点是电路结构简单,缺点是低频变压器体积大、价格高、效率也较低。

(2) 高频逆变器将低压直流电逆变为高频低压交流电,经过高频变压器升压后,再经整流滤波电路得到高压直流电,最后通过逆变电路得到 220 V 低频交流电供负载使用。高频逆变器体积小、质量轻、效率高,是目前用得最多的逆变器类型。

(3) 无变压器逆变器通过串联太阳能电池组或 DC-DC 电路得到高压直流电,再通过逆变电路得到 220 V 低频交流电供负载使用。这种逆变器在欧洲市场占主导地位,由于在发电与用电电网间没有变压器隔离而在美国禁止使用。

按输出波形,逆变器分为方波逆变器、阶梯波逆变器和正弦波逆变器 3 种。

(1) 方波逆变器只需简单的开关电路即能实现,结构简单,成本低,但存在效率较低、谐波成分大、使用负载受限制等缺点。在太阳能系统中,方波逆变器已经很少应用了。

(2)阶梯波逆变器普遍采用 PWM(脉冲宽度调制)方式生成阶梯波输出。它能够满足大部分用电设备的需求,但它还是存在约 20%的谐波失真,在运行精密设备时会出现问题,也会对通信设备造成高频干扰。

(3)正弦波逆变器的优点是输出波形好,失真度很低,能满足所有交流负载的应用,它的缺点是线路相对复杂,价格较贵。在太阳能发电并网应用时,必须使用正弦波逆变器。

三、实验仪器

实验装置如图 35-4 所示,由太阳能电池组件、实验仪和测试仪 3 部分组成。图 35-4 为测试仪面板图。测试仪是为太阳能电池实验的基本型配套的,基本型与应用型共用一个测试仪。本实验只用测试仪的电压表、电流表。

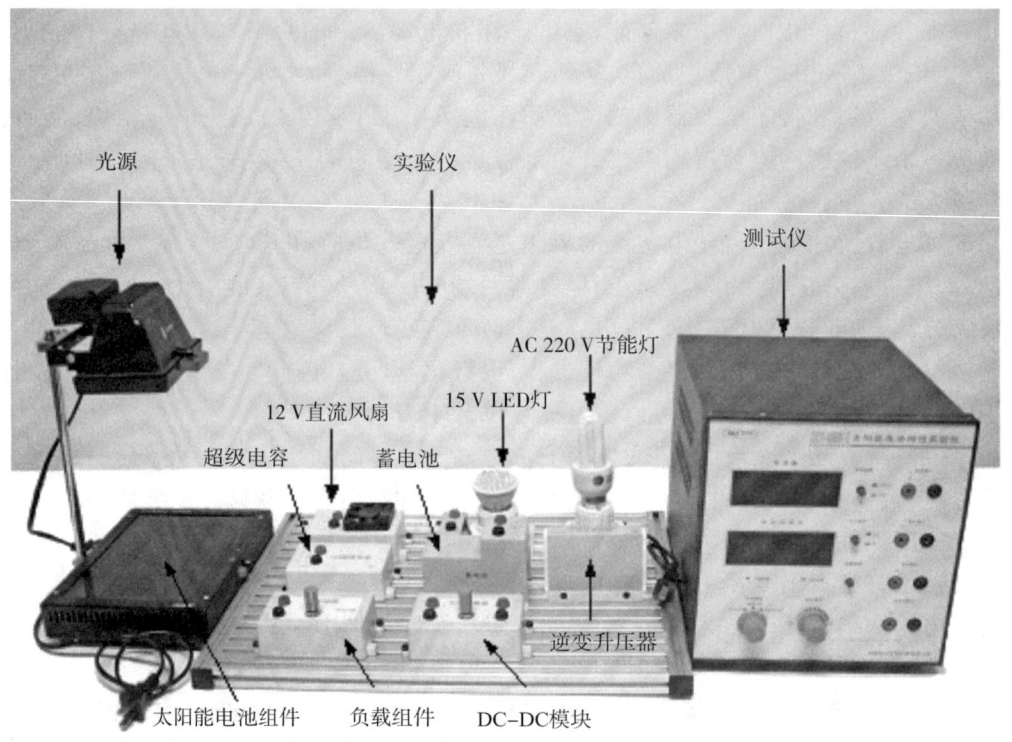

图 35-4　太阳能电池应用实验装置

各部件的基本参数如下:

(1)太阳能电池:单晶硅太阳能电池,标称电压 12 V,标称功率 4 W。

(2)光源:150 W 卤钨灯。

(3)负载组件:0～1 kΩ,2 W。

(4)直流风扇:12 V,1 W。

(5)LED 灯:直流 15 V,0.4 W。

(6)DC-DC:升降压 DC-DC,输入 5～35 V,输出 1.5～17 V,1 A。

(7)超级电容:2.35 F,11 V。

(8)蓄电池:12 V,1.3 A·h。

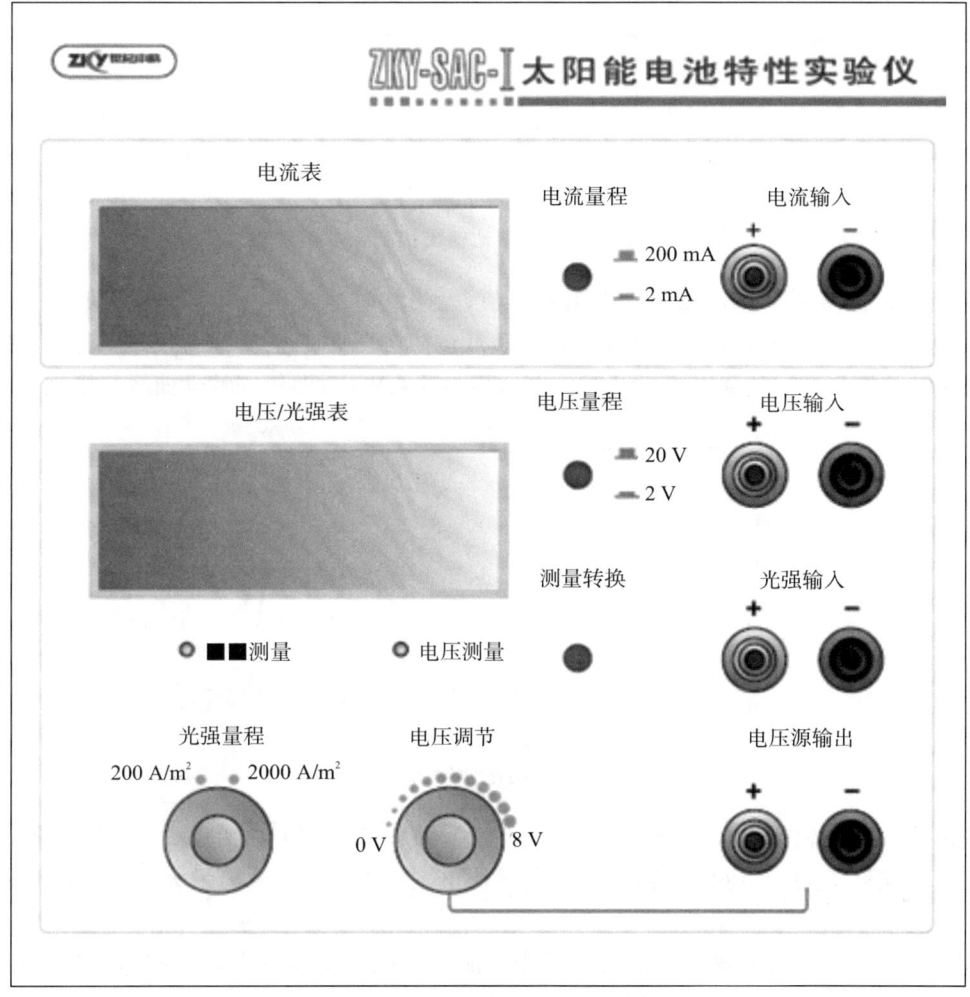

图 35-5　测试仪面板图

(9) 逆变器：DC 12 V～AC 220 V，100 W。

(10) 交流负载：节能灯，5 W。

四、实验内容及步骤

由于蓄电池充电时间需要约 4 h，实验前用测试仪上的电压表测量蓄电池电压，若电压低于 11.5 V，用配置的充电器给蓄电池充电，充电与使用蓄电池可同时进行，电压充至 13.5 V 时停止充电。

（一）测量太阳能电池输出伏安特性

点亮光源预热至少 10 min，待其光照稳定。按图 35-6 连接电路，观察电流表读数；旋松光源止动螺钉，调节光源高度，使得电流值在 60～90 mA 范围内，然后拧紧止动螺钉，且整个实验过程中该高度不再改变。

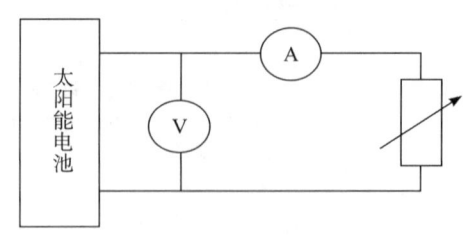

图 35-6　测量太阳能电池输出伏安特性接线图

在光照不变的条件下,改变负载电阻的阻值,太阳能电池输出的电压、电流随之改变。太阳能电池具有图 35-7 所示的输出伏安特性。负载电阻为零时的电流称为短路电流,即伏安特性曲线与纵轴的交点。负载电阻断开时的电压称为开路电压,即伏安特性曲线与横轴的交点。

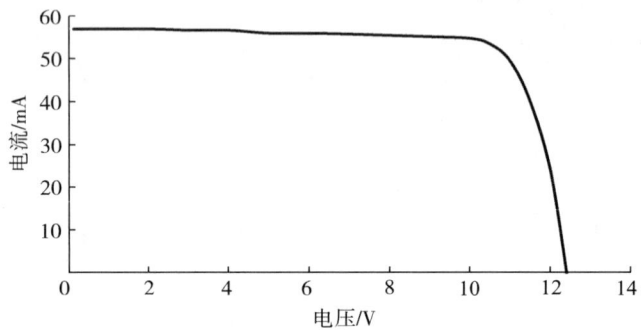

图 35-7　太阳能电池输出伏安特性

太阳能电池的输出功率为电压与电流的乘积,伏安特性曲线上的不同点输出的功率差异很大。在实际应用中,应使负载功率与太阳能电池匹配,以便输出最大功率,充分发挥太阳能电池功效。

按图 35-6 接线,以负载组件作为太阳能电池的负载。实验时先将负载组件逆时针旋转到底,然后顺时针旋转负载组件旋钮,记录太阳能电池的输出电压 U 和电流 I,并计算输出功率 $P_o=UI$,填于表 35-1 中。

表 35-1　太阳能电池输出伏安特性实验数据

输出电压 U/V	1.0	2.0	3.0	4.0	5.0	6.0	7.0	8.0	9.0	10.0	10.5	11.0	11.5	12.0	12.5
输出电流 I/mA															
输出功率 P_o/mW															

按表 35-1 数据绘制所用太阳能电池的输出伏安特性曲线。以输出电压为横坐标、输出功率为纵坐标,作太阳能电池输出功率与输出电压关系曲线。

思考:在实验的光照条件下,该太阳能电池的最大输出功率是多少?最大功率点对应的输出电压和电流是多少?

(二)失配及遮挡对太阳能电池输出功率的影响实验

太阳能电池在串、并联使用时,由于每片电池电性能不一致,串、并联后的总输出功率小于各个单体电池输出功率之和,这称为太阳能电池的失配。

由于云层、建筑物的阴影或电池表面的灰尘遮挡,部分太阳能电池接收的辐照度小于其他部分,这部分电池输出会小于其他部分,也会对输出产生类似失配的影响。

太阳能电池并联连接时,总输出电流为各并联电池支路电流之和。在有失配或遮挡时,只要最差支路的开路电压高于组件的工作电压,则输出电流仍为各支路电流之和。若有某支路的开路电压低于组件的工作电压,则该支路将作为负载而消耗能量。

太阳能电池串联连接时,串联支路输出电流由输出最小的电池决定。在有失配或遮挡时,一方面该支路输出电流降低;另一方面,失配或被遮挡部分将消耗其他部分产生的能量,这样局部的温度就会很高,产生热斑,严重时会烧坏太阳能电池组件。

即使只是部分太阳能电池被遮挡,也会对整个串联电路输出产生严重影响,因而在应用系统中,常常在若干电池片旁并联旁路二极管,如图 35-8 中虚线所示,这样,若部分被遮挡,其他部分仍可正常工作。本实验所用电池未加旁路二极管。

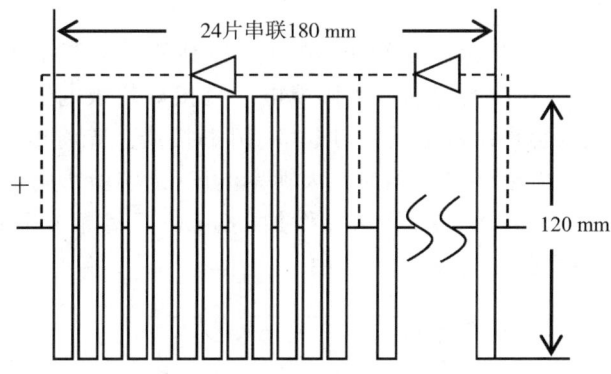

图 35-8 太阳电池连接示意图

由太阳能电池的伏安特性可知,太阳能电池在正常的工作范围内,电流变化很小,接近短路电流,电池的最大输出功率与短路电流成正比,故在测量遮挡对输出的影响时,可按图 35-9 测量遮挡对短路电流的影响。相应数据填入表 35-2 中。

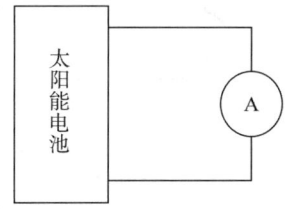

图 35-9 测量遮挡对短路电流的影响的电路图

表 35-2 遮挡对太阳能电池输出的影响

遮挡条件	无遮挡	纵向遮挡			横向遮挡		
遮挡面积	0	10%	20%	50%	25%	50%	75%
短路电流/mA							

思考：

(1)纵向遮挡(遮挡串联电池片中的若干片)对输出影响如何？工程上如何减小这种影响？

(2)横向遮挡(遮挡所有电池片的部分面积,等效于遮挡并联支路)对输出影响如何？

(三)太阳能电池以两种方式对储能装置充电实验

本实验通过对比太阳能电池直接对超级电容充电和在太阳能电池后加 DC-DC 再对超级电容充电,说明不同充电方式下充电特性的不同及充电方式对超级电容充电效率的影响。

本实验所用 DC-DC 采用输入反馈控制,在工作过程中保持输入端电压基本稳定。若太阳能电池光照条件不变,并调节 DC-DC 使输入电压等于太阳能电池最大功率点对应的输出电压,即可实现在太阳能电池的最大输出功率下的恒功率充电。

理论上,采用最大输出功率下的恒功率充电,太阳能电池一直保持最大输出,充电效率应该最高。在目前系统中,由于太阳能电池输出功率不大,而 DC-DC 本身有一定的功耗,致使两种方式充电效率(以从同一低电压充至额定电压所需时间衡量)差别不大,但从测量结果可以看出充电特性的不同。

按图 35-10(a),将负载组件接入超级电容放电,控制放电电流小于 150 mA,使电容电压放至低于 1 V。按图 35-10(b)接线,做太阳能电池直接对超级电容充电实验。充电至 11 V 时停止充电。将超级电容再次放电后,按图 35-10(c)接线。先将电压表接至太阳能电池端,调节 DC-DC 使太阳能电池输出电压为最大功率电压(由实验1确定)。然后将电压表移至超级电容端(此时不再调节 DC-DC 旋钮),做加 DC-DC 后对超级电容充电实验,充电至 11 V 时停止充电。相关数据记录于表 35-3 中。

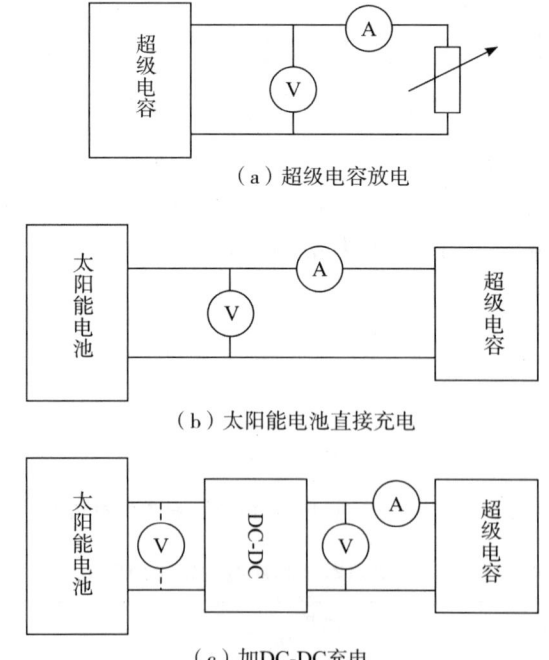

(a)超级电容放电

(b)太阳能电池直接充电

(c)加DC-DC充电

图 35-10 太阳能电池以两种方式对储能装置充电实验电路图

表 35-3 两种充电情况下超级电容的充电特性实验数据

时间/min	直接对超级电容充电			加 DC-DC 后对超级电容充电		
	充电电压/V	充电电流/mA	充电功率/mW	充电电压/V	充电电流/mA	充电功率/mW
0.0						
0.5						
1.0						
1.5						
2.0						
2.5						
3.0						
3.5						
4.0						
4.5						
5.0						
5.5						
6.0						
6.5						
7.0						
7.5						
8.0						
8.5						
9.0						

由表 35-3 数据绘制两种充电情况下超级电容的 U-t、I-t、P-t 曲线,了解两种方式的充电特性,根据所绘曲线加以讨论。

(四) 太阳能电池直接带负载实验

太阳能电池输出电压与直流负载工作电压一致时,可以将太阳能电池直接连接负载。若负载功率与太阳能电池最大输出功率一致,则太阳能电池工作在最大输出功率点,最大限度输出能量。若负载功率小于太阳能电池最大输出功率,则太阳能电池工作电压大于最佳工作电压,实际输出功率小于最大输出功率。此时控制器会将太阳能电池输出的一部分能量向储能装置充电,使太阳能电池回归最佳工作点。若负载功率大于太阳能电池最大输出功率,则太阳能电池工作电压小于最佳工作电压,则实际输出功率小于最大输出功率。此时控制器会由储能装置向负载提供部分电能,使太阳能电池回归最佳工作点。

本实验模拟负载功率大于太阳能电池最大输出功率的情况,观察并联超级电容前后太阳能电池输出功率和负载实际获得功率的变化,说明上述控制过程。

按图 35-11,断开超级电容,记录并联超级电容前太阳能电池输出电压、电流,计算输出功率($P=UI$)。

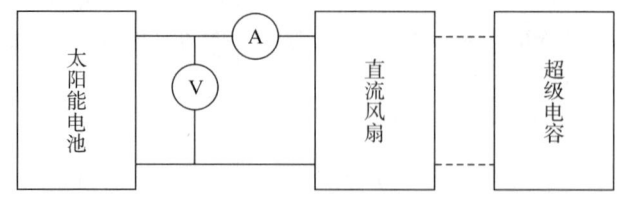

图 35-11　太阳能电池直接连接负载接线图

将充电至约 11 V 的超级电容并联至负载,由于超级电容容量较小,我们可看到负载端电压从 11 V 一直下降。在实际应用系统中,只要储能器容量足够大,下降速率会非常慢。当超级电容电压降至接近太阳能电池最佳工作电压时,记录太阳能电池的相应参数(表 35-4)。

表 35-4　太阳能电池直接带负载实验数据

并联超级电容前太阳能电池输出情况			并联超级电容后太阳能电池输出情况		
电压 U_1/V	电流 I_1/mA	功率 P_1/mW	电压 U_2/V	电流 I_2/mA	功率 P_2/mW

思考:

(1)并联超级电容后太阳能电池输出是否增加?计算太阳能电池输出增加率(P_2-P_1)/P_1,试以太阳能电池输出伏安特性解释输出增加的原因。

(2)若负载电阻不变,负载获得功率与电压平方成正比,计算负载功率增加率($V_{22}-V_{12}$)/V_{12}。若该增加率大于太阳能电池输出增加率,多余的能量由哪部分提供?

(五)加 DC-DC 匹配电源电压与负载电压实验

太阳能电池输出电压与直流负载工作电压不一致时,太阳能电池输出需经 DC-DC 转换成负载电压,再连接至负载。

本实验比较太阳能电池输出电压与直流负载工作电压不一致时加不加 DC-DC 对负载获得功率的影响,说明若不加 DC-DC,负载将无法正常工作。

测量未加 DC-DC(不接入图 35-12 中虚线部分)时负载的电压、电流,计算负载获得的功率,记入表 35-5 中。

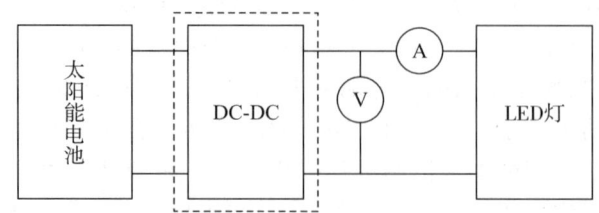

图 35-12　加 DC-DC 匹配电压接线图

接入 DC-DC 后,调节 DC-DC 的调节旋钮使输出最大(电压、电流表读数达到最大),测量此时负载的电压、电流,计算负载获得的功率,记入表 35-5 中。

表 35-5　加 DC-DC 匹配电源电压与负载电压实验数据

加 DC-DC 前负载获得功率			加 DC-DC 后负载获得功率		
电压 U_1/V	电流 I_1/mA	功率 P_1/mW	电压 U_2/V	电流 I_2/mA	功率 P_2/mW

思考:比较加 DC-DC 前后负载获得的功率变化并加以讨论。

(六)DC-AC 逆变与交流负载实验

当负载为 220 V 交流时,太阳能电池输出必须经逆变器转换成交流 220 V,才能供负载使用。由于节能灯功率远大于太阳能电池输出功率,由太阳能电池与蓄电池并联后给节能灯供电。按图 35-13 接线,节能灯点亮。用电压表测量逆变器输入端直流电压,用信号衰减器连接逆变器和示波器,测量逆变器输出端电压及波形,记入表 35-6 中。

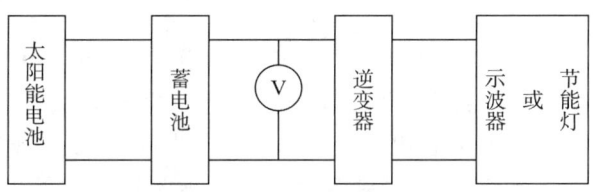

图 35-13　交流负载实验接线图

表 35-6　交流负载时太阳能电池输出与总输出

逆变器输入直流电压/V	逆变器输出交流电压/V

实验三十六　光伏制氢燃料电池综合特性实验

燃料电池以氢气和氧气为燃料,通过电化学反应直接产生电力,能量转换效率高于燃烧燃料的热机。燃料电池的反应生成物为水,对环境无污染,单位体积氢气的储能密度远高于现有的其他电池,因此从最早的航空航天等特殊领域,到现在人们积极研究将其应用到电动汽车、手机电池等日常生活的各个方面,各国都投入巨资进行研发。

1839年,英国人格罗夫(W. R. Grove)发明了燃料电池,历经近两百年,在材料、结构、工艺不断改进之后,燃料电池进入了实用阶段。按燃料电池使用的电解质或燃料类型,可将现在和近期可行的燃料电池分为碱性燃料电池、质子交换膜燃料电池、直接甲醇燃料电池、磷酸燃料电池、熔融碳酸盐燃料电池、固体氧化物燃料电池6种主要类型。本实验研究质子交换膜燃料电池。

燃料电池的燃料氢气(反应所需的氧气可从空气中获得)可由电解水获得,也可由矿物或生物原料转化制成。本实验包含太阳能电池发电(光能-电能转换)、电解水制取氢气(电能-氢能转换)、燃料电池发电(氢能-电能转换)几个环节,形成了完整的能量转换、储存、使用的链条。实验的物理内容丰富,紧密结合科技发展热点与实际应用,实验过程环保清洁。

能源为人类社会发展提供动力,长期依赖矿物能源使我们面临环境污染之害、资源枯竭之困。为了人类社会的持续健康发展,各国都致力于研究开发新型能源。未来的能源系统中,太阳能将作为主要的一次能源替代目前的煤、石油和天然气,而燃料电池将成为取代汽油、柴油和化学电池的清洁能源。

一、实验目的

(1)了解燃料电池的工作原理。

(2)观察仪器的能量转换过程。

　　　光能→太阳能电池→电能→电解池→氢能(能量储存)→燃料电池→电能

(3)测量燃料电池输出特性,作所测燃料电池的伏安特性(极化)曲线、电池输出功率随输出电压的变化曲线。计算燃料电池的最大输出功率及效率。

(4)测量质子交换膜电解池的特性,验证法拉第电解定律。

(5)测量太阳能电池的特性,作所测太阳能电池的伏安特性曲线、电池输出功率随输出电压的变化曲线。获取太阳能电池的开路电压、短路电流、最大输出功率、填充因子等特性参数。

二、实验原理

(一)燃料电池

质子交换膜(proton exchange membrane,PEM)燃料电池在常温下工作,具有启动快速、结构紧凑的优点,最适宜作为汽车或其他可移动设备的电源,近年来发展很快。其基本结构如图36-1所示。

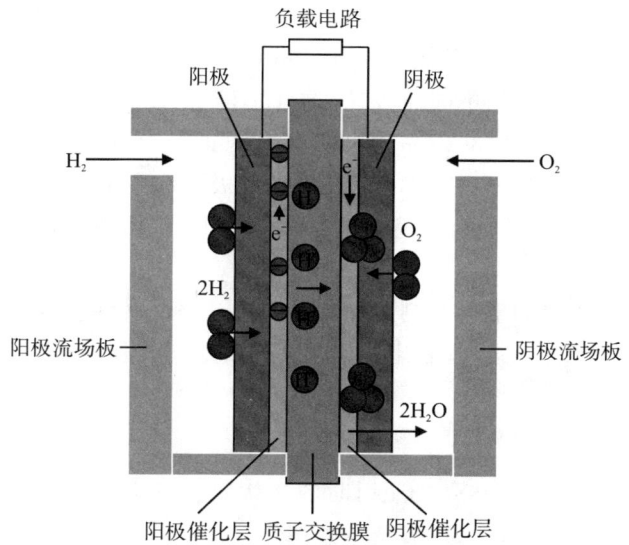

图 36-1 质子交换膜燃料电池结构示意图

目前广泛采用的全氟磺酸质子交换膜为固体聚合物薄膜,厚度 0.05～0.10 mm,它提供 H^+(质子)从阳极到达阴极的通道,而电子或气体不能通过。

催化层是将纳米量级的铂粒子用化学或物理的方法附着在质子交换膜表面,厚度约 0.03 mm,对阳极氢的氧化和阴极氧的还原起催化作用。

膜两边的阳极和阴极由石墨化的碳纸或碳布做成,厚度 0.2～0.5 mm,导电性能良好,其上的微孔提供气体进入催化层的通道,又称为扩散层。

商品燃料电池为了提供足够的输出电压和功率,需将若干单体电池串联或并联在一起,流场板一般由导电良好的石墨或金属做成,与单体电池的阳极和阴极形成良好的电接触,称为双极板,其上加工有供气体流通的通道。为直观起见,教学用燃料电池采用有机玻璃做流场板。

进入阳极的 H_2 通过电极上的扩散层到达质子交换膜。H_2 在阳极催化剂的作用下解离为 2 个 H^+,即质子,并释放出 2 个电子。阳极反应为:

$$H_2 = 2H^+ + 2e^-$$

H^+ 以水合质子 $H^+(nH_2O)$ 的形式,在质子交换膜中从一个磺酸基转移到另一个磺酸基,最后到达阴极,实现质子导电。质子的这种转移导致阳极带负电。

在电池的另一端,O_2 或空气通过阴极扩散层到达阴极催化层,在阴极催化层的作用下,O_2 与 H^+ 和电子反应生成水。阴极反应为:

$$O_2 + 4H^+ + 4e^- = 2H_2O$$

阴极反应使阴极缺少电子而带正电,结果在阴、阳极间产生电压,在阴、阳极间接通外电路,就可以向负载输出电能。总的化学反应如下:

$$2H_2 + O_2 = 2H_2O$$

(阴极与阳极:在电化学中,失去电子的反应叫氧化,得到电子的反应叫还原。产生氧化反应的电极是阳极,产生还原反应的电极是阴极。对电池而言,阴极是电的正极,阳极是电的负极。)

（二）水的电解

将水电解产生 H_2 和 O_2，与燃料电池中 H_2 和 O_2 反应生成水互为逆过程。

水电解装置同样因电解质的不同而各异，碱性溶液和质子交换膜是最好的电解质。若以质子交换膜为电解质，可在图 36-1 右边电极接电源正极形成电解的阳极，在其上发生氧化反应 $2H_2O = O_2 + 4H^+ + 4e^-$。左边电极接电源负极形成电解的阴极，阳极产生的 H^+ 通过质子交换膜到达阴极后，发生还原反应 $2H^+ + 2e^- = H_2$。即在右边电极析出 O_2，左边电极析出 H_2。

作为燃料电池或电解池的电极在制造上通常有些差别，燃料电池的电极应利于气体吸纳，而电解池需要尽快排出气体。燃料电池阴极产生的水应随时排出，以免阻塞气体通道，而电解池的阳极必须被水淹没。

（三）太阳能电池

太阳能电池利用半导体 pn 结受光照射时的光伏效应发电。太阳能电池的基本结构就是一个大面积平面 pn 结，图 36-2 为 pn 结示意图。

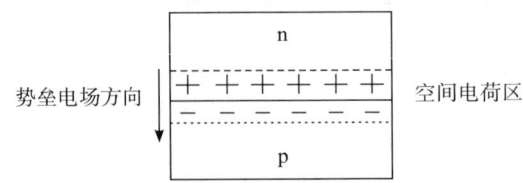

图 36-2　半导体 pn 结示意图

p 型半导体中有相当数量的空穴，几乎没有自由电子。n 型半导体中有相当数量的自由电子，几乎没有空穴。当两种半导体结合在一起形成 pn 结时，n 区的电子（带负电）向 p 区扩散，p 区的空穴（带正电）向 n 区扩散，在 pn 结附近形成空间电荷区与势垒电场。势垒电场会使载流子向扩散的反方向作漂移运动，最终扩散与漂移达到平衡，使流过 pn 结的净电流为零。在空间电荷区内，p 区的空穴被来自 n 区的电子复合，n 区的电子被来自 p 区的空穴复合，使该区内几乎没有能导电的载流子，又称为结区或耗尽区。

当光电池受光照射时，部分电子被激发而产生电子-空穴对，在结区激发的电子和空穴分别被势垒电场推向 n 区和 p 区，使 n 区有过量的电子而带负电，p 区有过量的空穴而带正电，pn 结两端形成电压，这就是光伏效应。若将 pn 结两端接入外电路，就可向负载输出电能。

（四）仪器介绍

仪器的构成如图 36-3 所示。

燃料电池、电解池、太阳能电池的原理见实验原理部分。

质子交换膜必须含有足够的水分，才能保证质子的传导。但水含量又不能过高，否则电极被水淹没，水阻塞气体通道，燃料不能传导到质子交换膜参与反应。如何保持良好的水平衡关系是燃料电池设计的重要课题。为保持水平衡，我们的电池正常工作时排水口打开，在电解电流不变时，燃料供应量是恒定的。若负载选择不当，电池输出电流太小，未参加反应的气体从排水口泄漏，燃料利用率及效率都低。在恰当选择负载时，燃料利用率约为 90%。

气水塔为电解池提供纯水（二次蒸馏水），可分别储存电解池产生的 H_2 和 O_2，为燃料

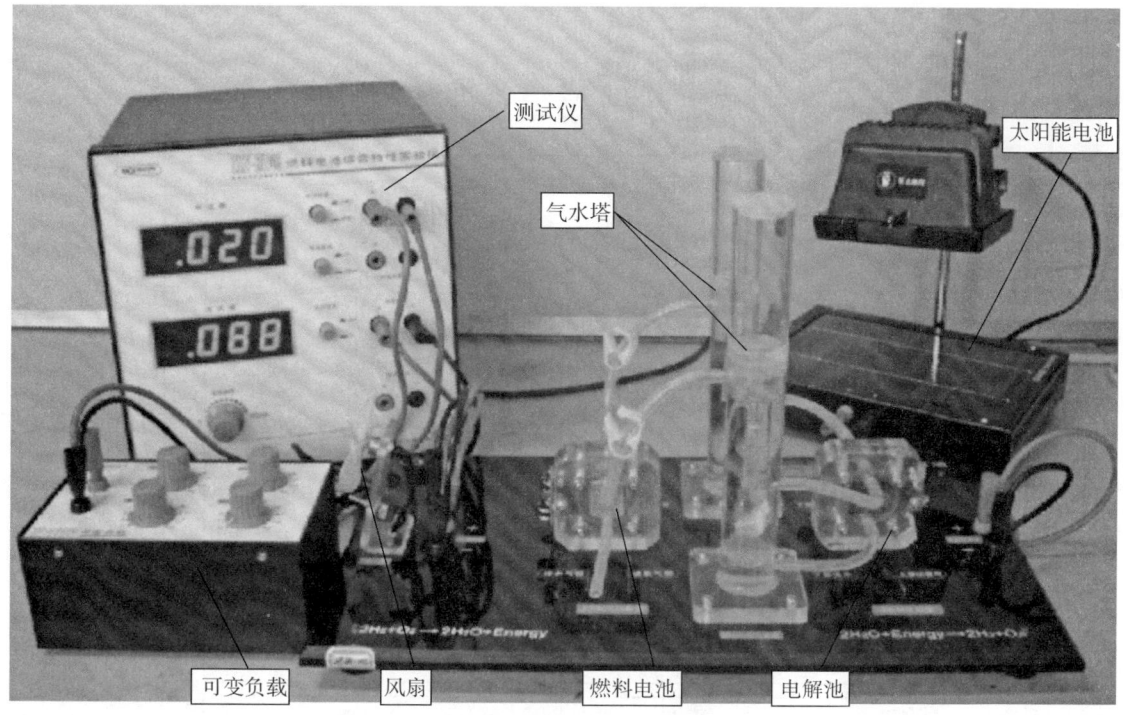

图 36-3 燃料电池综合实验仪

电池提供燃料气体。每个气水塔都是上、下两层结构,上、下层之间通过插入下层的连通管连接,下层顶部有一输气管连接到燃料电池。开始时,下层近似充满水,电解池工作时,产生的气体会汇聚在下层顶部,通过输气管输出。若关闭输气管开关,气体产生的压力会使水从下层进入上层,而将气体储存在下层的顶部,通过管壁上的刻度可知储存气体的体积。两个气水塔之间还有一个水连通管,加水时打开使两塔水位平衡,实验时切记关闭该连通管。

风扇作为定性观察时的负载,可变负载作为定量测量时的负载。

测试仪可测量电流、电压。若不用太阳能电池作为电解池的电源,可从测试仪供电输出端口向电解池供电。实验前需预热 15 min。如图 36-4 所示为燃料电池实验仪系统的测试仪前面板图。

(1) 区域 1——电流表部分,作为一个独立的电流表使用。包括:

① 两个挡位:2 A 挡和 200 mA 挡,可通过电流挡位切换开关选择合适的电流挡位测量电流。

② 两个测量通道:电流测量 I 和电流测量 II。通过电流测量切换键可以同时测量两条通道的电流。

(2) 区域 2——电压表部分,作为一个独立的电压表使用。共有两个挡位:20 V 档和 2 V 档,可通过电压挡位切换开关选择合适的电压挡位测量电压。

(3) 区域 3——恒流源部分,为燃料电池的电解池部分提供 0~350 mA 的可变恒流源。

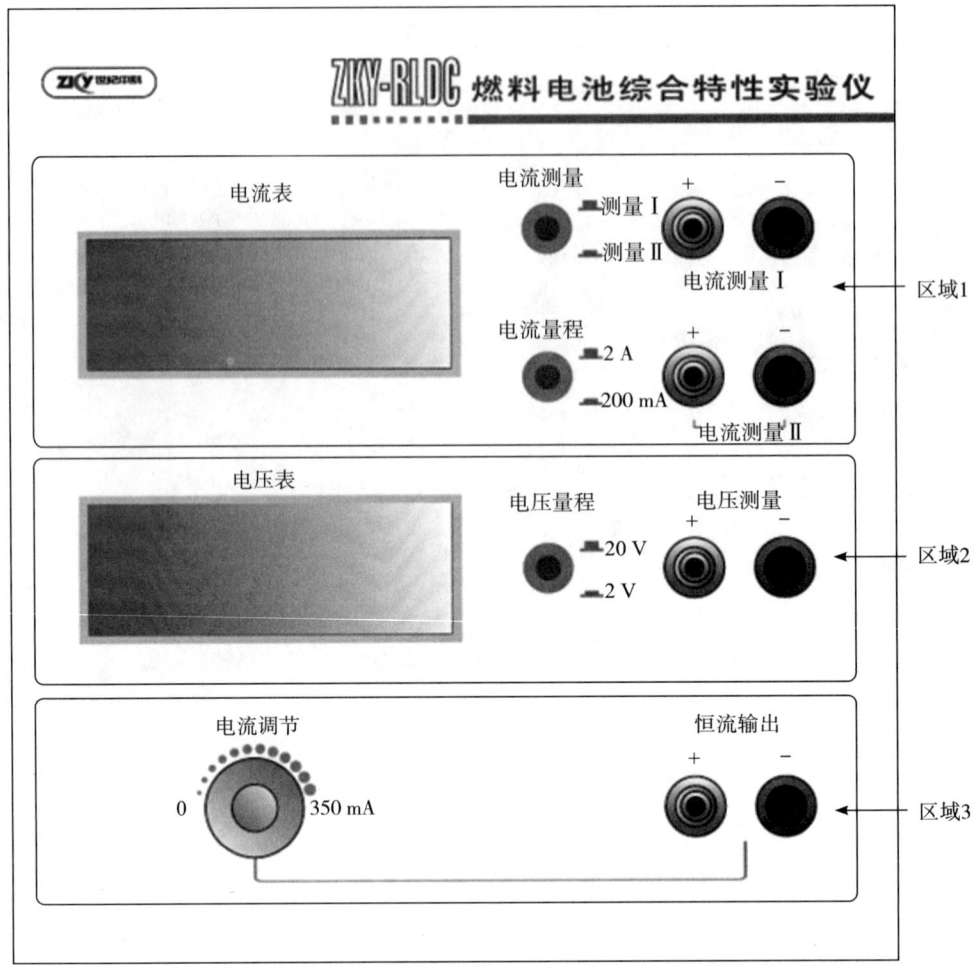

图 36-4 燃料电池测试仪前面板示意图

三、实验内容与步骤

(一)质子交换膜电解池的特性测量

理论分析表明,若不考虑电解池的能量损失,在电解池上加 1.48 V 电压就可使水分解为 H_2 和 O_2,实际由于各种损失,输入电压高于 1.6 V 电解池才开始工作。

电解池的效率为:

$$\eta_{电解} = \frac{1.48}{U_{输入}} \times 100\% \tag{36-1}$$

输入电压较低时虽然能量利用率较高,但电流小,电解的速率低。通常使电解池输入电压在 2 V 左右。

根据法拉第电解定律,电解生成物的量与输入电量成正比。在标准状态下(温度为 0 ℃,电解池产生的 H_2 保持在标准大气压),设电解电流为 I,经过时间 t 生产的 H_2 体积(O_2 体积为 H_2 体积的一半)的理论值为:

$$V_{H_2} = \frac{It}{2F} \times 22.4 \tag{36-2}$$

式中，$F = eN_A = 9.65 \times 10^4$ C/mol，为法拉第常数；$e = 1.602 \times 10^{-19}$ C，为电子电量；$N_A = 6.022 \times 10^{23}$，为阿伏伽德罗常数，$It/2F$ 为产生的 H_2 的物质的量，22.4 L 为标准状态下气体的摩尔体积。

若实验时的摄氏温度为 T，所在地区气压为 p，根据理想气体状态方程，可对式 36-2 做修正：

$$V_{H_2} = \frac{273.16 + T}{273.16} \cdot \frac{p_0}{p} \cdot \frac{It}{2F} \times 22.4 \tag{36-3}$$

式中，p_0 为标准大气压。自然环境中，大气压受各种因素的影响，如温度和海拔等，其中海拔对大气压的影响最为明显。由国家标准 GB 4797.2—2005 可查到，海拔每升高 1000 m，大气压下降约 10%。

由于水的相对分子质量为 18 g/mol，且每克水的体积为 1 cm³，故电解池消耗的水的体积为：

$$V_{H_2O} = \frac{It}{2F} \times 18 = 9.33It \times 10^{-5} \tag{36-4}$$

应当指出，式 36-3、式 36-4 的计算对燃料电池同样适用，只是其中的 I 代表燃料电池输出电流，V_{H_2} 代表燃料消耗量，V_{H_2O} 水代表电池中水的生成量。

确认气水塔水位在水位上限与下限之间。将测试仪的电压源输出端串联电流表后接入电解池，将电压表并联到电解池两端。将气水塔输气管止水夹关闭，调节恒流源输出到最大（旋钮顺时针旋转到底），让电解池迅速产生气体。当气水塔下层的气体低于最低刻度线的时候，打开气水塔输气管止水夹，排出气水塔下层的空气。如此反复 2~3 次后，气水塔下层的空气基本排尽，剩下的就是纯净的 H_2 和 O_2 了。根据表 36-1 中的电解池输入电流大小，调节恒流源的输出电流，待电解池输出气体稳定后（约 1 min），关闭气水塔输气管。测量输入电流、电压及产生一定体积的气体的时间，记入表 36-1 中。

表 36-1 电解池的特性测量实验数据

输入电流 I/A	输入电压/V	时间 t/秒	电量 It/C	H_2 产生量 测量值/L	H_2 产生量 理论值/L
0.10					
0.20					
0.30					

由式 36-3 计算 H_2 产生量的理论值，并与 H_2 产生量的测量值比较。若不管输入电压与电流多大，H_2 产生量只与电量成正比，且测量值与理论值接近，即验证了法拉第定律。

(二) 燃料电池输出特性测量

在一定的温度与气体压力下，改变负载电阻的大小，测量燃料电池的输出电压与输出电流之间的关系，如图 36-5 所示，电化学家将其称为极化特性曲线，习惯用电压作为纵坐标，电流作为横坐标。

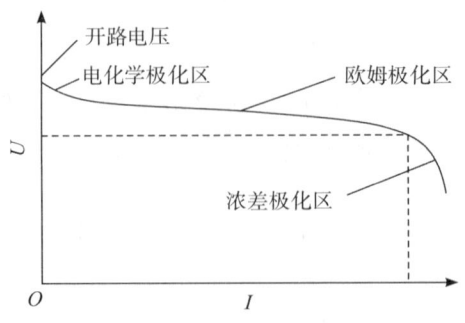

图 36-5　燃料电池的极化特性曲线

理论分析表明,如果燃料的所有能量都被转换成电能,则理想电动势为 1.48 V。实际燃料的能量不可能全部转换成电能,例如总有一部分能量转换成热能,少量的燃料分子或电子穿过质子交换膜形成内部短路电流等,故燃料电池的开路电压低于理想电动势。

随着电流从零增大,输出电压有一段下降较快,主要是因为电极表面的反应速度有限,有电流输出时,电极表面的带电状态改变,驱动电子输出阳极或输入阴极,产生的部分电压会被损耗掉,这一段被称为电化学极化区。

输出电压的线性下降区的电压降,主要是电子通过电极材料及各种连接部件、离子通过电解质的阻力引起的,这种电压降与电流成比例,所以被称为欧姆极化区。

输出电流过大时,燃料供应不足,电极表面的反应物浓度下降,使输出电压迅速降低,而输出电流基本不再增加,这一段被称为浓差极化区。

综合考虑燃料的利用率(恒流供应燃料时可表示为燃料电池电流与电解电流之比)及输出电压与理想电动势的差异,燃料电池的效率为:

$$\eta_{电池}=\frac{I_{电池}}{I_{电解}} \cdot \frac{U_{输出}}{1.48}\times100\%=\frac{P_{输出}}{1.48\times I_{电解}}\times100\% \quad (36\text{-}5)$$

某一输出电流时,燃料电池的输出功率相当于图 36-5 中虚线围出的矩形区,在使用燃料电池时,应根据伏安特性曲线,选择适当的负载匹配,使效率与输出功率达到最大。

实验时让电解池输入电流保持在 300 mA,关闭风扇。将电压测量端口接到燃料电池输出端。打开燃料电池与气水塔之间的 H_2、O_2 连接开关,等待约 10 min,让电池中的燃料浓度达到平衡值,电压稳定后记录开路电压值。将电流量程按钮切换到 200 mA。可变负载调至最大,电流测量端口与可变负载串联后接入燃料电池输出端,改变负载电阻的大小,使输出电压值如表 36-2 所示(输出电压值可能无法精确到表中所示数值,只需相近即可),稳定后记录电压、电流值。负载电阻猛然调得很低时,电流会猛然升到很高,甚至超过电解电流值,这种情况是不稳定的,重新恢复稳定需较长时间。为避免出现这种情况,输出电流高于 210 mA 后,每次减小电阻 0.5 Ω,输出电流高于 240 mA 后,每次减小电阻 0.2 Ω,每测量一点的平衡时间稍长一些(约需 5 min)。稳定后记录电压、电流值。

表 36-2　燃料电池输出特性测量实验数据

电解电流＝　　　mA

输出电压 U/V		0.90	0.85	0.80	0.75	0.70				
输出电流 I/mA	0									
功率 $P=UI$/mW	0									

(1)作所测燃料电池的极化曲线。
(2)作该电池输出功率随输出电压的变化曲线。

思考:该燃料电池最大输出功率是多少?最大输出功率时对应的效率是多少?

实验完毕,关闭燃料电池与气水塔之间的 H_2 和 O_2 连接开关,切断电解池输入电源。

(三)太阳能电池的特性测量

在一定的光照条件下,改变太阳能电池负载电阻的大小,测量输出电压与输出电流之间的关系,如图 36-6 所示。

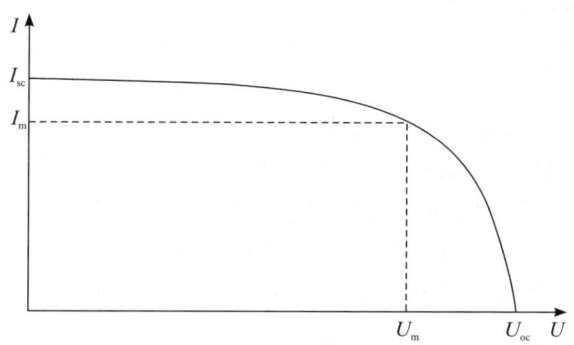

图 36-6 太阳能电池的伏安特性曲线

U_{oc} 代表开路电压,I_{sc} 代表短路电流,图 36-6 中虚线围出的面积为太阳能电池的输出功率。与最大功率对应的电压称为最大工作电压 U_m,对应的电流称为最大工作电流 I_m。

表征太阳能电池特性的基本参数还包括光谱响应特性、光电转换效率、填充因子等。

填充因子 FF 定义为:

$$FF = \frac{U_m I_m}{U_{oc} I_{sc}} \tag{36-6}$$

它是评价太阳能电池输出特性的一个重要参数,其值越高,表明太阳能电池输出特性越趋近于矩形,电池的光电转换效率越高。

将电流测量端口与可变负载串联后接入太阳能电池的输出端,将电压表并联到太阳能电池两端。保持光照条件不变,改变太阳能电池负载电阻的大小,测量输出电压电流值,并计算输出功率,记入表 36-3 中。

表 36-3 太阳能电池输出特性测量实验数据

输出电压 U/V									
输出电流 I/mA									
功率 $P=UI$/mW									

(1)作所测太阳能电池的伏安特性曲线。
(2)作该电池输出功率随输出电压的变化曲线。

思考:该太阳能电池的开路电压 U_{oc}、短路电流 I_{sc} 是多少?最大输出功率 P_m 是多少?最大工作电压 U_m、最大工作电流 I_m 是多少?填充因子 FF 是多少?

四、实验注意事项

(1)使用前应首先详细阅读说明书。

(2)该实验系统必须使用去离子水或二次蒸馏水,容器必须清洁干净,否则将损坏系统。

(3)PEM 电解池的最高工作电压为 6 V,最大输入电流为 1000 mA,否则将极大地伤害 PEM 电解池。

(4)PEM 电解池所加的电源极性必须正确,否则将毁坏电解池并有起火燃烧的可能。

(5)绝不允许将任何电源加于 PEM 燃料电池输出端,否则将损坏燃料电池。

(6)气水塔中所加入的水面高度必须在上水位线与下水位线之间,以保证 PEM 燃料电池正常工作。

(7)该系统主体由有机玻璃制成,使用中需小心,以免打坏和损伤。

(8)太阳能电池板和配套光源在工作时温度很高,切不可用手触摸,以免烫伤。

(9)绝不允许用水打湿太阳能电池板和配套光源,以免触电和损坏该部件。

(10)配套可变负载所能承受的最大功率是 1 W,只能使用于该实验系统中。

(11)电流表的输入电流不得超过 2 A,否则将烧毁电流表。

(12)电压表的最高输入电压不得超过 25 V,否则将烧毁电压表。

(13)实验时必须关闭两个气水塔之间的连通管。

实验三十七 钙钛矿太阳能电池的制备

一、实验目的

(1)掌握钙钛矿太阳能电池的基本结构和工作原理。
(2)掌握一种溶液法制备钙钛矿太阳能电池的方法。

二、实验原理

当半导体受到光照射后在内部产生载流子,载流子的扩散引起电子、空穴密度分布的不平衡,从而产生电力,这种现象叫作光伏效应。在半导体的 pn 结处、晶粒界面、半导体界面等处,由于准费米能级不同,会存在内部载流子。当光入射时,产生的空穴和电子会在载流子的作用下向相反方向漂移,如图 37-1 所示,从而形成光电流。而太阳能电池器件的设计就是在活性层的两侧分别设计空穴传输层与电子传输层使空穴向正极方向移动,电子向负极方向移动,从而在两个电极之间形成电势差。一般来说,电子选择层是一种对于电子有较高电导率、对空穴有较低电导率的材料,这样的材料一般为空穴浓度较低的 n 型半导体材料;同理,空穴选择层一般为电子浓度较低的 p 型半导体材料。而从能带角度分析,电子向空穴传输层注入时的能隙较高,从而起到了阻挡电子的作用;同理,空穴向电子传输层注入时的势垒也较高。正是器件内部各个材料之间形成的能级梯度,保证了电子和空穴沿着各自的传输路径进入外电路。

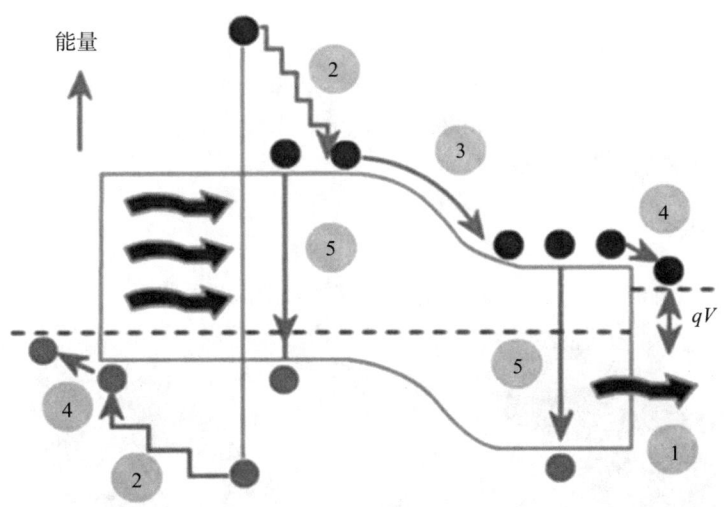

1—半导体材料吸收光子形成载流子;2—电子和空穴分别在活性层的导带和价带中往相反方向迁移;
3—载流子在传输层中迁移;4—载流子被电极收集;5—部分电子跃迁回价带与空穴复合。

图 37-1 太阳能电池的工作原理

本实验中制备的钙钛矿太阳能电池的结构为 $FTO/TiO_2/CH_3NH_3PbI_3/CuSCN/$碳

粉/FTO。FTO(掺氟氧化锡)和碳粉/FTO 分别作为电池的正极和负极。钙钛矿层的带隙大概为 1.5 eV,可以吸收太阳光,并在导带中产生电子,价带中产生空穴。TiO_2 层和 CuSCN 因为带隙较大,并不吸收可见光,但是它们分别具有非常快的电子和空穴传输速度。TiO_2 的导带低于钙钛矿的导带,可以选择性地将钙钛矿导带上的电子传输至 FTO 负极上。CuSCN 的价带高于钙钛矿的价带,因此可以选择性地传输空穴,通过碳微粒传输到 FTO 正极上。电子在电势的驱动下,进入外电路中,就能在外电路产生电流,使负载运行。

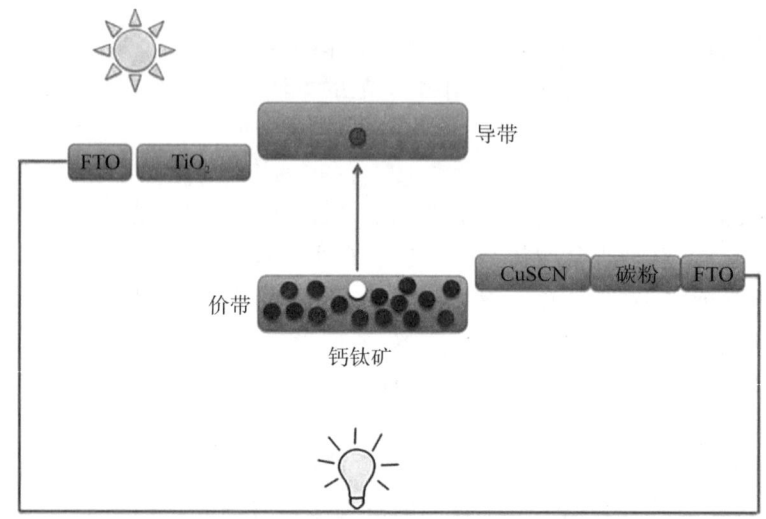

图 37-2 本实验中所制备的钙钛矿电池的工作示意图

三、实验仪器与试剂

(1)万用表,镊子,滴管,热台,玻璃棒,夹子。

(2)TiO_2 前驱体溶液,钙钛矿前驱体溶液(0.05 mol/L $PbCl_2$ + 1.5 mol/L 甲胺碘,溶剂为 N,N-二甲基甲酰胺),CuSCN 溶液(0.05 mol/L,溶剂为二丙基硫醚),微米级碳粉。

(3)FTO 导电玻璃,耐高温胶带。

四、实验步骤

器件的结构示意图如图 37-3。总体的制备步骤如图 37-4 所示。接下来会进行分步阐述。

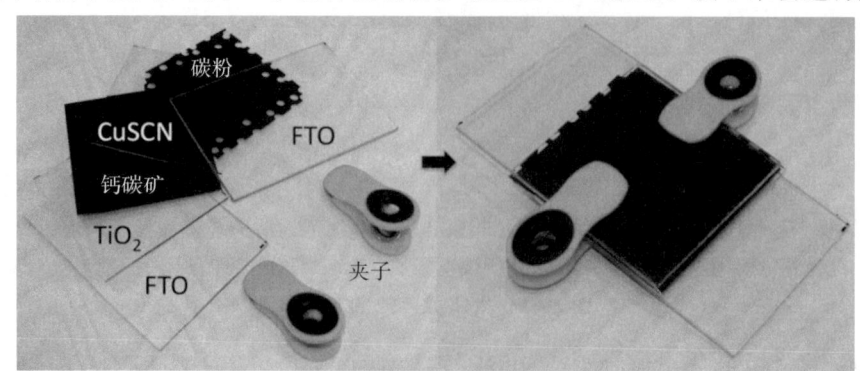

图 37-3 本实验中钙钛矿太阳能电池的组成

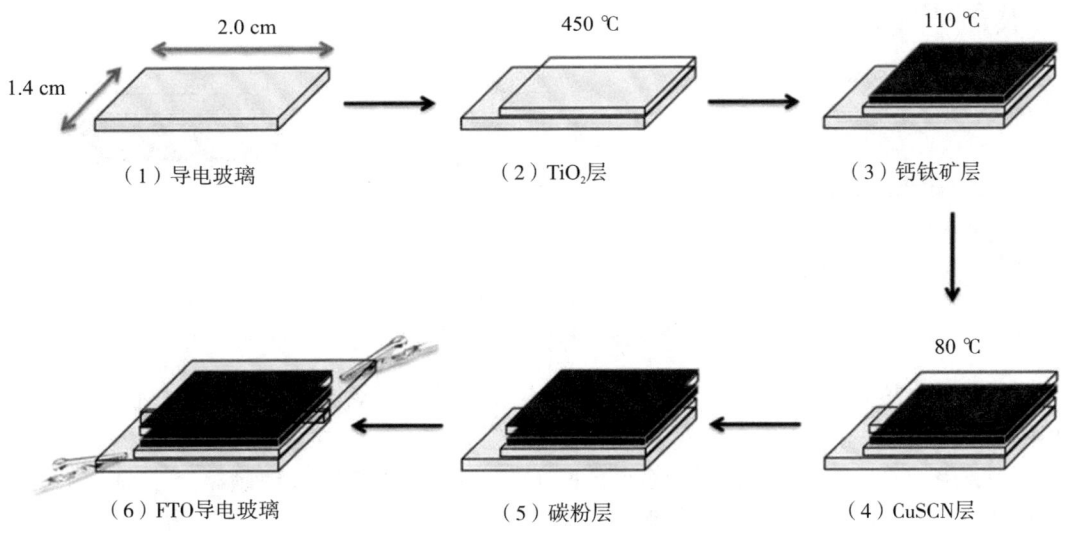

图 37-4　实验的总体制备步骤

（一）测试前准备

取一块 FTO 导电玻璃，使用万用表确定导电的一侧。将万用表的模式调为电阻，量程调至 200 Ω，将两个表笔同时接触 FTO 导电玻璃的一面。若为导电的一面，表头显示为低电阻（几十欧姆）；若为玻璃的一面，则不会有数字显示。

（二）TiO_2 层的制备

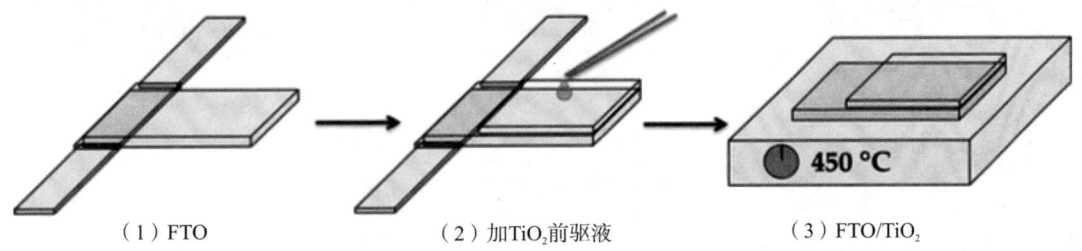

图 37-5　TiO_2 层的制备过程

（1）将 FTO 导电玻璃导电的一面朝上放置于实验台上。将导电玻璃用胶带固定于实验台上，胶带约覆盖导电玻璃面积的 1/4。

（2）用滴管滴一滴 TiO_2 的前驱液于 FTO 导电玻璃上，待其扩散铺满整个裸露的表面。用玻璃棒滚压液膜数次，获得均匀光滑的薄膜。

（3）除去胶带，将附有液膜的 FTO 导电玻璃置于热台上，加热至 450 ℃，保持 20 min。

（4）停止加热，冷却 10 min 后，用镊子将片子取下热台。置于实验台上冷却至室温。

(三)钙钛矿层的制备

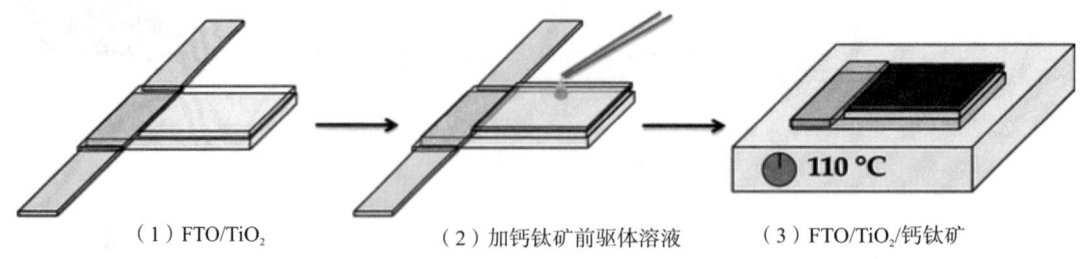

（1）FTO/TiO$_2$　　　　（2）加钙钛矿前驱体溶液　　　　（3）FTO/TiO$_2$/钙钛矿

图 37-6　钙钛矿层的制备过程

（1）用耐热胶带将完成上一步骤的片子固定于实验台上，胶带粘贴的位置与上一步相同。

（2）用滴管滴一滴钙钛矿前驱液于 FTO/TiO$_2$ 上，待其扩散铺满整个表面。用玻璃棒滚压液膜数次，获得均匀光滑的薄膜。

（3）去除粘于实验台的多余胶带，保留片子上的胶带。将附有液膜的片子置于热台上，热台的温度设定为 110 ℃，待液膜的颜色逐渐变黑且不再加深后，在这个温度下继续保持 10 min 以上再进行下一步的制备。

(四)空穴传输层的制备

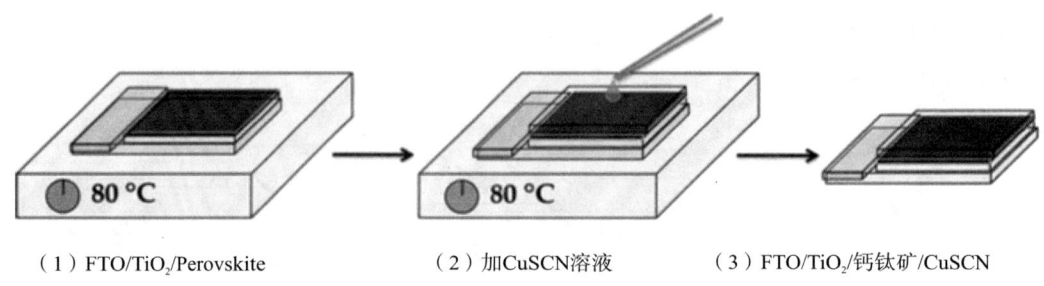

（1）FTO/TiO$_2$/Perovskite　　　　（2）加 CuSCN 溶液　　　　（3）FTO/TiO$_2$/钙钛矿/CuSCN

图 37-7　空穴传输层的制备过程

（1）将热台的温度降低至 80 ℃。

（2）用滴管滴一滴 CuSCN 溶液于 FTO/TiO$_2$/钙钛矿上，迅速用玻璃棒将液滴赶至整个薄膜，之后滚压液膜数次，获得均匀光滑的薄膜。

（3）等待 15 min 后，将片子从热台上取下。

(五)正极的制备

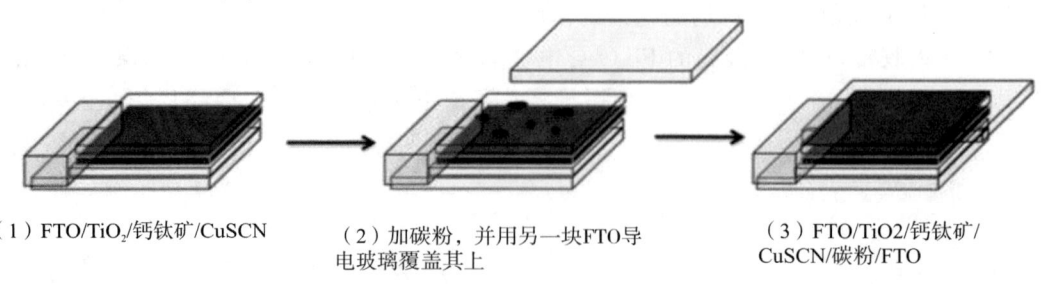

（1）FTO/TiO$_2$/钙钛矿/CuSCN　　（2）加碳粉，并用另一块FTO导电玻璃覆盖其上　　（3）FTO/TiO2/钙钛矿/CuSCN/碳粉/FTO

图 37-8　正极的制备过程

(1)将少量碳粉置于 CuSCN 薄膜上,并将另一片 FTO 透明电极倒扣在器件上方。注意 FTO 导电玻璃导电的一面需要与碳粉接触。

(2)将两个片子轻轻滑动,使碳粉分散均匀。注意力度不要太大,避免破坏制备好的 FTO/TiO_2/钙钛矿/CuSCN 薄膜的完整性。

(3)使用两个夹子将 FTO 玻璃固定住,之后去除片子上的绝缘胶带。

(六)器件的测试

将万用表的两端连上两个夹子,分别夹住两块 FTO 导电玻璃。将万用表的量程调至 2 V,或将电流量程调至 1 mA。分别将器件置于黑暗环境中和光照条件下,观察这两个示数的变化。

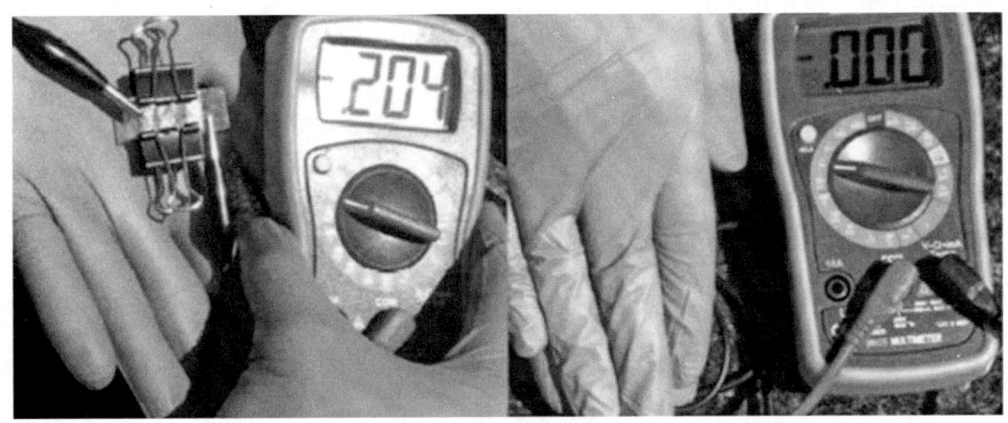

图 37-9 器件的测试

五、实验数据记录

分别测量 5 组光照下和暗态下器件的电压值和电流值,每组之间间隔半分钟的时间。

表 37-1 光照和暗态下的实验数据记录表

序号	1		2		3		4		5	
条件	明	暗	明	暗	明	暗	明	暗	明	暗
电压/V										
电流/mA										

持续光照下记录器件的电压值和电流值,每组之间间隔半分钟的时间。

表 37-2 持续光照下的实验数据记录表

序号	1	2	3	4	5
电压/V					
电流/mA					

六、实验注意事项

(1)注意佩戴手套和护目镜,勿将溶液喷洒在裸露的皮肤、眼睛或衣物上。若不慎接触,立即用清水冲洗。

(2)小心操作,避免被热台烫伤。

七、思考题

(1)实验中,CuSCN 的作用是什么?

(2)持续光照下,器件的电压和电流如何变化?原因是什么?

(3)实验中碳粉的作用是什么?

实验三十八　纤维素太阳能膜的制备与透光率测试

一、实验目的

(1) 掌握纤维素的溶胶制备过程；
(2) 掌握透光率的测试过程；
(3) 了解透光率对太阳能电池的重要性。

二、实验原理

(一) 纤维素太阳能膜

纤维素(cellulose)是自然界中广泛存在的可再生资源。随着各国对环境污染问题的日益重视，纤维素这种可持续发展的可再生资源的开发和应用愈来愈受到关注。目前，纤维素资源与纺织、轻工、化工、国防、石油、医药、生物技术、环境保护和能源等息息相关，被广泛应用于纸、纤维膜、聚合物和涂料等纤维素材料的生产，但如何高效地分离出纤维素，制备纤维素基材料、再生纤维素以及研究纤维素晶体的物理化学结构以获得性能特殊的功能产品，研究开拓纤维素在新技术、新材料和新能源中的应用，等等，成为国内外科学家竞相开展的研究课题。

有两种途径获得纯的天然纤维素：一种是选择天然纤维素含量极高的原料，如含天然纤维素高达 95%～99% 的棉纤维等，然后加以纯化；另一种是从木材和其他木化植物中分离制备天然纤维素。为了从木材和其他木化植物中制备纤维素，必须从这些植物中尽可能完全地脱去与天然纤维素伴生的木素和半纤维素，其中困难在于分离时需要使纤维素尽可能保持天然状态和高的得率。常见的分离方法包括两大类：一是从传统的植物原料中分离天然纤维素；二是从综纤维素中分离天然纤维素。

纤维素的溶解一直是这个领域的难点。纤维素材料的加工成型及应用都离不开溶解。纤维素首先在分子内和分子间形成大量氢键，进而构成刚性的不溶性微纤丝；在微纤丝形成过程中，有的区域中葡聚糖长链沿分子长轴平行排列，呈现一定的规律，形成高度有序的结晶区，其间又夹杂很多无序结构，形成交织的无定形区。纤维素是一种两相共存的体系。

纤维素结构复杂，很难用溶剂直接溶解，在溶解前活化可以削弱分子间的作用力，使纤维素的微细结构发生深刻的变化，有利于纤维素在离子液体中的溶解。常用的活化方法是用 NaOH 溶液处理纤维素，NaOH 进入纤维素内部，破坏分子内和分子间氢键，使纤维素得到最大程度的溶胀。

20 世纪 70 年代，Suvorova 报道了在 NaoH 溶液中添加一定量的尿素有助于溶解纤维素，而且不会造成纤维素的降解，Kamide 等也报道了经闪爆处理过的木纤维素能很快溶解在含 8%～10%(质量分数)尿素的 NaOH/尿素水溶液中。张俐娜等对上述体系进行改进，通过调节尿素的含量，使得溶剂体系能够很好地溶解包括棉纤维素在内的多种纤维素。在此基础上，他们还陆续发展了 NaOH/硫脲水溶液，LiOH/尿素水溶液和 LiOH/硫脲水溶液等多种纤维素溶剂体系。LiOH/尿素水溶液与 NaOH/尿素/水体系类似,能溶解更高分子量的纤维素,这是因为 Li 半径要比 Na 小许多,更易进入纤维素内部,破坏纤维素的结构。

经溶解得到的纤维素溶胶是一种透明液体,可采用涂覆法制成透明薄膜。

(二)透光率

1. 总透光率的定义

透光率是衡量一种物体透射光通量的尺度。1933 年,国际照明委员会(CIE)对透光率下了明确的定义:透光率是透过物体的光通量和射到物体的光通量之比,即

$$T = \frac{\Phi}{\Phi_0} = \frac{\int_0^\infty I_\lambda V_\lambda \tau_\lambda d\lambda}{\int_0^\infty I_\lambda V_\lambda d\lambda} \tag{38-1}$$

式中:T——总透光率;光通量之比;

Φ_0——射到物体上的光能量,cd;

Φ——透过物体的光能量;

I_λ——A 光源的分谱辐射强度,w/m;

V_λ——明视觉相对光谱灵敏度(或视见函数);

τ_λ——单色光透光率;

d_λ——波长间隔,nm。

这样,只要用分光光度计测出物体的一系列单色光的透光率,就可以累计计算物体的可见光(380~780 nm)透光率。不过,手工计算十分麻烦,将算法编成程序,在计算机上自动计算则方便得多。

2. 雾度的定义

光线射到一透明或半透明物体上时,部分产生定向反射,部分产生漫反射,如图 38-1 中的左半球所示。光线进入样品后部分被吸收,部分被透过。在出射样品的光中,主透射部分按折射定律前进,其余部分产生半球透射,其前进方向是散乱的,因此称为漫透射,如图中的右半球所示。

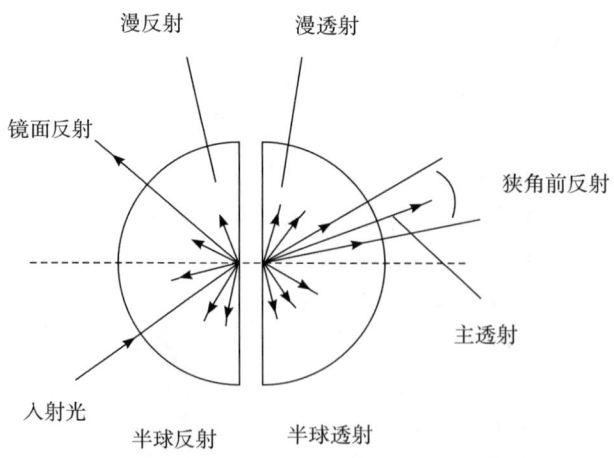

图 38-1 透光率/雾度测定仪的基本测量原理

按照 GB 2410—80 及 ASTM D1003-61(1997),以半球透射来考核的透光率称为半球透光率。

透过试样而偏离入射方向的散光通量与透射光通量之比称为雾度,同样,在 GB 2410—80 及 ASTM D 1003—61(1997)中所定义的雾度是指样品的半球雾度。

透光率/雾度测定仪采用平行照射,半球散射,积分球光与透射原理电接收的方式,其测量原理如图 38-2 所示。由光源 1(卤钨灯)发出的光经过聚光镜 2,通过光栏 3,经遮光式调制器 4 射到物镜 5 上。物镜 5 射出一束平行光束,其光线偏离角不大于 30°,并将光栏 3 成像在出射窗口 10 上。出射窗口对入射窗口中心的张角为 80°,光斑边缘与出射窗口形成 1.30 的环带。积分球 7 内装有一可摆动的标准发射器 9,当测定透光率及总透射光时,标准发射器被控在位,挡住出射窗口;当测散射光时,从出射窗口处让开。固定在积分球上的硒光电池 8 将球内的光照吸收后转换成光电流,经检波放大、模数转换、微机处理后,显示透光率和雾度的测定值,需要时还可打印输出。

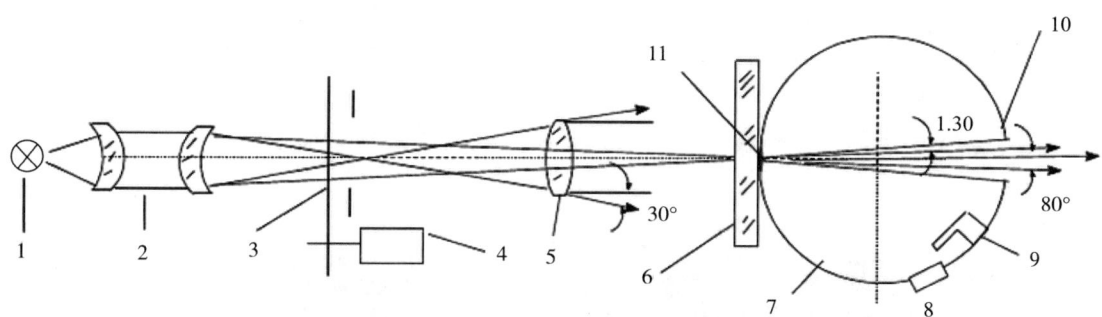

1—光源;2—聚光镜;3—光栏;4—遮光式调制器;5—物镜;6—标准板;
7—积分球;8—硒光电池;9—标准发射器;10—出射窗口

图 38-2　透光率/雾度测定仪的测量原理图

三、实验仪器与试剂

太阳能膜测试仪;增力电动搅拌器;—25 ℃低温试验箱;实验室冷冻离心机;玻璃片、石英管、红铜丝、烧杯;棉短绒浆板(湖北化纤集团有限公司),聚合度(DP)为 500 的纤维素样品,使用前于真空干燥箱中 55 ℃真空干燥 24 h;NaOH,尿素,NaCl,硫脲,均为分析纯。

四、实验步骤

(一)碱/尿素/水体系纤维素溶液的制备

配制碱/尿素/水溶剂:按照 7% NaOH、12% 尿素、81% 水的比例,称取 NaOH、尿素溶解于水中,然后将溶液放入低温冰箱,预冷至—12 ℃,备用

将 3 g 棉短绒浆板加入 100 g 配制好的碱/尿素/水溶剂当中,并高速搅拌 5 min,在 5000 r/min 转速下室温离心脱泡 10 min,得到透明纤维素溶液。

(二)纤维素太阳能膜的制备

在石英管两端各绑上一根细铜丝,通过铜丝的直径大小来控制所制备的太阳能薄膜的厚度。

将制备好的纤维素溶液在玻璃片的一端倒成一长条;采用绑有铜丝的石英管从玻璃片的一端把纤维素溶液往另一端赶,就像复印一样在玻璃片表面平铺一层均匀的纤维素溶液;

将玻璃片平放于去离子水中浸泡 4 h 以上;在备好的有机板上涂上一层油脂,取出玻璃片,剥下制备好的纤维素膜,粘贴于有机板的表面自然晾干后,制成纤维素太阳能膜。

(三)太阳能膜的透光率测试

LS182 太阳能膜测试仪(图 38-3)的测试原理是采用紫外光源、可见光源和红外光源照射被测透明物质,感应器分别探测光源的入射光强和透过被测透明物质后的光强,透过光强与入射光强的比值即为透光率,用百分数表示。

大多数的太阳能膜,可见光标注透光率指标,红外线和紫外线标注阻隔率指标(阻隔率=100%-透光率)。LS182 直接测量和显示紫外线的阻隔率、红外线的阻隔率和可见光透光率,方便读数和理解。

LS182 太阳能膜测试仪专业用于测试太阳能膜的紫外线阻隔率、红外线阻隔率和可见光透光率,测量步骤如下:

(1)插上电源,保持测试槽内为空,打开测试仪的电源开关,首先显示仪器版本号及仪器型号,紫外线阻隔率和红外线阻隔率数据显示为"0.0%",可见光透光率显示为"100%"。表示无被测物时,红外线和紫外线的阻隔率为 0.0%,可见光透光率为 100%。

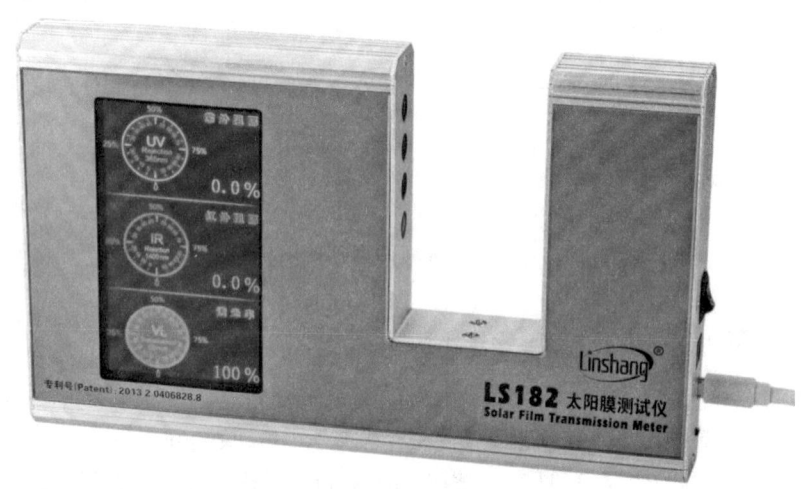

图 38-3　LS182 太阳能膜测试仪

(2)将被测试物(太阳能膜、贴膜的玻璃等)放入测试槽内,立即显示被测物对紫外线的阻隔率、对红外线的阻隔率和对可见光的透光率。

如图 38-4 所示:样品太阳能膜的紫外线阻隔率为 98.7%,红外线阻隔率为 70.7%,可见光透光率为 74.6%。

五、实验注意事项

(1)仪器接上专用电源,保持测试槽内为空,打开仪器开关。

(2)将被测物放入测试槽中,被测物尽量贴近测试槽的左边。

(3)仪器不使用时,请关闭电源。

(4)开机时仪器自测试和自校准,测试槽内一定要为空,否则不能完成自校准。

(5)避免与腐蚀性物品接触,远离高温高湿的环境。

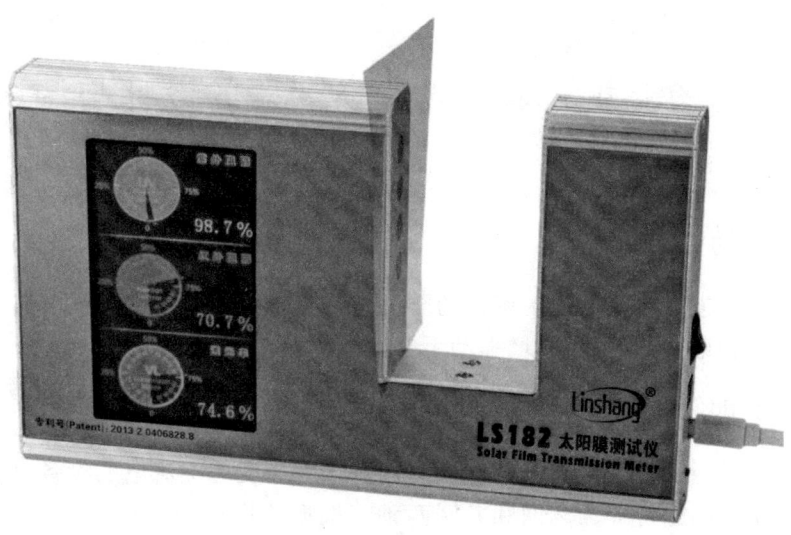

图 38-4　样品测试结果

（6）长时间连续使用时，由于 LED 光源的发光效率下降，在无测试物时测试数据可能不显示为"0.0％""0.0％""100％"，此时请关闭仪器的电源，重新开机自检和自校准。

六、思考题

（1）写出实验目的、实验原理和实验结果，并做适当的分析。
（2）纤维素溶液制备过程中关键的工艺参数有哪些？分别是多少？
（3）使用 SL182 太阳能膜测试仪时有哪些注意事项？

实验三十九 单相光伏逆变器的设计与调试

一、实验目的

了解单相光伏逆变器从设计到调试的全过程,并通过实际焊接、调试电路、烧写程序、测量电压输出波形和记录相关数据,增强动手实践能力。

二、实验原理

光伏逆变器是一种将太阳能电池板发出的直流电逆变为交流电的设备。根据逆变器在光伏发电系统中的用途可分为离网和并网两种。根据波形调制方式又可分为方波逆变器、阶梯波逆变器、正弦波逆变器和组合式三相逆变器。对于用于并网系统的逆变器,根据有无变压器又可分为变压器型逆变器和无变压器型逆变器。其中,单相离网光伏逆变器是实际使用最广泛的一种光伏逆变器,主要应用于家庭发电系统中,直接为负载供电,功率范围通常在 500 W～6 kW 之间。单相光伏逆变器主要基于冲量等效原理(impulse equivalency principle)设计,以实现直流到交流的逆变。冲量等效原理又称为面积等效原理,是 PWM 控制技术的重要基础理论。它是指冲量相等而形状不同的窄脉冲加在具有惯性的环节上时其效果基本相同,如图 39-1 所示。冲量即窄脉冲的面积,所说的效果基本相同是指环节的输出波形基本相同。

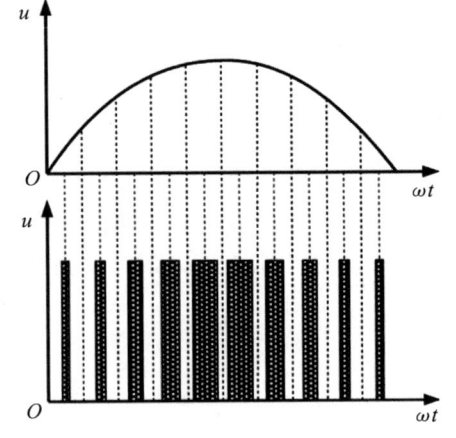

图 39-1 冲量等效原理

单相光伏逆变器的电路原理图如图 39-2 所示。其核心电路即为逆变开关电路,该电路通过电力电子开关的导通与关断实现逆变的功能。在冲量等效原理的实际应用方面,通常使用调制波与载波相比较的方法产生 PWM 波形,如图 39-3 所示,而控制电力开关的信号即为通过冲量等效原理产生的 PWM 波形。

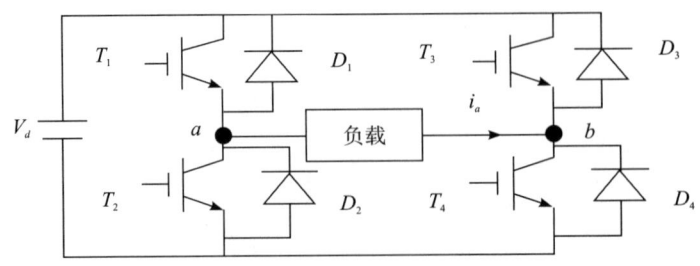

图 39-2 单相光伏逆变器电路原理图

除了基本的逆变功能以外,光伏逆变器另外一个重要功能就是最大功率点追踪

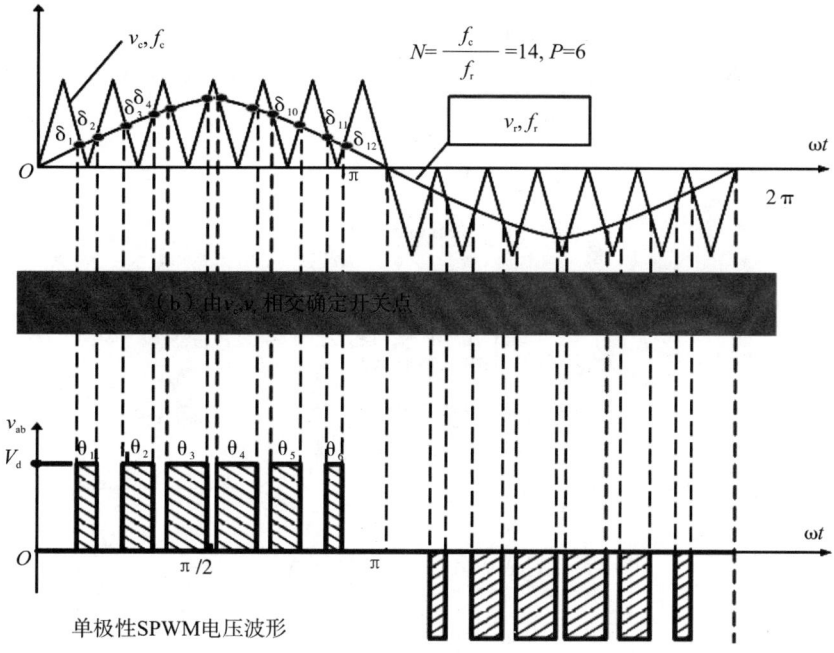

图 39-3　PWM 波形的产生

(maximum power point tracking,MPPT)。MPPT 功能是指通过实时侦测太阳能板的发电状态,追踪最高电压电流值(VI),使系统始终以最大功率对外发电的功能。图 39-4 为某光伏太阳能电池的 I-V 曲线,由该曲线可知,MPPT 功能即始终使光伏电池工作在曲线的最高点处。

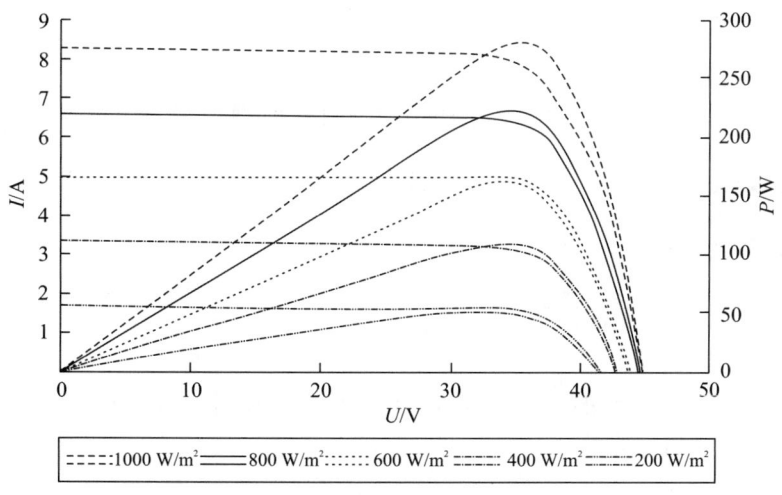

图 39-4　某光伏太阳能电池的 I-V 曲线

依据判断方法和准则的不同分为开环和闭环 MPPT 方法。实际上,外界温度、光照和负载的变化对光伏电池输出特性的影响呈现出一些基本的规律,比如光伏电池的最大功率点电压与光伏电池的开路电压之间存在近似的线性关系,基于这些规律可提出一些开环的

MPPT 控制方法,如定电压跟踪法,短路电流比例系数法和插值计算法等。闭环 MPPT 方法则通过对光伏电池输出电压和电流值的实时测量与闭环控制来实现 MPPT,使用最广泛的自寻优类算法即属于这一类。典型的自寻优 MPPT 算法有扰动观察法和电导增量法两种,其中扰动观察法的程序框图如图 39-5 所示。

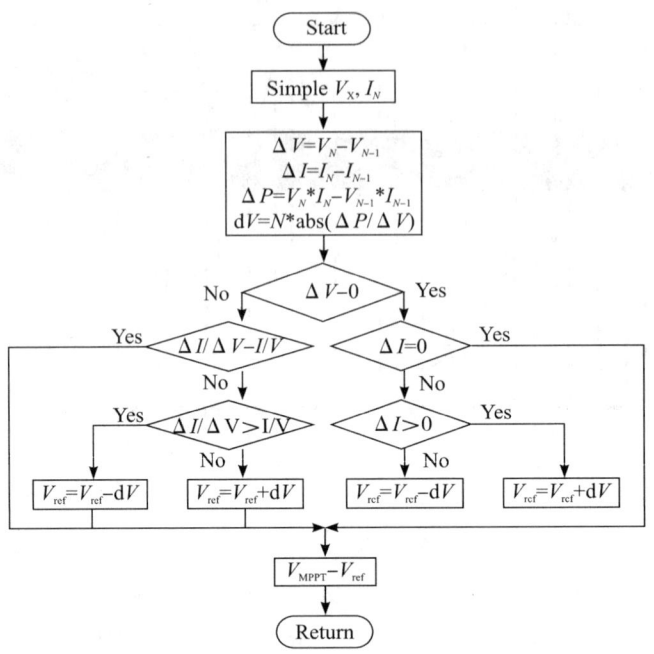

图 39-5 变步长扰动观察法

三、实验仪器

仪器:示波器、万用表、焊台。
材料:电力电子开关(MOSFET)、电路板、单片机、焊锡、焊锡膏。

四、实验步骤

(一)实验的讲解
主要用于讲解实验原理、实验注意事项、安全注意事项与相关仪器设备的使用方法。
(二)电路设计与焊接
根据老师给出的电路图进行学习,并自行焊接电路板,如图 39-6 所示,使用万用表、示波器等测试电路焊接的正确性。
(三)单片机程序的认识与烧写
学习掌握单片机例程,使用老师提供的程序烧写单片机程序,测试单片机工作状态。
(四)整机调试
将电路板、单片机等组装成一套完整的系统并联合调试,使用示波器分别测量 PWM 输出波形和最终输出的电压波形,熟悉整个直流到交流的逆变过程,如图 39-7 所示。

图 39-6　电路焊接

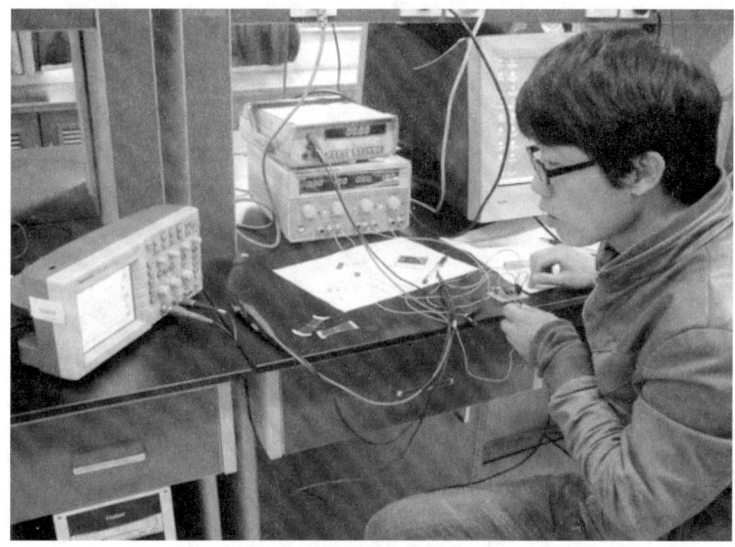

图 39-7　电路联合调试

五、实验注意事项

(1)注意电烙铁的使用方法,避免烫伤。
(2)注意电力电子电路的调试与加载方法,以免引起用电事故。

六、实验数据处理

改变调制波,观察输出电压的变化,并记录以下数据(表 39-1):

表 39-1　实验数据记录表 1

调制比	0.5	0.6	0.7	0.8	0.9
输出电压/V					

将调制比固定在 0.8,测试不同负载下的输出电流,并记录以下数据(表 39-2):

表 39-2　实验数据记录表

负载电阻/Ω	50	40	20	10	5
输出电流/A					

根据以上数据计算逆变器输出功率(表 39-3)。

表 39-3　实验数据计算表

负载电阻/R	50	40	20	10	5
输出功率/W					

七、思考题

(1)单相光伏逆变器的效率如何测量?

(2)三相光伏逆变器的电路与单相光伏逆变器有何异同?

八 能源虚拟仿真综合设计实验

实验四十　核电站原理模拟机实验

一、实验目的

（1）了解核电站原理模拟机的基本概念、构成及功能。
（2）掌握核电站原理模拟机的基本操作。
（3）在核电站原理模拟机上进行功率运行时降负荷操作，了解核电站运行的基础知识。
（4）基于3KEYMASTER仿真平台建立非能动安全壳冷却系统模型并进行仿真，初步掌握核能系统的建模仿真方法。

二、实验原理

核电站原理模拟机是以计算机作为工作平台，通过仿真数学模型模拟核电站物理、工艺和控制过程，以计算机图形界面作为人机界面的仿真系统。核电站原理模拟机能反映核电站物理、热工、控制和电气方面的特性，其丰富的图形、曲线、仪表显示及报警信号等，能深刻、形象地揭示核电站及其系统的基本原理。

核电站原理模拟机通过人机交互界面弹出设备软操作开关的控制窗，使用鼠标进行操作。模拟机模拟了核电站主控制室和就地控制的主要内容，能够完成核电机组的启停、升降功率、事故处理等操作。

在核电站原理模拟机上进行"功率运行时降负荷"的操作，使学生对核电站运行原理和操作过程有一定的了解。

系统建模仿真是指建立系统的模型，并在模型上进行实验和研究的活动。主要包括三个步骤：①系统建模，将实际系统抽象成数学和逻辑的形式；②仿真建模，使用数值计算方法求解所建立的模型；③仿真试验，仿真程序的检验，以及仿真结果与实际系统进行比较。

通过在3KEYMASTER仿真平台上建立非能动安全壳冷却系统的模型，初步掌握核能系统的建模仿真方法。

三、实验仪器

本实验操作需要使用核电站原理模拟机、3KEYMASTER仿真平台。

原理模拟机主要由硬件和软件两部分组成。硬件部分主要是微型计算机。软件部分主要是基于3KEYMASTER仿真平台，以CPR1000三环路压水堆核电厂为模拟对象，采用轻水反应堆瞬态最佳估算程序RELAP5 RT建立核岛模型、FlowBase工具搭建流体网络模型、logic工具模拟控制系统，以及使用静态、动态对象进行人机界面的开发，实现对核电站一、二回路主要系统及其控制调节系统的模拟仿真。

3KEYMASTER仿真平台的建模软件工具包有流网（RELAP5 RT、FlowBase）、电气网络、控制逻辑、安全壳、蒸汽发生器、泵、阀门、变送器，以及人机界面开发对象等建模工具。

四、实验步骤

(一) 任务一：功率运行时降负荷

初始化核电站原理模拟机至满功率 100% FP(Full power, FP) 运行工况，按以下步骤进行操作。

1. 将汽轮发电机组降负荷至 110 MW

表 40-1　将汽轮发电机组降负荷至 110 MW 时的操作

序号	操作系统/画面	操作内容	备注
1	汽机调节系统 GRE	a. 选择降负荷速率 MW/min（最大 5% FP/min） b. 选择目标负荷 MW（不要低于 110 MW） c. 开始降功率	
2	汽水分离再热器系统 GSS	当负荷为 70%FP 时，核对 MSR 第二级再热器主蒸汽压力控制阀按程序关小至管板压力达到最小值 GSS 001VV	
当负荷为 40%FP 时，使一台电动给水泵停运（1 号泵正常停运）			
3	电动主给水泵系统 APA	a. 将转速控制器选于手动 (101RR) b. 用 raise/lower 控制器降低给水泵转速 (101RR) c. 将 APA 102PO 置于手动状态 d. 当泵转速低于最低给送转速 4814 r/min 时，泵停运	
当负荷为 30%FP 时			
4	汽水分离再热器系统 GSS 汽机蒸汽和疏水系统 GPV 低压给水加热器系统 ABP 高压给水加热器系统 AHP 给水除气器系统 ADG	a. 核对 MSR 一、二级后备排气阀自动开启 (GSS152VV/GSS252VV/GSS162VV/GSS262VV) b. 核对 MSR 一、二级正常排气阀已关闭 (GSS151VV/GSS251VV/GSS161VV/GSS261VV) c. 确认管线和蒸汽箱疏水阀自动开启 (GPV101VL/GPV111VL/GPV121VL/GPV131VL) d. 确认低加抽汽疏水器旁路隔离阀开启 (ABP415VV/ABP420VV/ABP425VV/ABP510VV/ABP515VV/ABP520VV/ABP525VV) e. 确认 HP 蒸汽疏水阀开启 (AHP112VV/AHP212VV/AHP312VV/AHP122VV/AHP222VV/AHP222VV/AHP117VV/AHP217VV) f. 除氧器废气排放阀开启 (ADG014VV/ADG019VV/ADG079VV)	为自动过程，仅是核对和检查相关阀的开启及关闭

续表

当负荷为 20%FP 时			
5	汽水分离再热器系统 GSS 给水除气器系统 ADG 汽机蒸汽和疏水系统 GPV	检查 MSR 新蒸汽疏水阀开启(GSS 003VL) 用新蒸汽维持除氧器压力在 270 kPa abs (ADG002KU、ADG005VV) 核对 LP 喷淋系统投运(GPV 221VL)	

当负荷为 10%FP 时,停止降负荷			

2. 降负荷至 110 MW 后用停机命令使汽轮发电机组解列

表 40-2　降负荷至 110 MW 后用停机命令使汽轮发电机组解列相关操作

序号	操作系统/画面	操作内容	备注
1	汽机旁路系统 GCT 02C	确认汽机旁路系统控制阀在压力模式控制 (GCT503KC、GCT515KS)	
2	汽机保护系统 GSE	发出停机命令,MAIN TRIP ORDER 按下 SP1 SP2 SP3	
3	汽机旁路系统 GCT 02C	核对汽机旁路系统控制阀 GCT-C 第一组开启,补偿由于停机造成的蒸汽需求减少,保持 SG 内压力在额定值(GCT113VV/GCT117VV/GCT121VV/GCT401KM)	
4	汽机旁路系统 GCT 02C 汽机监视系统 GME	核对 GCT-C 喷淋阀门开启,并将 LP 排气罩温度控制 80 ℃以下 (GCT125VL/GCT127VL/GME231MT)	
5	GSY	在接近 0 MW 时,确认发电机负荷开关已断开 (GSY001JA)	
6	汽机保护系统 GSE 汽机调节系统 GRE	核对所有汽机阀门已关闭 (GSE001VV/GSE002VV/GSE003VV/GSE004VV/ GSE011VV/GSE012VV/GSE013VV/GSE014VV、 GRE001VV/GRE002VV/GRE003VV/GRE004VV/ GRE011VV/GRE012VV/GRE013VV/GRE014VV)	
7	汽机调节系统 GRE	核对汽机已从 1500 r/min 降速	

3. 汽轮发电机组与电网解列后的操作

表 40-3　汽轮发电机组与电网解列后的操作

序号	操作系统/画面	操作内容	备注
1	汽机润滑、顶轴和盘车系统 GGR 01C	确认 AC 润滑油泵 GGR010PO 已自动启动,如果没有启动,则立即将它启动; 如果 GGR010PO 不能启动,则立即启动 DC 润滑油泵(GGR011PO)	

续表

序号	操作系统/画面	操作内容	备注
2	汽机润滑、顶轴和盘车系统 GGR 02C	核对已选择的顶轴油泵已启动(在 AC 润滑油泵启动后,延时 10 s 自动启动顶轴油泵)	
3	汽机润滑、顶轴和盘车系统 GGR	启动 GGR580PO 或 GGR480PO 确认盘车电机启动(GGR003MO)	
4	低压给水加热器系统 ABP 给水除气器系统 ADG 高压给水加热器系统 AHP	核对这些汽机抽汽隔离阀已关闭 ABP402VV LP 加热器 3 ABP502VV LP 加热器 3 ABP404VV LP 加热器 4 ABP504VV LP 加热器 4 ADG002VV 除氧器 AHP101VV HP 加热器 6 AHP201VV HP 加热器 6 AHP103VV HP 加热器 7 AHP203VV HP 加热器 7	
5	汽水分离再热器系统 GSS	a. 确认 MSR 汽水分离器疏水泵已自动停运(GSS190PO/GSS290PO) b. 核对 MSR 新蒸汽控制阀已关闭(GSS001VV/GSS002VV) c. 核对 MSR 一、二级正常排气阀已关闭(GSS151VV/GSS251VV/GSS161VV/GSS261VV) d. 关闭 MSR 主蒸汽隔离阀(GSS111VV/GSS211VV) e. 核对 MSR 第一级再热蒸汽阀已关闭(GSS101VV/GSS201VV)	
6	发电机励磁和电压调节系统 GEX	在汽机转速降至约 1400 r/min 时,核对发电机励磁机 Field circuit breaker 已自动关断(GEX201JA)	
7	汽机蒸汽和疏水系统 GPV	在汽机跳闸 10 min 后,确认喷淋阀关闭(GPV221VL)	

4. 汽轮发电机组转速下降,至盘车速度 8 r/min

表 40-4　汽轮发电机组转速下降,至盘车速度 8 r/min 时的操作

序号	操作系统/画面	操作内容	备注
1	汽机润滑、顶轴和盘车系统 GGR 02C	当汽机转速降到 1350 r/min,确认电动盘车 GGR003MO 已自动启动	
2	汽机调节系统 GRE	当汽机转速降到 8 r/min 时,核对下列各项: a. 汽机转速由盘车装置保持在 8 r/min b. 汽机辅助设备包括蒸汽旁路系统现在仍可供核蒸汽排放用	

(二)任务二:非能动安全壳冷却系统建模

AP1000 非能动安全壳冷却系统(Passive Containment Cooling System,PCCS)是由一台与安全壳屏蔽构筑物结构合为一体的储水箱、从水箱经由水量分配装置将水输送至安全壳壳体的管道,以及相关的仪表、管道和阀门构成。

该系统利用钢制安全壳壳体作为一个传热表面,蒸汽在安全壳内表面冷凝并加热内表面,然后通过导热将热量传递至钢壳体。受热的钢壳外表面通过对流、辐射和物质传递(水蒸发)等热传递机理,由水和空气冷却。热量以显热和水蒸气的形式通过自然循环的空气带出,来自环境的空气通过一个"常开"流道进入,沿安全壳容器外壁上升,最终通过一个高位排气口返回环境。位于屏蔽构筑物顶部的储水箱在接到安全壳过高的压力或温度信号后,通过重力自动将水洒湿安全壳壳体,并形成较为均匀的水膜,这样至少在 3 天内不需要操纵员的干预(调节流量或补充冷却水)。

非能动安全壳冷却系统如图 40-1 所示。

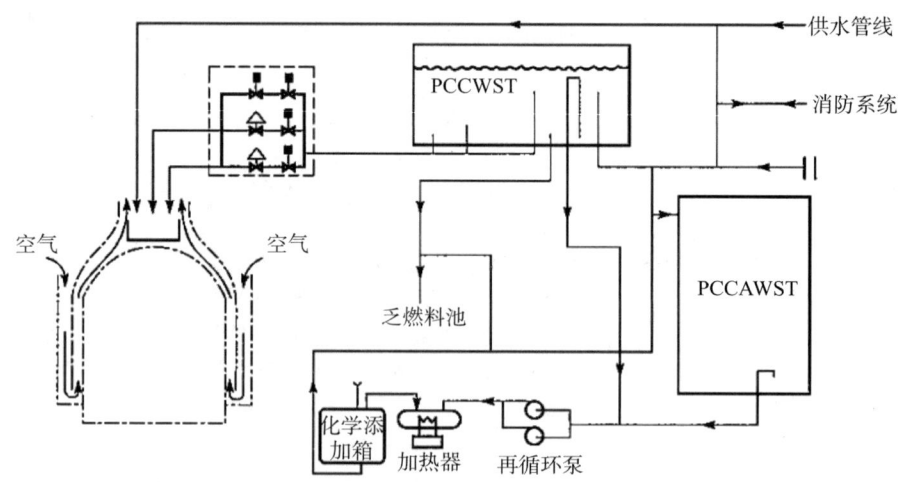

图 40-1 非能动安全壳冷却系统

非能动安全壳冷却系统的运行参数见表 40-5。

表 40-5 非能动安全壳冷却剂系统运行参数

非能动安全壳冷却水储存箱 PCCWST 对 PCCS 的可用容积最小值/m^3	2864
非能动安全壳冷却水储存箱 PCCWST 的流量持续时间最小值/d	3
非能动安全壳冷却水储存箱 PCCWST 容积/m^3	2970
储水箱 3 根输水立管与箱体底板相对高度/m 顶部立管 第二立管 第三立管 底部立管	7.35 6.19 5.12 0.15

PCCWST 水位/m	标称设计流量/($m^3 \cdot h^{-1}$)	最小设计流量/($m^3 \cdot h^{-1}$)
8.38	112.3	106.9

续表

7.35	56.1	54.1
6.19	43.3	41.7
5.12	35.7	34.4

以下针对储水箱接到安全壳高-2压力信号后,通过自重对安全壳壳体洒水过程进行建模：

(1)进入3KEYMASTER开发模式,新建一个Project,选中"Types"和"Tasks",填写Project名称。

(2)添加Types:右键点击"Types",在弹出的目录中选中"Add Types",在弹出的列表框里添加需要的Type模块(如FlowBase、logic等)。

(3)添加Tasks:右键点击"Tasks",在弹出的目录中选中"Add Task",在弹出的列表框里添加需要的Task模块。注:Types和Tasks里模块类型要一致。

(4)添加新Drawing:点击"Add Drawing",填入新添加的画图名称(如"PCCS")。

(5)双击之前添加的Drawing,就能进入画图建模页面(图40-2)。

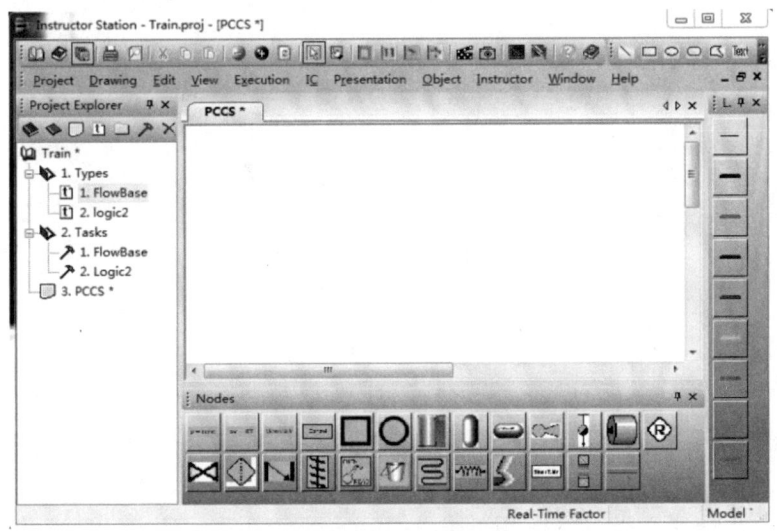

图40-2 画图建模页面

(6)调出模型Nodes和Links工具栏。点击"View",选中"Toolbars",选择"Nodes"和"Links"。

(7)建模:将工具栏里的Nodes拖曳进Drawing,并用Links进行连接,保存新建的Project。

(8)调节模型参数:点击"Load"按钮加载,双击"Node",在弹出的列表中调节相关参数。参数调节完之后,点击"Snap Main"按钮,输入IC名称,保存模型参数信息。

(9)运行模型,载入第8步保存的IC,运行。

(10)保存:点击"Save"按钮。

五、实验结果处理

（1）按照任务一的步骤进行"功率运行时降负荷"操作，记录各项操作完成情况及操作过程中出现的异常现象。监测功率变化，提交功率变化趋势图。

（2）完成任务二后，按要求提交实验报告及非能动安全壳冷却系统的仿真模型。实验报告要求：①简述实验模型；②记录建模过程；③分析仿真结果。实验报告中应包括最终模型及4个水位下的流量数据图。

六、思考题

（1）与核电站实际运行操作相结合，谈谈你对核电站原理模拟机运行操作的理解。

（2）非能动安全壳冷却系统的管道流量与哪些因素有关？

九 通用仪器分析基础实验

实验四十一　能源材料红外光谱定性分析

一、实验目的

(1) 了解红外光谱(IR)在能源研究领域中的应用；
(2) 了解红外谱仪的结构和工作原理；
(3) 掌握傅里叶变换红外光谱仪的测试方法及谱图解析方法。

二、实验原理

(一) 红外光谱概述

当样品受到频率连续变化的红外光照射时，分子吸收某些频率的辐射，并由其振动运动或转动运动引起偶极矩的净变化，产生的分子振动和转动能级从基态到激发态的跃迁，从而形成的分子吸收光谱称为红外光谱，又称为分子振动转动光谱。(图41-1)

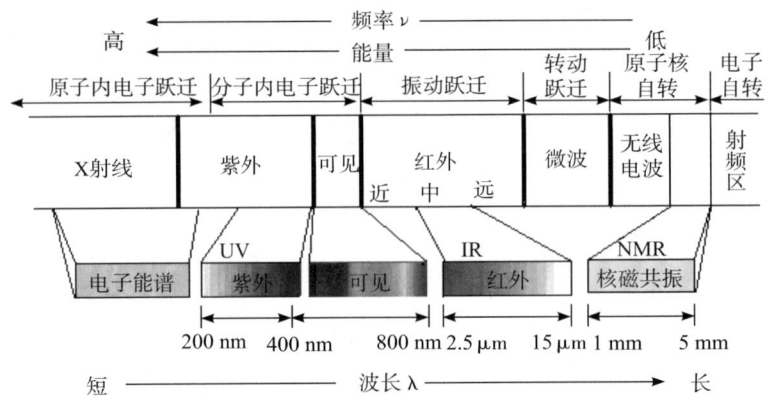

图41-1　光波谱区及能量跃迁相关图

红外光区可分成三个区：近红外区、中红外区、远红外区(表41-1)。其中中红外区是研究和应用最多的区域，一般说的红外光谱就是指中红外区的红外光谱。

表41-1　红外光区的分区

区域名称		波长/μm	波数/cm^{-1}	能级跃迁类型
近红外区	泛频区	0.75～2.5	13 158～4000	—OH、—NH、—CH 键的倍频吸收
中红外区	基本振动区	2.5～25	4000～400	分子振动/伴随转动
远红外区	分子转动区	25～300	400～10	分子转动

注：波数(cm^{-1})，它表示电磁波在单位距离上中振动的次数，波长和波数均反映了光的频率。

(二)红外光谱的三要素

1. 峰位

分子内各种官能团的特征吸收峰只出现在红外光谱的一定范围,如 C=O 的伸缩振动一般在 1700 cm^{-1} 左右。

2. 峰强

红外吸收峰的强度取决于分子振动时偶极矩的变化,振动时分子偶极矩的变化越小,谱峰强度也就越弱。

一般说来,极性较强的基团(如C=O)振动,吸收强度较大;极性较弱的基团(如C=C、N—C 等)振动,吸收强度较弱;红外吸收强度分别用很强(vs)、强(s)、中(m)、弱(w)表示。

3. 峰形

不同基团的某一种振动形式可能会在同一频率范围内都有红外吸收,如—OH、—NH 的伸缩振动峰都在 3400~3200 cm^{-1},但二者峰形状有显著不同。此时峰形的不同有助于官能团的鉴别。

(三)红外光谱的作用

(1)分析化合物中是否含有某些官能团。如羰基 C=O 在 1720 cm^{-1} 左右有伸缩振动吸收峰;羟基 O—H 在 3400 cm^{-1} 左右有伸缩振动吸收峰;CH$_3$—、—CH$_2$—中的碳氢键在 2950 cm^{-1} 和 2890 cm^{-1} 左右有两个吸收峰;醚键(或醇中的)C—O 键在 1010 cm^{-1} 左右有一较大吸收峰。

例如,某化合物在 1720 cm^{-1} 左右处有一较大吸收峰,该化合物可能为醛或酮。又如,某化合物在 3400 cm^{-1} 和 1010 cm^{-1} 左右处有两个较大吸收峰,该化合物可能为醇。若某化合物在 1700 cm^{-1} 和 3400 cm^{-1} 有吸收峰,则该化合物可能为羧酸。

(2)将未知光谱谱图与谱库中的标准化合物的谱图(或红外光谱图册中的谱图)对比,确定匹配度。

4. 红外光谱的优点

(1)任何气态、液态、固态样品均可进行红外光谱测定。这是核磁、质谱、紫外等方法所不及的。固体样品可加 KBr 晶体共同研碎或加石蜡油调糊进行测定,对不透光的样品可做反射光谱测定,液体样品可直接在结晶盐片上涂膜或用适当溶剂配制成溶液装入液体池测定,气体或蒸汽则用气体吸收池直接测定。

(2)每种化合物均有红外吸收,由有机化合物的红外光谱可得到丰富的信息。

(3)一般有机物的红外光谱少则十几个吸收峰,官能团区的吸收显示了化合物中存在的官能团,而指纹区(1350~650 cm^{-1})的吸收则为化合物结构鉴定提供了可靠的依据。

(4)常规红外光谱仪价格低廉(与核磁、质谱相比),易于购买。

(5)样品用量少。高级的红外光谱仪用样量可减少到微克数量级。

(6)针对特殊样品的测试要求,发展了多种测量技术。如光声光谱(PAS)、衰减全反射光谱(ATR)、漫反射、红外显微镜等。

三、实验仪器与试剂

傅里叶变换红外光谱仪、压片机及模具、玛瑙研钵、红外干燥灯等。

KBr(光谱纯)、能源材料(PEO、纤维素、木质素等)、不锈钢小扁铲。

四、实验步骤

本实验的制样方式是采用 KBr 压片法。

(1)取 0.5~2 mg 样品,于玛瑙研钵中研细。

(2)于研钵中加入 100~200 mg 事先研细至 2 μm 左右、于 110~150 ℃烘箱充分烘干(约需 48 h)的 KBr 粉末,把样品与 KBr 粉末充分研磨均匀。

(3)用不锈钢小扁铲将研磨好的样品和 KBr 混合物全部转移到压片模具中,并用小扁铲将混合物铺平。这一步骤非常重要,如果混合物没有铺平,压出来的锭片会出现局部透明。

(4)把模具放入压力机中,在一定压力下保持 1 min 即可得到直径为 5 mm 或 13 mm 的半透明片子(厚度约 1 mm)。

(5)把此半透明片子装入固体样品测试架中(双光束的仪器还要在参比窗口放上空白的 KBr 片子)。

(6)检查仪器工作状态并设置实验参数,采集样品的透射红外光谱图,并保存谱图。

(7)对谱图进行解析,解析样品红外谱图中的主要官能团的特征吸收峰,并做出标记。

注意:KBr 对钢制模具表面的腐蚀性很大,模具用后须及时清洗干净,然后放入保干器中。模具放入压力机内,使压杆接近模具,然后关闭放气阀,扳动扳手,使压力达到 1520 MPa,保持 1 min,松开放气阀,再松开压杆取出磨具。

小技巧:对于难研磨的样品,可先将其溶于几滴挥发性溶剂中再与 KBr 粉末混合成糊状,然后研磨至溶剂挥发完全,也可在红外灯下使残留溶剂挥发。对于弹性样品如橡胶,可用低温(−40 ℃)使其变脆,再与 KBr 粉末混合研磨。

五、实验数据处理

(1)打印红外光谱图或者拷贝红外光谱图电子原件;

(2)分析红外光谱图的吸收峰范围,并指出吸收峰的归属,说明所分析材料具有哪些基团。

六、思考题

(1)红外光谱可以分析哪些样品?一般有哪些制样方法?分别适用于什么样品?

(2)压片实验中加 KBr 的作用是什么?

(3)影响固体样品红外光谱图质量的因素是什么?

实验四十二 X 射线衍射仪与物相分析

一、实验目的

(1)了解 X 射线衍射的原理及 X 射线衍射仪的结构;
(2)掌握 X 射线衍射物相定性分析的原理和方法,对给定实验样品,设计实验方案,得出正确分析鉴定结果。

二、实验原理

根据晶体对 X 射线的衍射特征-衍射线的位置、强度及数量来鉴定结晶物质之物相的方法,就是 X 射线物相分析法。每一种结晶物质都有各自独特的化学组成和晶体结构。没有任何两种物质的晶胞大小、质点种类及其在晶胞中的排列方式是完全一致的。因此,当 X 射线被晶体衍射时,每一种结晶物质都有自己独特的衍射花样,它们的特征可以用各个衍射晶面间距 d 和衍射线的相对强度 I/I_1 来表征。其中晶面间距 d 与晶胞的形状和大小有关,相对强度则与质点的种类及其在晶胞中的位置有关。所以任何一种结晶物质的衍射数据 d 和 I/I_1 是其晶体结构的必然反映,因而可以根据它们来鉴别结晶物质的物相。

X-ray diffraction(XRD),即 X 射线衍射,通过对材料进行 X 射线衍射,分析其衍射图谱,获得材料的成分、材料内部原子或分子的结构或形态等信息。X 射线衍射仪是利用衍射原理,精确测定物质的晶体结构、织构及应力,精确地进行物相分析、定性分析、定量分析。广泛应用于冶金、石油、化工、科研、航空航天、材料生产等领域。

X 射线衍射主要是对照标准谱图分析纳米粒子的组成,分析粒径、结晶度等。应用时应先对所制样品的成分进行确认。在确定后,查阅相关手册标准图谱,以确定所制样品是否为所得。

X 射线是波长介于紫外线和 γ 射线间的电磁辐射,波长很短(0.06~20 nm),能穿透一定厚度的物质,并能使荧光物质发光、照相乳胶感光、气体电离。在用电子束轰击金属"靶"产生的 X 射线中,包含与靶中各种元素对应的具有特定波长的 X 射线,称为特征(或标识)X 射线。考虑到 X 射线的波长和晶体内部原子间的距离(10^{-8} cm)相近,1912 年德国物理学家劳厄(M.von Laue)提出一个重要的科学预见:晶体可以作为 X 射线的空间衍射光栅,即当一束 X 射线通过晶体时将发生衍射,衍射波叠加的结果使射线的强度在某些方向上加强,在其他方向上减弱。分析在照相底片上得到的衍射花样,便可确定晶体结构。这一预见随即为实验所验证。1913 年英国物理学家布拉格父子在劳厄发现的基础上,不仅成功地测定了 NaCl、KCl 等的晶体结构,并提出了作为晶体衍射基础的著名公式——布拉格方程:

$$2d\sin\theta = n\lambda$$

式中,λ 为 X 射线的波长;n 为任何正整数,又称衍射级数。

三、实验仪器与试剂

本实验使用的仪器是 Rigaku Ultima Ⅳ X-ray Diffractometer(日本理学制造)。X 射线

衍射仪主要由 X 射线发生器（X 射线管）、测角仪、X 射线探测器、计算机控制处理系统等组成。

（一）X 射线管

X 射线管主要分密闭式和可拆卸式两种。广泛使用的是密闭式，由阴极灯丝、阳极、聚焦罩等组成，功率大部分在 1～2 kW。可拆卸式 X 射线管又称旋转阳极靶，其功率比密闭式大许多倍，一般为 12～60 kW。常用的 X 射线靶材有 W、Ag、Mo、Ni、Co、Fe、Cr、Cu 等。X 射线管线焦点为 1 mm×10 mm，取出角为 3°～6°。选择阳极靶的基本要求：尽可能避免靶材产生的特征 X 射线激发样品的荧光辐射，以降低衍射花样的背底，使图样清晰。

X 射线管是具有阴极和阳极的真空管，阴极用钨丝制成，通电后可发射热电子，阳极（就称靶极）用高熔点金属制成（一般用 W，用于晶体结构分析的 X 射线管还可用 Fu、Cu、Ni 等材料）。用几万伏至几十万伏的高压加速电子，电子束轰击靶极，X 射线从靶极发出。电子轰击靶极时会产生高温，故靶极必须用水冷却。

（二）测角仪

测角仪是粉末 X 射线衍射仪的核心部件，主要由索拉光阑、发散狭缝、接收狭缝、防散射狭缝、样品座及闪烁探测器等组成。

(1) 衍射仪一般利用线焦点作为 X 射线源 S。如果采用焦斑尺寸为 1 mm×10 mm 的常规 X 射线管，出射角为 6°时，实际有效焦宽为 0.1 mm，成为 0.1 mm×10 mm 的线状 X 射线源。

(2) 从 S 发射的 X 射线，其水平方向的发散角被第一个狭缝限制之后，照射试样。这个狭缝称为发散狭缝（DS）。

(3) 从试样上衍射的 X 射线束，在 F 处聚焦，放在这个位置的第二个狭缝，称为接收狭缝（RS）。生产厂家供给 0.05～7 mm 宽的接收狭缝。

(4) 第三个狭缝是防止空气散射等非试样散射 X 射线进入计数管，称为防散射狭缝（SS）。SS 和 DS 配对，生产厂家供给与发散狭缝的发射角相同的防散射狭缝。

(5) S_1、S_2 称为索拉狭缝，由一组等间距相互平行的薄金属片组成，它限制入射 X 射线和衍射线的垂直方向发散。索拉狭缝装在索拉狭缝盒的框架里。这个框架兼作其他狭缝插座用，即插入 DS、RS 和 SS。

（三）X 射线探测记录装置

衍射仪中常用的探测器是闪烁计数器（SC），它是利用 X 射线激发某些固体物质（磷光体）产生的波长在可见光范围内的荧光，这种荧光再转换为能够测量的电流。由于输出的电流和计数器吸收的 X 光子能量成正比，因此可以用来测量衍射线的强度。闪烁计数管的发光体一般是用微量 Tl 活化的碘化钠（NaI）单晶体。这种晶体经 X 射线激发后发出蓝紫色的光。将这种微弱的光用光电倍增管来放大，发光体的蓝紫色光激发光电倍增管的光电面（光阴极）而发出光电子（一次电子）。光电倍增管电极由 10 个左右的联极构成，由于一次电子在联极表面上激发二次电子，经联极放大后，电子数目按几何级数剧增（约 10^6 倍），最后输出几毫伏的脉冲。

（四）计算机控制、处理装置

Rigaku Ultima Ⅳ X-ray Diffractometer 衍射仪主要操作都由计算机控制自动完成，扫描操作完成后，衍射原始数据自动存入计算机硬盘中供数据分析处理。数据分析处理包括平滑点的选择、背底扣除、自动寻峰、d 值计算、衍射峰强度计算等。

四、实验步骤

(一) 实验参数选择

1. 阳极靶的选择

选择阳极靶的基本要求：尽可能避免靶材产生的特征 X 射线激发样品的荧光辐射，以降低衍射花样的背底，使图样清晰。

必须根据试样所含元素的种类来选择最适宜的特征 X 射线波长（靶）。当 X 射线的波长稍短于试样成分元素的吸收限时，试样强烈地吸收 X 射线，并激发产生成分元素的荧光 X 射线，背底增高。其结果是峰背比（信噪比）P/B 低（P 为峰强度，B 为背底强度），衍射图谱难以分清。

X 射线衍射所能测定的 d 值范围取决于所使用的特征 X 射线的波长。X 射线衍射所需测定的 d 值范围大都在 0.1～1 nm 之间。为了使这一范围内的衍射峰易于分离而被检测，需要选择合适波长的特征 X 射线。一般测试使用铜靶，但因 X 射线的波长与试样的吸收有关，可根据试样物质的种类分别选用钴、铁或铬靶。此外还可选用钼靶，这是由于钼靶的特征 X 射线波长较短，穿透能力强，如果希望在低角处得到高指数晶面衍射峰，或为了减少吸收的影响等，均可选用钼靶。

2. 管电压和管电流的选择

工作电压设定为靶材临界激发电压的 3～5 倍。选择管电流时功率不能超过 X 射线管额定功率，较低的管电流可以延长 X 射线管的寿命。

X 射线管经常使用的负荷（管电压和管电流的乘积）选为最大允许负荷的 80% 左右。但是，当管电压超过激发电压 5 倍以上时，强度的增加率将下降。所以，在相同负荷下产生 X 射线时，在管电压约为激发电压 5 倍以内时要优先考虑管电压，在更高的管电压下其负荷可用管电流来调节。靶元素的原子序数越大，激发电压就越高。由于连续 X 射线的强度与管电压的平方呈正比，特征 X 射线与连续 X 射线的强度之比随着管电压的增加接近一个常数，当管电压超过激发电压的 4～5 倍时反而变小，所以，管电压过高，信噪比 P/B 将降低，这是不可取的。

3. 发散狭缝(DS)的选择

发散狭缝决定了 X 射线水平方向的发散角，限制试样被 X 射线照射的面积。如果使用较宽的发射狭缝，X 射线强度增加，但在低角处入射 X 射线超出试样范围，照射到边上的试样架，出现试样架物质的衍射峰或漫散峰，给定量相分析带来不利的影响。因此有必要按测定目的选择合适的发散狭缝宽度。

4. 防散射狭缝(SS)的选择

防散射狭缝用来防止空气等物质引起的散射 X 射线进入探测器，选用 SS 与 DS 角度相同。

5. 接收狭缝(RS)的选择

生产厂家提供 0.05～7 mm 的接收狭缝，接收狭缝的大小影响衍射线的分辨率。接收狭缝越小，分辨率越高，衍射强度越低。

6. 滤波片的选择

$$Z_{滤} < Z_{靶} - (1\sim2)$$
$$Z_{靶} < 40, Z_{滤} = Z_{靶} - 1$$
$$Z_{靶} > 40, Z_{滤} = Z_{靶} - 2$$

7. 扫描范围的确定

不同的测定目的,其扫描范围也不同。当选用铜靶进行无机化合物的相分析时,扫描范围一般为 2°～90°(2θ);对于高分子有机化合物的相分析,其扫描范围一般为 2°～60°;在定量分析、点阵参数测定时,一般只对欲测衍射峰扫描几度。

8. 扫描速度的确定

常规物相定性分析常采用每分钟 2°或 4°的扫描速度;在进行点阵参数测定、微量分析或物相定量分析时,常采用每分钟 0.5°或 0.25°的扫描速度。

(二) 样品制备

X 射线衍射分析的样品主要有粉末样品、块状样品、薄膜样品、纤维样品等。样品不同,分析目的不同(定性分析或定量分析),则样品制备方法也不同。

1. 粉末样品

X 射线衍射分析的粉末试样必须满足两个条件:晶粒要细小,试样无择优取向(取向排列混乱)。所以,通常将试样研细后使用,可用玛瑙研钵研细。定性分析时粒度应小于 44 μm(350 目),定量分析时应将试样研细至 10 μm 左右。较方便地确定 10 μm 粒度的方法是:用拇指和中指捏住少量粉末,并碾动,两手指间没有颗粒感觉。

常用的粉末样品架为玻璃试样架,在玻璃板上蚀刻出试样填充区为 20 mm×18 mm。玻璃样品架主要用于粉末试样较少时(约少于 500 mm^3)使用。充填时,将试样粉末一点一点地放进试样填充区,重复这种操作,使粉末试样在试样架里均匀分布并用玻璃板压平实,要求试样面与玻璃表面齐平。如果试样的量少到不能充分填满试样填充区,可在玻璃试样架凹槽里先滴一薄层用醋酸戊酯稀释的火棉胶溶液,然后将粉末试样撒在上面,待干燥后测试。

2. 块状样品

先将块状样品表面研磨抛光,大小不超过 20 mm×18 mm,然后用橡皮泥将样品粘在铝样品支架上,要求样品表面与铝样品支架表面平齐。

3. 微量样品

取微量样品放入玛瑙研钵中将其研细,然后将研细的样品放在单晶硅样品支架上(切割单晶硅样品支架时使其表面不满足衍射条件),滴数滴无水乙醇使微量样品在单晶硅片上分散均匀,待乙醇完全挥发后即可测试。

4. 薄膜样品

将薄膜样品剪成合适大小,用胶带纸粘在玻璃样品支架上即可。

(三) 样品测试

1. 开机前的准备和检查

将制备好的试样插入衍射仪样品台,盖上顶盖,关闭防护罩;开启水龙头,使冷却水流通;X 光管窗口应关闭,管电流、管电压表指示应在最小值位置;接通总电源,接通稳压电源。

2. 开机操作

开启衍射仪总电源,启动循环水泵;待数分钟后,接通 X 光管电源。缓慢升高管电压、管电流至需要值(若为新 X 光管或停机再用,需预先在低管电压、管电流下"老化"后再用)。打开计算机 X 射线衍射仪应用软件,设置合适的衍射条件及参数,开始样品测试。

3. 停机操作

测量完毕,缓慢降低管电流、管电压至最小值,关闭 X 光管电源;取出试样;15 min 后关闭循环水泵,关闭水源;关闭衍射仪总电源、稳压电源及线路总电源。

五、实验数据处理

测试完毕后,可将样品测试数据存入磁盘供随时调出处理。原始数据需经过曲线平滑、$K_{\alpha 2}$ 扣除、谱峰寻找等数据处理步骤,最后打印出待分析试样衍射曲线和 d 值、2θ、强度、衍射峰宽等数据供分析鉴定。

X 射线衍射物相定性分析方法有以下两种:

(一)三强线法

(1)从前反射区($2\theta < 90°$)中选取强度最大的 3 根线,并使其 d 值按强度递减的次序排列。

(2)在数字索引中找到对应的 d_1(最强线的面间距)组。

(3)按次强线的面间距 d_2 找到接近的几列。

(4)检查这几列数据中的第三个 d 值是否与待测样的数据对应,再查看第四至第八强线数据并进行对照,最后从中找出最可能的物相及其卡片号。

(5)找出可能的标准卡片,将实验所得 d 及 I/I_1 跟卡片上的数据详细对照,如果完全符合,物相鉴定即告完成。

如果待测样的数据与标准数据不符,则须重新排列组合并重复(2)~(5)的检索手续。如为多相物质,当找出第一物相之后,可将其线条剔出,并将留下线条的强度重新归一化,再按过程(1)~(5)进行检索,直到得出正确答案。

(二)特征峰法

对于经常使用的样品,应该充分了解掌握其衍射谱图,可根据其谱图特征进行初步判断。例如在 26.5°左右有一强峰,在 68°左右有五指峰出现,则可初步判定样品中含 SiO_2。

注意事项:在分析前一般要了解试样的来源或已知化学成分后,才能获得定性分析的正确结果。

六、思考题

(1)简述 X 射线衍射仪的结构和物相分析原理。

(2)分析和讨论实验结果。

(3)简述 X 射线衍射分析的特点和应用。

(4)粉末样品制备有几种方法?应注意什么问题?

(5)X 射线谱图分析鉴定应注意什么问题?

实验四十三　扫描电子显微镜观测实验

一、实验目的

(1) 了解扫描电子显微镜的工作原理及基本结构。
(2) 掌握扫描电子显微镜的试样制备技术及基本使用方法。

二、实验原理

(一) 扫描电镜的基本构造

扫描电子显微镜(scanning electron microscope, SEM, 简称扫描电镜)作为一种有效的显微结构分析工具,可以对各种材料进行多种形式的表面观察与分析。它具有分辨率高、景深长、成像富有立体感等优点。利用扫描电镜的图像研究法分析显微结构,其内容丰富,方法直观。随着现代生活对新型材料的需求不断增长,扫描电镜测试技术在新型材料科学领域中的应用也日益广泛。

扫描电镜可粗略分为镜体和电源电路系统两部分。镜体部分由电子光学系统(包括电子枪、扫描线圈等)、试样室、检测器以及真空抽气系统组成。电源电路系统由控制镜体部分的各种电源(高压电源、透镜电源、扫描电源及各种直流电源)、信号检测放大系统、图像显示记录系统以及用于全部电器部分的操作面板构成。如图43-1所示。

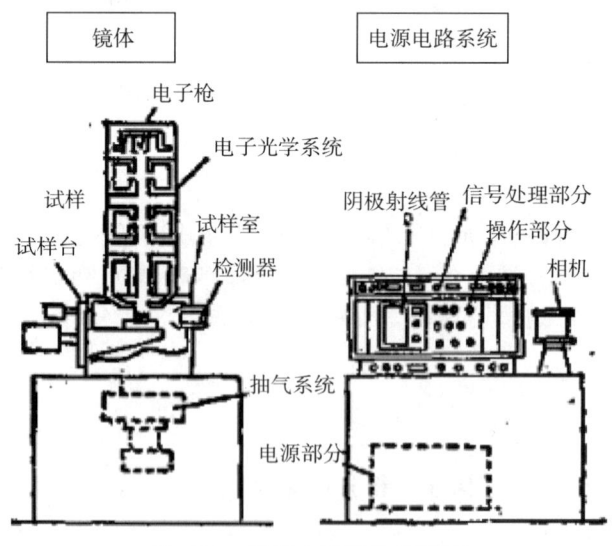

图 43-1　扫描电镜结构示意图

(二)扫描电镜的工作原理

1. 原理方框图

扫描电镜成像过程:首先是镜体内聚焦扫描入射电子束(简称电子探针)从试样激发各种信号(如二次电子),经检测、放大后,最终在设于镜体外的阴极射线管(CRT)荧光屏上形成一幅反映试样表面形貌、组成及其他物化性能的扫描图像。其工作原理框图如图 43-2 所示。

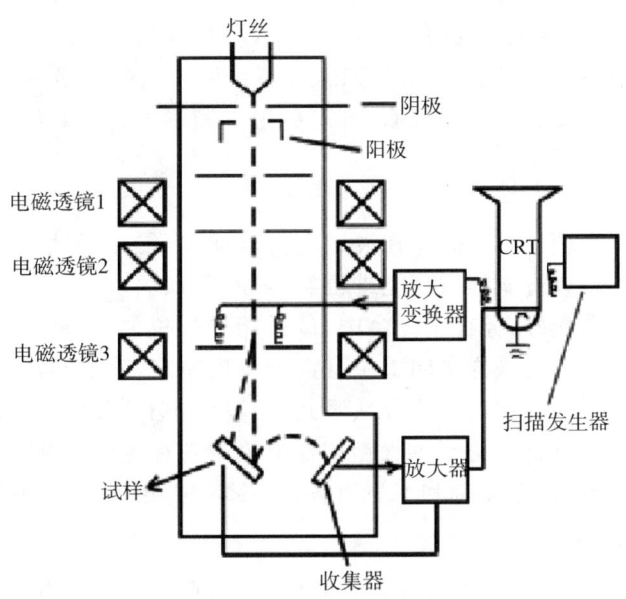

图 43-2　扫描电镜工作原理方框图

从图 43-2 可以看出,由三极电子枪发射出来的电子束(一般为 50 μm)在加速电压(2～30 kV)的作用下,经过 3 个电磁透镜(或 2 个电磁透镜),汇聚成一个细小到 5 nm 的电子探针,在末级透镜上部扫描线圈的作用下,使电子探针在试样表面做光栅状扫描(光栅线条数目取决于行扫描和帧扫描速度)。由于高能电子与物质的相互作用,试样上产生各种信息,如二次电子、背反射电子、俄歇电子、X 射线、阴极发光、吸收电子和透射电子等。因为从试样中所得到的各种信息的强度和分布各自同试样表面形貌、成分、晶体取向以及表面状态的一些物理性质(如电性质、磁性质等)等因素有关,所以,通过接收和处理这些信息,就可以获得表征试样形貌的扫描电子像,或进行晶体学分析或成分分析。

2. 真空系统

真空系统在电子光学仪器中十分重要,这是因为电子束只能在真空下产生和操纵。对于扫描电镜来说,通常要求真空度优于 $10^{-3} \sim 10^{-4}$ Pa。真空度的下降会导致电子束散射加大,电子枪灯丝寿命缩短,产生虚假的二次电子效应,使透镜光阑和试样表面受碳氢化合物的污染加速等,从而严重影响成像的质量。因此,真空系统的质量是衡量扫描电镜质量的参考指标之一。

3. 电子枪

电子枪的作用是产生电子照明源,它的性能决定了扫描电镜的质量,商业生产扫描电镜的分辨率可以说是受电子枪亮度限制。

目前,应用于电子显微镜的电子枪可以分为三类:①直热式发射型电子枪;②旁热式发射型电子枪;③场致发射型电子枪。目前商业生产的扫描电镜大多是采用发夹式钨灯丝电子枪。

4. 透镜系统

透镜系统的作用有三:①把虚光源的尺寸从几十微米缩小到 5 nm(或更小),并且从几十微米到几纳米间连续可变;②控制电子束的开角,可以在 $10^{-3} \sim 10^{-2}$ rad 范围内可变;③所形成的聚焦电子束可以在试样的表面上做光栅状扫描,且扫描角度范围可变。为了获得上述扫描电子束,透镜系统通常是由电磁透镜、扫描线圈和消像散器等组成。采用电磁透镜的优点是:这种透镜可以安置在镜筒外面,可避免污染和减小真空系统的体积,而且透镜的球像差系数较小。

5. 样品室

在扫描电镜中,一个理想的样品室在设计上要求如下:①为了试样能进行立体扫描,样品室空间应足够大,以便放进试样后还能进行旋转 360°、倾斜 0°～90°和沿三度空间做平移动作,并且能动范围越大越好;②在试样台中,试样能进行拉伸、压缩、弯曲、加热或深冷等,以便研究一些动力学过程;③试样室四壁应有数个备用窗口,除安装电子检测器外,还能同时安装其他检测器和谱仪,以便进行综合性研究;④备有与外界接线的接线座,以便研究有关电场和磁场所引起的衬度效应。近代的大型扫描电镜均备有各种高温、拉伸、弯曲等试样台,试样最大直径可达 100 mm,沿 X 轴和 Y 轴可各自平移 100 mm,沿 Z 轴可升降 50 mm。

(三)试样制备技术

试样制备技术在电子显微术中占有重要的地位,它直接关系到电子显微图像的观察效果和对图像的正确解释。如果制备不出适合电镜特定观察条件的试样,即使仪器性能再好也不会得到好的观察效果。

在保持材料原始形状情况下,直接观察和研究试样表面形貌及其他物理效应(特征),是扫描电镜的一个突出优点。扫描电镜的特点是:

(1)观察试样为不同大小的固体(块状、薄膜、颗粒),并可在真空中直接进行观察。

(2)试样应具有良好的导电性能,不导电的试样,其表面一般需要溅射一层金属导电膜。

(3)试样表面一般起伏(凹凸)较大。

(4)观察方式不同,制样方法有明显区别。

(5)试样制备与加速电压、电子束流、扫描速度(方式)等观察条件的选择有密切关系。

上述项目中对试样导电性要求是最重要的条件。在进行扫描电镜观察时,如试样表面不导电或导电性不好,将产生电荷积累和放电,使得入射电子束偏离正常路径,最终造成图像不清晰乃至无法观察和照相。

各类材料的制备技术如下:

1. 导电性块状材料制备

导电性材料主要是指金属,一些矿物和半导体材料也具有一定的导电性。这类材料的试样制备最为简单。只要使试样大小不超过仪器规定(如试样直径最大为 25 mm,最厚不超过 20 mm 等),然后用双面导电胶带粘在载物盘即可。

但在制备试样过程中,还应注意:

（1）为减轻仪器污染和保持良好的真空，试样尺寸要尽可能小些。

（2）切取试样时，要避免因受热引起试样的塑性变形，或在观察面生成氧化层。要防止机械损伤或引进水、油污及尘埃等污染物。

（3）观察表面，特别是各种断口间隙处存在污染物时，要用无水乙醇、丙酮或超声波清洗法清理干净。这些污染物都是掩盖图像细节、引起试样荷电及图像质量变坏的原因。

2. 非导电性块状材料制备

非导电性块状材料试样的制备也比较简单，基本可以像导电性块状材料试样的制备一样，但是要注意的是在进样之前，要将贴着样品的载物盘放入离子溅射仪喷铂（或金），以保障非导电材料表面均匀溅射上一层纳米级的铂（或金）导电膜。

利用离子溅射仪制备试样表面导电膜能收到更好的效果。在溅射过程中，铂（或金）粒子从各个方向落到试样表面，形成一定厚度的导电膜。整个过程只需 1~2 min。离子溅射法设备简单，操作方便，喷涂导电膜具有较好的均匀性和连续性，是正在日益广泛采用的方法。

3. 粉末状试样的制备

首先在载物盘上粘上导电双面胶带，然后取少量粉末试样粘在导电胶上，保障粉末均匀分布在双面导电胶带上。不导电材料还需放入离子溅射仪喷铂（或金）。

4. 溶液试样的制备

溶液试样一般采用薄单晶硅片作为载体。首先，将固体试样分散在合适的溶剂中（水、乙醇等），在超声仪中超声分散均匀。而后，用移液枪将液体滴在硅片上。等液体干后，将硅片粘在已经粘好导电双面胶带的载物盘上。

三、实验仪器与试剂

扫描电镜；喷金设备。

四、实验步骤

用扫描电镜观察不同形貌、不同特征的样品，分别拍摄 5000、10 000、20 000 倍的电镜照片。

五、实验结果处理

通过扫描电镜拍摄的图片，观察样品的大小、形貌，分析样品的结构特征。

六、思考题

（1）简述扫描电镜的基本组成和工作原理。

（2）什么是二次电子？如何利用二次电子信号拍摄扫描电镜照片？

（3）扫描电镜对试样有何要求？应如何制备试样？

（4）扫描电镜可否获得样品元素组成信息？如何获得？

（5）对于已经进样的不导电样品，为了观察其形貌，应该如何操作？

实验四十四　气相色谱的应用及外标法制作标准曲线

一、实验目的

(1)了解气相色谱的仪器组成、工作原理以及数据采集、数据分析的基本操作。
(2)掌握用外标法测定苯中甲苯、乙苯的含量。

二、实验原理

气相色谱(GC)方法是利用试样中各组分在气相和固定液相间的分配系数不同将混合物分离、测定的仪器分析方法,特别适用于分析含量少的气体和易挥发的液体。当汽化后的试样被载气带入色谱柱中运行时,组分就在其中的两相间进行反复多次分配,由于固定相对各组分的吸附或溶解能力不同,因此各组分在色谱柱中的运行速度就不同,经过一定的柱长后,便彼此分离,按流出顺序离开色谱柱进入检测器,被检测,在记录器上绘制出各组分的色谱峰——流出曲线。在色谱条件一定时,任何一种物质都有确定的保留参数,如保留时间、保留体积及相对保留值等。因此,在相同的色谱操作条件下,通过比较已知纯样和未知物的保留参数或在固定相上的位置,即可确定未知物为何种物质。测量峰高或峰面积,采用外标法、内标法或归一化法,可确定待测组分的质量分数。

典型气相色谱仪由以下五大系统组成,详见本实验附录2。

三、实验仪器与试剂

(一)仪器设备

(1)Agilent 78 90A GC；
(2)进样口:毛细柱进样口(S/SL)；
(3)检测器:FID(火焰离子化检测器)；
(4)色谱柱:HP-5 毛细柱;30 m,320 $\mu m \times 0.25\ \mu m$
(5)10 μL 微量注射器；
(6)空气泵；
(7)25 mL 容量瓶。

(二)气体

高纯 H_2(99.999%),干燥空气,高纯 N_2(99.999%)。

(三)药品

苯、甲苯、乙苯。

四、实验步骤

(1)样品配制:以苯为溶剂,于容量瓶中配制甲苯、乙苯标准溶液,浓度分别为 1.0×10^{-5}、

$5.0×10^{-6}$、$1.0×10^{-6}$ 和 $1.0×10^{-7}$ mol/L。同时准备浓度未知样品溶液。

（2）检查 N_2、H_2 气源的状态及压力，然后打开所有气源，开启计算机及色谱仪。

（3）用微量注射器准确抽取 1.0 μL 溶液，注射入进样口。注意不要将气泡抽入针筒。在相同的色谱条件下，分别测定甲苯、乙苯各标准溶液。

五、实验数据处理

以标准样品浓度为横坐标、峰面积为纵坐标作图，根据数据点回归一条线性曲线 $y=ax+b$，并计算出 a 和 b 的值。在此基础上，根据未知样品的峰面积，推出未知样品的浓度。

六、思考题

（1）如何确定色谱图上各主要峰的归属？
（2）如何选择合适的色谱柱？
（3）哪些条件会影响浓度测定值的准确性？

附录

1. Agilent 7890A GC 的操作说明

一、开机

（1）检查 N_2、H_2 气源的状态及压力，然后打开气源和空气压缩机。
（2）打开 GC 电源开关。
（3）打开计算机，进入 Windows 界面。
（4）仪器自检完毕，双击"Instrument 1 Online"图标，化学工作站自动与 GC 通信，此时显示屏上显示"Loading..."。进入的工作站界面如附图 44-1。

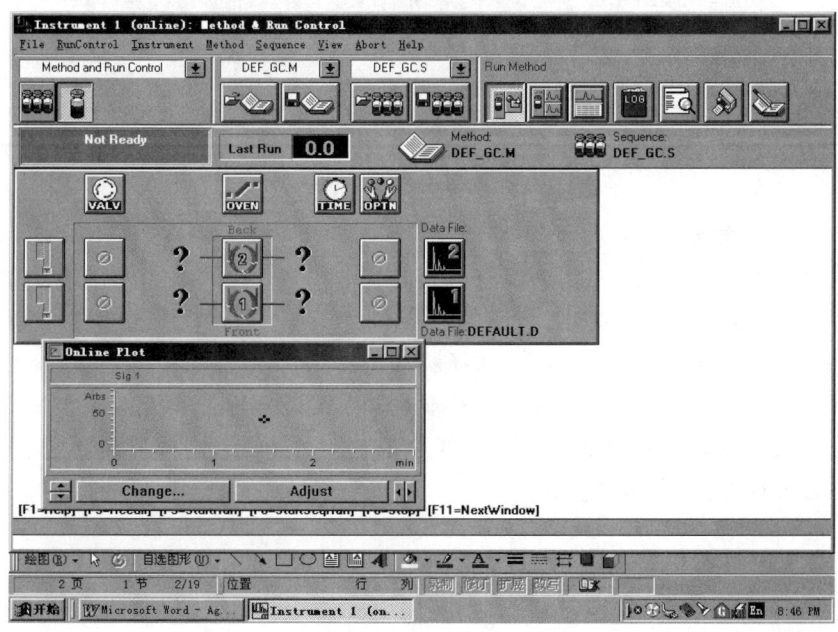

附图 44-1

二、编辑数据采集方法

(1)从"Method"菜单中选择"Edit Entire Method"项,选中除"Data Analysis"外的三项,单击"OK",进入下一界面。

(2)在"Method Comments"中输入方法的信息(如方法的用途等),单击"OK"进入下一界面。

(3)在"Select Injection Source/Location"界面中选择"Manual",并选择所用的进样口的物理位置为"Back",点击"OK",进入下一界面。

(4)编辑仪器控制参数。

①设定柱参数

如附图 44-2,点击"Columns"图标,则该图标对应的参数显示出来。在"Column"下方选择"1":Mode—选择恒压模式 Inlet—柱连接进样口的位置为 Back;Detector—柱连接检测器的位置为 Front;Outlet psi—Ambient;将流速 Flow 设为 1.0 mL/min。点击"Apply"。

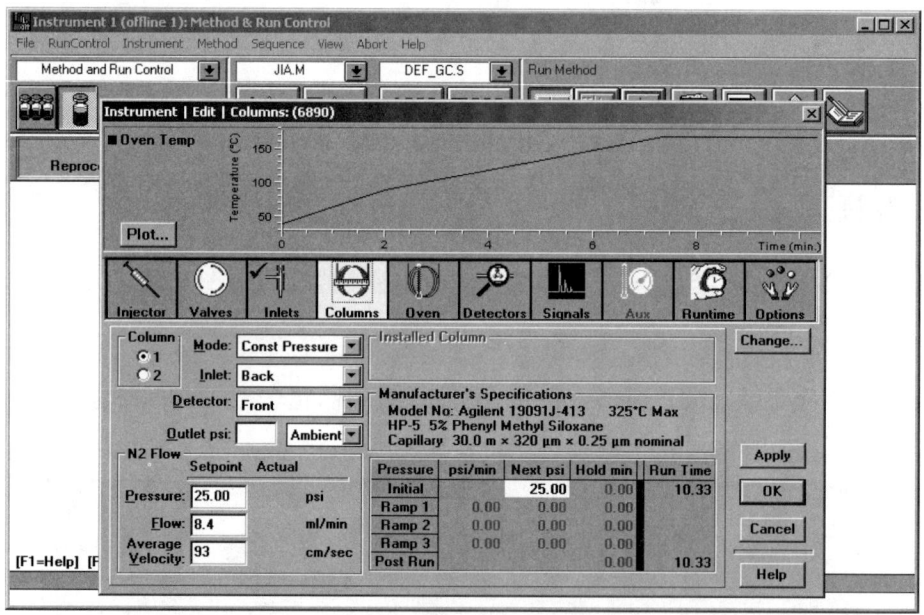

附图 44-2

②设定进样口参数(附图 44-3)

A. 单击"Inlets"图标,进入进样口设定界面。单击"Apply"上方的下拉式箭头,选中进样口的位置为"Back"。

B. 单击"Gas"下方的下拉式箭头,选择载气类型为 N_2。

C. 单击"Mode"下方的下拉式箭头,选择进样方式为分流方式 Split。

在"Set point"下方的空白框内输入进样口的温度 250 ℃,进样口的压力 25psi,然后点击 On 下方的所有方框;点击 Apply。

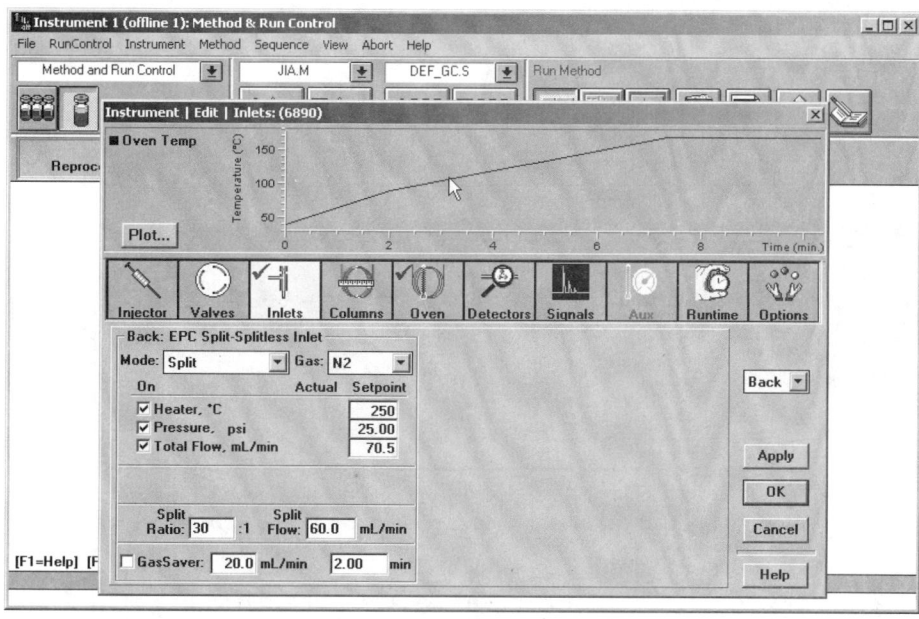

附图 44-3

③设定柱温箱的温度参数(附图 44-4)

A. 点击"Oven"图标,进入柱温箱参数设定。

B. 在"Set point"右边的空白框内输入初始温度 40℃,点击"On"左边的方框;Ramp—升温阶次;℃/min—升温速率;Hold min—在 Next ℃保持的时间,也可输入柱子的最大耐高温、平衡时间(如 325 ℃,3 min);点击"Apply"。

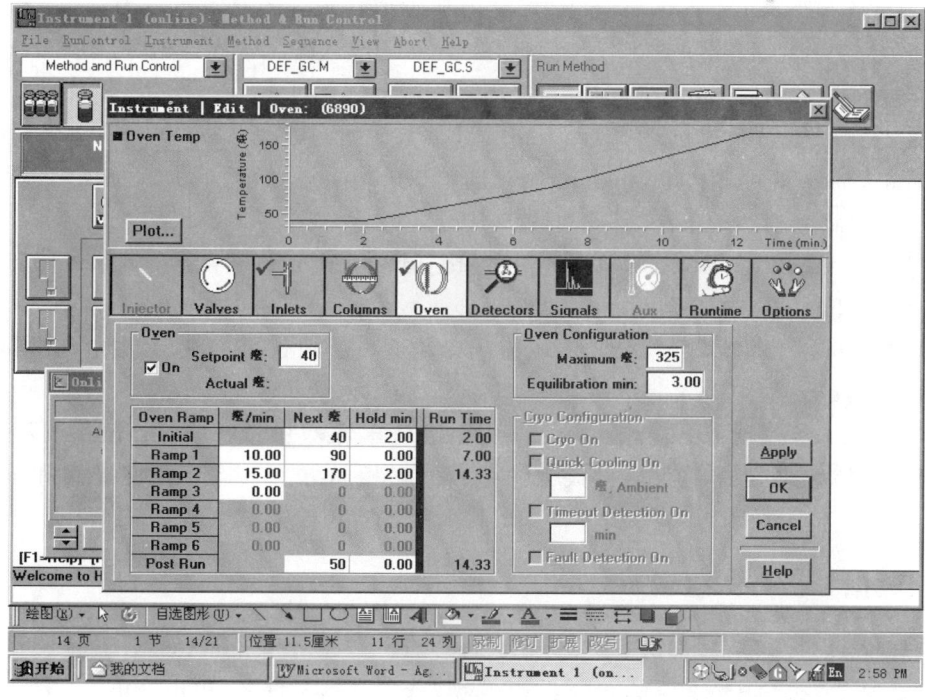

附图 44-4

④FID 检测器参数设定(附图 44-5)

A. 单击"Detectors"图标,进行检测器参数设定。

B. 单击"Apply"上方的下拉式箭头,选中进样口的位置为 Front。

C. 在"Set point"下方的空白框内输入:H2—33 mL/min;air—400 mL/min;检测器温度(如 300 ℃);辅助气(如 40 mL/min),并选择辅助气体的类型为 N2,并选中该参数。

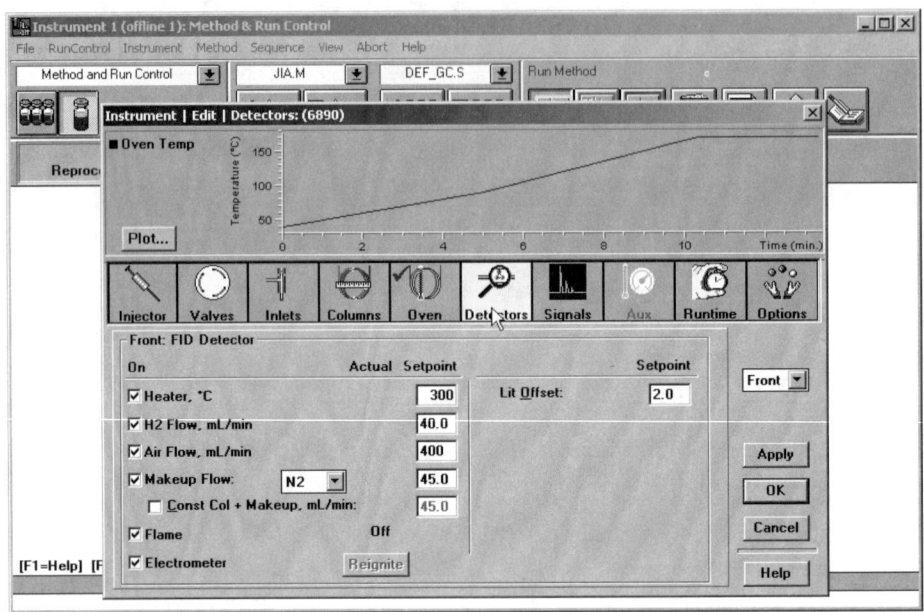

附图 44-5

D. 在 Lit Offset—点火下限值(2.0PA 为缺省值),若显示信号小于输入值,仪器将自动点火,两次点不着,仪器将发出报警信息,并关闭 FID 气体。依次点击"Apply""OK"。

注意:此时必须在主机键盘上开启各气体及检测器。

⑤单击"Method"菜单,选中"Save method as",输入一方法名,如"test",单击"OK"。

从菜单"View"中选中"Online signal",选中 windows 1,然后单击"Change"按钮,将所要的绘图信号移到右边的框中,点击"OK"。

从"Run control"菜单中选择"Sample info"选项,输入操作者名称(如 zzz),在"Data file"中选择"Manual"或"Prefix"。

区别:Manual—每次做样之前必须给出新名字,否则仪器会将上次的数据覆盖掉。Prefix—在"prefix"框中输入前缀,在"Counter"框中输入计数器的起始位。

单击"OK",等仪器 Ready,基线平稳,从"Method"菜单中选择"Run method",进样,同时按下仪器键盘上的"Start"按钮,拔出注射器。在相同方法下运行标准样品和未知浓度样品。

三、数据分析方法编辑

(1)在"View"菜单中,单击"Data Analysis",进入数据分析界面(如附图 44-6)。

(2)在"File"菜单中选择"Load signal"选项,选中数据文件名,单击"OK"。

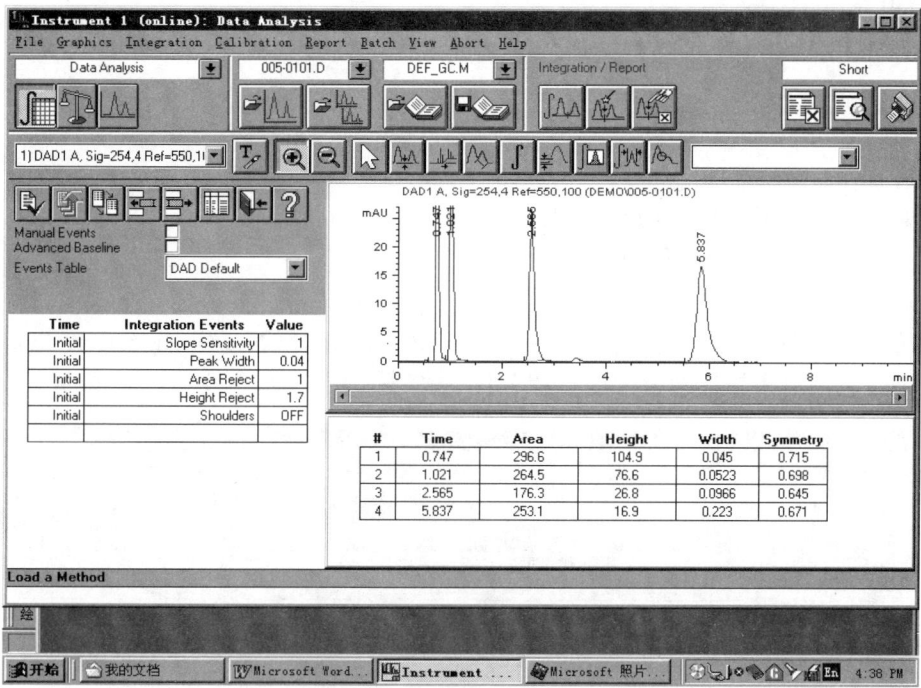

附图 44-6

(3)做谱图优化。从"Graphics"菜单中选择"Signal Options"选项,如附图 44-7 所示,从"Ranges"中选择"Autoscale"及合适的显示时间,单击"OK"或选择"Use Ranges"调整。反复进行,直到图的比例合适为止。

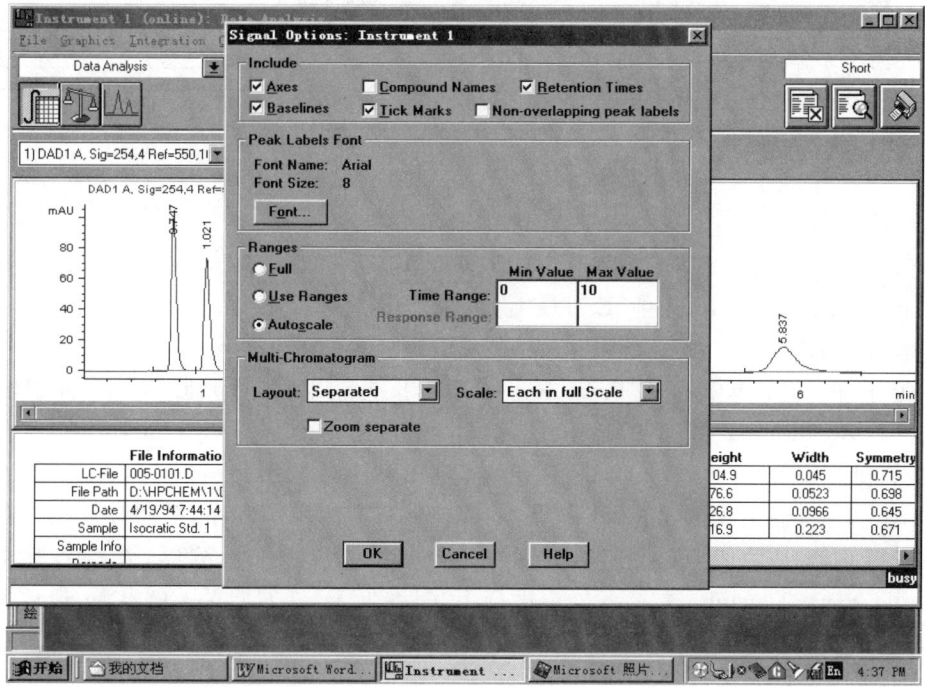

附图 44-7

(4) 积分。

① 从"Integration"中选择"Auto Integrate",如积分结果不理想,再从菜单中选择"Integration Events"选项,选择合适的 Slope Sensitivity、Peak Width、Area Reject、Height Reject。

② 从"Integration"菜单中选择"Integrate"选项,则数据被积分。

③ 如积分结果不理想,则重复以上两步,直到满意为止。

④ 单击左边"√"图标,将积分参数存入方法。

(5) 定量。

调用相应谱图积分优化后,在"Calibration"菜单中选择"New Calibration Table",建立多级校正表。调出未知样的谱图进行积分优化。(附图 44-8)

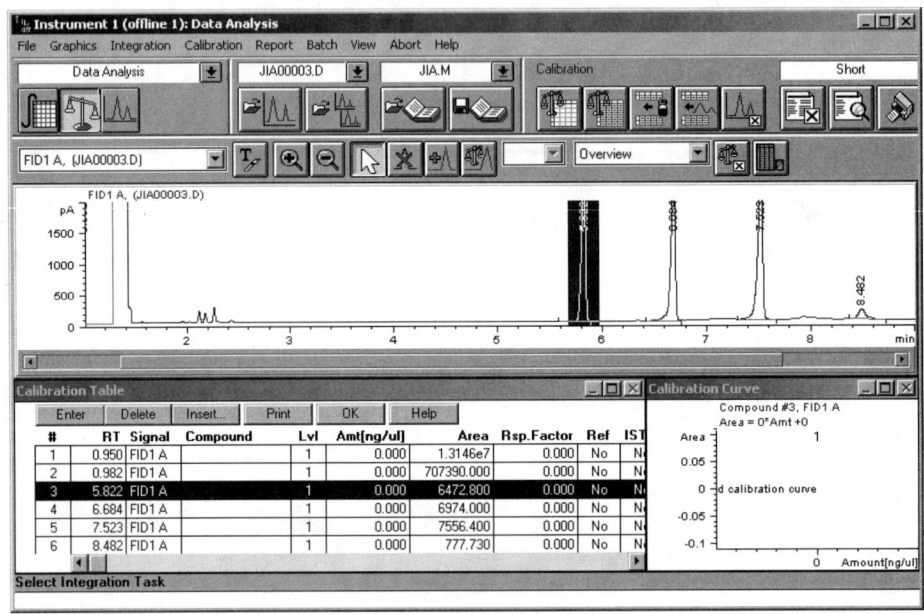

附图 44-8

(6) 打印报告。

① 在"Report"菜单中选择"Specify Report"选项。单击"Quantitative Results"框中"Calculate"右侧的黑三角,选中"ESTD"(外标法),其他选项不变。

② 单击"OK"。

③ 在"Report"菜单中选择"Print Report",则报告结果将打印到屏幕上,如想输出到打印机上,则单击"Report"底部的"Print"按钮。

(7) 关机。

实验结束后,退出化学工作站,退出 Windows 所有的应用程序,关闭计算机。

在主机键盘上关闭 FID 气体(H_2,Air),同时关闭 FID 检测器,降温各热源(Oven temp、Inlet temp、Det temp),待各处温度降下来后(低于 50 ℃),关 GC 电源,最后关载气和 H_2 阀,关闭空气压缩机。

2. 典型气相色谱仪简介

典型气相色谱仪由气路系统、进样系统、色谱分离系统、温控系统、检测系统、数据处理及其他辅助部件等构成。

一、气路系统

气相色谱仪具有一个让载气连续运行、管路密闭的气路系统。它的气密性、载气流速的稳定性以及测量流量的准确性,对色谱结果均有很大的影响。

(一)载气

气相色谱中常用的载气有氢气、氮气、氩气和氧气。它们一般都是由相应的高压钢瓶贮装的压缩气源供给。至于选用何种载气,主要取决于选用的检测器和其他一些具体因素。

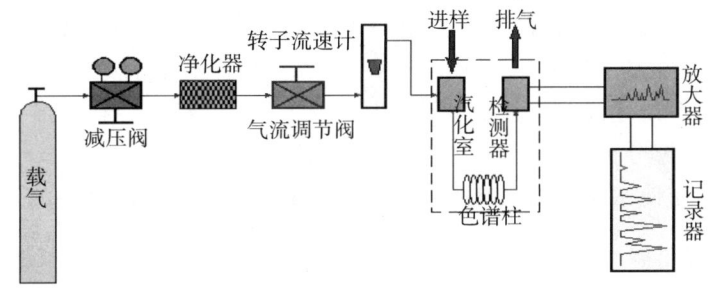

附图 44-9　气相色谱过程示意图

(二)净化器

净化器是用来提高载气纯度的装置。净化剂主要有活性炭、硅胶和分子筛、105 催化剂,它们分别用来除去烃类杂质、水分、氧气。

(三)稳压恒流装置

由于载气流速是影响色谱分离和定性分析的重要操作参数之一,因此要求载气流速稳定。载气的压力可用压力表来测量,流量用转子流量计指示。

二、进样系统

进样系统包括进样装置和气化室。其作用是将液体或固体试样在进入色谱柱前瞬间气化,然后快速定量地转入色谱柱中。进样量的大小、进样时间的长短、试样的汽化速度等都会影响色谱的分离效率和分析结果的准确性及重现性。

(一)进样器

目前液体样品的进样,一般都用微量注射器,常用的规格有 1 μL、5 μL、10 μL 和 50 μL 等。

(二)汽化室

为了让样品在汽化室中瞬间汽化而又不分解,因此要求汽化室热容量大,无催化效应。为了尽量减少柱前谱峰变宽,汽化室的死体积应尽量可能小。

三、色谱分离系统

气相色谱仪的分离系统是色谱柱,它由柱管和装填在其中的固定相等所组成。由于混合物各组分的分离在这里完成,所以它是色谱仪中最重要的部件之一。色谱柱可分为填充柱和毛细管。色谱柱的分离效果除与柱长、柱径和柱形有关外,还与所选用的固定相和柱填料的制备技术以及操作条件等许多因素有关。

四、温控系统

温控系统用来设定、控制、测量色谱柱炉、汽化室、检测室的温度。气相色谱的流动相为气体,样品仅在气态时才能被载气携带通过色谱柱,因此,从进样到检测结束为止,都必须控温。同时,温度是气相色谱的重要操作条件之一,直接影响色谱柱的选择性、分离效率和检测器的灵敏度及稳定性。

气相色谱仪中,多采用可控硅温度控制器连续控制柱炉的温度。对于沸点范围很宽的混合物,多采用程序升温进行分析。所谓程序升温是指,在一定的分析周期内,炉温连续地随时间由低温向高温线性或非线性地变化,以使沸点不同的组分各在其最佳柱温下流出,从而改善分离效果,缩短分析时间。

汽化室的温度应使试样瞬时汽化而又不分解,其温度一般比柱温高 10～50 ℃。

五、检测器

检测器对流出柱的样品组分进行识别和响应。常见的检测器有热导池检测器、氢火焰离子化检测器、电子捕获检测器和火焰光度检测器。

实验四十五　液相色谱的使用及内标法制作标准曲线

一、实验目的

(1) 了解液相色谱的发展历史及最新进展,学习液相色谱的基本构造及原理;

(2) 掌握液相色谱的操作方法和分析方法,能够通过 HPLC 对目标化合物进行分离鉴定;

(3) 学习内标法制作标准曲线。

二、实验原理

液相色谱法采用液体作为流动相,利用物质在两相中的吸附或分配系数的微小差异达到分离的目的。当两相做相对位移时,被测物质在两相之间进行反复多次的质量交换,使溶质间微小的性质差异产生放大的效果,达到分离分析和测定的目的。液相色谱与气相色谱相比,最大的优点是可以分离不可挥发而具有一定溶解性的物质或受热后不稳定的物质,这类物质在已知化合物中占有相当大的比例,这也确定了液相色谱在应用领域中的地位。

高效液相色谱(HPLC)可分析低分子量、低沸点的有机化合物,更适用于分析中高分子量、高沸点及热稳定性差的有机化合物。80%的有机化合物都可以用 HPLC 分析,目前已广泛应用于生物工程、制药工程、食品工业、环境检测、石油化工等行业。

在液相色谱中,若采用非极性固定相(如十八烷基硅烷键合硅胶 ODS)、极性流动相,这种色谱法称为反相色谱法。这种分离方式特别适合于同系物等。联苯和萘在 ODS 柱上的作用力大小不等,它们的 k' 值不等(k' 为不同组分的分配比),在柱内的移动速率不同,因而先后流出柱子。根据组分峰面积大小测定的定量校正因子,就可由归一化定量方法求出各组分的含量。归一化定量公式为:

$$P_i = \frac{A_i f_i'}{A_1 f_1' + A_2 f_2' + \cdots + A_n f_n'} \times 100\%$$

式中,A_i 为组分的峰面积,f_i' 为组分的相对定量校正因子。采用归一化法的条件是:样品中所有组分都要流出色谱柱,并能给出信号。此法简便、准确,对进样量的要求不严格。

内标法是色谱分析中一种比较准确的定量方法,尤其在没有标准物对照时,此方法更显其优越性。内标法是将一定质量的纯物质作为内标物加到一定量的被分析样品混合物中,然后对含有内标物的样品进行色谱分析,分别测定内标物和待测组分的峰面积(或峰高)及相对校正因子,按公式和方法即可求出被测组分在样品中的百分含量。

精密称(量)取对照品和内标物,分别配成溶液,精密量取各溶液,配成校正因子测定用的对照溶液。取一定量进样,记录色谱图。用含对照品和内标物的对照溶液所得色谱峰响应值,按下式算出校正因子(f):

$$f = \frac{A_s/m_s}{A_r/m_r}$$

其中，A_s 和 A_r 分别为内标物和对照品的峰面积或峰高，m_s 和 m_r 分别为加入内标物和对照品的质量。

再取各品种项下含有内标物的待测组分溶液进样，记录色谱图，再根据含内标物的待测组分溶液色谱峰响应值，计算含量（m_i）：

$$m_i = \frac{fA_i}{A_s/m_s}$$

其中，A_i 和 A_s 分别为供试品和内标物的峰面积或峰高，m_s 为加入内标物的质量。必要时，再根据稀释倍数、取样量和标示量折算成标示量的百分含量，或根据稀释倍数和取样量折算成百分含量。

三、实验仪器与试剂

（一）仪器

Waters Alliance 2695 高效液相色谱仪；紫外吸收检测器（254 nm）；C_{18} 柱（3 μm）；微量注射器。

（二）试剂

联苯（AR）、萘（AR）；二次蒸馏水。

流动相：甲醇—水（体积比为 88∶12）溶液。

联苯标准溶液：准确吸取联苯 0.1 g 于 100 mL 容量瓶中，加入甲醇制备 1 mg/mL 的储备液。将储备液用甲醇稀释 10 倍，得到 100 mg/L 的联苯标准溶液。

萘标准溶液：准确吸取萘 0.1 g 于 100 mL 容量瓶中，加甲醇至刻度，制备 1000 mg/L 萘标准溶液。

标准曲线系列溶液：吸取 1.0 mL 联苯标准溶液作为内标，分别加入 0.1 mL、0.2 mL、0.3 mL、0.4 mL、0.5 mL 萘标准溶液。

待测液：未知浓度的萘溶液 0.5 mL，加入 1.0 mL 联苯标准溶液作为内标。

四、实验步骤

（一）开机前准备工作

(1) 配制流动相并真空过滤 3 遍左右，然后超声除去其中的气泡。（注意根据不同的流动相选择相应的滤膜）

(2) 取样品溶液，用 0.22 μm 微孔滤膜过滤 3 遍除去其中的杂质颗粒。（根据不同的样品溶液，选择适当的滤膜，分清楚水系或者有机系滤膜）

（二）开机平衡系统

(1) 检查设备电源、流路、信号连接是否完好；打开计算机，然后打开 HPLC 仪器各部件开关，仪器开始自检，待屏幕上方出现"Idle"表示自检完成。自检完成后开启 Empower 软件（用户名：system，密码：manager）。

(2) 清洗柱塞杆。进入 2695 控制界面主菜单，点击"Diag"，并选择"Prime Seal Wash"，点击"Start"，冲洗 5 min，完成后点击"Halt""Close"。

(3) Wet Prime。点击"Exit"，在"Menu/Status"界面中"Composition"下，将溶剂通道 A

设为"100%",按"Direct Function"键,移动光标选择"Wet Prime",点击"OK",然后设置流速(1 mL/min)和时间(5 min)。将每一个会用到的溶剂通道按照上述步骤操作一次。

(4)注射器清洗、排气泡及注射针的清洗。进入"Direct Function"界面后,选择"Purge Injector",设定10倍环体积,然后点击"OK"即可。点击"Menu"然后进入"Diag"界面,选择"Prime Ndl Wash",点击"Start"确定,系统默认清洗时间为30 s,然后点击"Close",即可返回"Diag"界面。

(5)根据实验条件和实验老师指导,按照仪器操作步骤将仪器调节至进样状态,并将检测器工作波长调节为254 nm,待仪器流路及电路系统达到平衡,色谱工作站之"采样系统"基线平直时,即可进样。

(三)进样

(1)打开工作站 Empower,点击"配置系统",进入配置管理器,点击"文件"→"新建"→"项目",点击下一步直至新建一个项目。

(2)点击"运行样品",选择项目和色谱系统,然后点击"确定"。在仪器方法下方点击"编辑"设定方法,设置压力上限、总流速(例如0.4 mL/min)和溶剂说明,完成后点击"保存"—"设置"对进柱管路冲洗约5 min。

(3)装柱。点击仪器方法的"编辑",设定总流速为0.2 mL/min,保存后关闭页面,点击"编辑"旁边的"设置"以运行操作。然后进行换柱操作,换柱时注意柱尾上倾,拧上柱头后等待柱尾有流动相流出,1~2 min后,连通柱尾的管路。

(4)清洗参比池。在仪器控制界面,按"Shift",然后按"1",控制界面左上方会显示一个箭头,显示清洗开始,清洗大概30 min。

(5)平衡柱子。点击 Empower 运行样品界面上仪器方法的"编辑"选项,设定检测器的采样速率和外部温度,保存页面并关闭后,点击"设置"。待压力稳定后逐步提高总流速直至所需流速,平衡色谱柱30~60 min。

(6)放置样品。拉开样品转盘舱门,将盛有待测样品溶液的样品瓶放入转盘中,记下样品瓶号,关上舱门。

(7)点击窗口上方的"编辑"→"新建方法组"→"下一步",然后输入时间、方法组和样品名,待内部温度达到30 ℃后,点击"中断"快捷键,也就是红色的"中断"开关,然后点击"进样"。(当进行单进样时,在"运行样品"的"单进样"界面中输入"样品名""功能""方法组""进样体积""运行时间"等;当多进样时,在"运行样品"的"样品组"界面输入所有样品分别所在位置(输入所在编号),"进样体积"、"进样数"、"功能"、"方法组"、"运行时间"等。)注入标准溶液3.0 μL,记下保留时间,注入样品3.0 μL,记下保留时间,重复两次。用色谱工作站记录色谱数据,同时记录色谱数据文件名。

(8)实验结束后,清洗注射器、针及柱塞杆。

(9)清洗色谱柱40~60 min。

五、实验结果处理

(1)确定组分的出峰次序。

(2)做两物质质量比和吸收峰面积比的关系曲线,此曲线即为标准曲线。

(3)求取组分的相对定量校正因子。

(4)求取样品中组分的百分含量。

(5)计算以萘为标准时的柱效。

六、实验注意事项

(一)流动相

(1)流动相应选用色谱纯试剂、高纯水或二次蒸馏水,需经过滤后使用,过滤时注意区分水系膜和油系膜的使用范围;

(2)水相流动相需经常更换(一般不超过2天),防止长菌变质。

(二)样品

(1)采用过滤或离心方法处理样品,确保样品中不含固体颗粒;

(2)用流动相或比流动相弱(若为反相柱,则极性比流动相大;若为正相柱,则极性比流动相小)的溶剂制备样品溶液,尽量用流动相制备样品液。

(3)手动进样时,进样量尽量小,使用定量管定量时,进样体积应为定量管的3~5倍;

(4)室温较低时,为加速萘的溶解,可用红外灯稍稍加热。

(三)色谱柱

(1)使用前仔细阅读色谱柱附带的说明书,注意适用范围,如pH值范围、流动相类型等;

(2)使用符合要求的流动相;

(3)使用保护柱;

(4)如所用流动相为含盐流动相,反相色谱柱使用后,先用水或低浓度甲醇-水溶液(如5%),再用甲醇冲洗。

(5)色谱柱在不使用时,应用甲醇冲洗,取下后紧密封闭两端保存;

(6)不要高压冲洗柱子;

(7)不要在高温下长时间使用硅胶键合相色谱柱。

七、思考题

(1)观察分离所得的色谱图,解释不同组分之间分离差别的原因。

(2)高效液相色谱柱一般可在室温下进行分离,而气相色谱柱则必须恒温,为什么?高效液相色谱有时也可以恒温,这又是为什么?

(3)说明紫外吸收检测器的工作原理。

实验四十六 离子扩散系数测量

一、实验目的

(1) 测量并解释电池的高频阻抗；
(2) 掌握恒电流间歇滴定(GITT)的原理、方法及步骤；
(3) 根据电化学电容和扩散解释 GITT 实验结果；
(4) 了解影响电池充放电的速率控制步骤。

二、实验原理

恒电流间歇滴定法是在电极上，在时间间隔 τ 内施加一恒定电流，同时测定工作电极与参比电极之间因 Li^+ 恒流通过电极/电解液界面所引起的响应电位。

假设电极是平板电极，Li^+ 在电极厚度范围内扩散。电极中 Li^+ 的扩散过程服从 Fick 第二定律。经一系列的数学推导，得到电极中 Li^+ 化学扩散系数公式

$$D = \frac{4}{\pi}\left(\frac{IV_m}{Z_{Li}FS}\right)^2\left(\frac{dE}{dy}\Big/\frac{dE}{d\sqrt{t}}\right)^2, \tau \ll L^2/D \tag{46-1}$$

式中：

I——施加的阶跃电流；

V_m——电极化学计量 $y=0$ 时的摩尔体积；

Z_{Li}——($=1$)Li^+ 传输电子数；

S——电解液与电极之间的横截面积；

F——法拉第常数；

$dE/d\sqrt{t}$——由响应曲线 E-t 变换的 E-$t^{1/2}$ 曲线的斜率；

dE/dy——电极电流滴定曲线化学计量 y 处的斜率；

τ——阶跃时间；

L——电极厚度。

式 46-1 的适用范围是阶跃时间 $\tau \ll L^2/D$。通常电极厚度 L 为 10^{-2} cm 数量级，扩散系数 D 小于 10^{-7} cm^{-2}/s 数量级，因而实际测量能够满足此要求。

浓度扩散厚度可用下式估算：

$$\Delta = (2Dt)^{1/2} \tag{46-2}$$

因此，阶跃时间 τ 应小于 $L^2/2D$，否则会使扩散厚度超过电极厚度，得到的扩散系数并不完全是电极中 Li^+ 的扩散系数。

本方法假定：

(1) 体系是线性的，即扩散系数不随浓度变化。因此，施加的电流应当很小，以致引起的浓度变化对扩散系数无影响。

(2) 化学梯度是体系唯一的推动力，电场作用忽略。因此，电极材料必须是良导体。

除了上面的假设之外,还有一些不足:认为电极的摩尔体积 V_m 不变。实际上,它是随着 Li^+ 嵌入脱出量的变化而变化的,因而测出的扩散系数会偏离实际值,而且 Li^+ 嵌脱量越多,误差越大。

由于欧姆压降不易消除,响应电压的误差影响测量的准确性。

扩散系数计算公式(式 46-1)需要知道电量滴定曲线的斜率 dE/dy 的值。然而,一些电极材料的 dE/dy 无法准确得到,如石墨,因为它的多数可逆容量是由两相共存区给定的,因而不适用于测量这类材料的扩散系数。

三、实验仪器与试剂

(一)实验设备

电化学综合测试系统(阿美特克有限公司 VMC-4)。

(二)实验材料

$LiMn_2O_4$ 正极材料,锂离子扣式电池。

四、实验步骤

(一)电池准备

1. 电极制备

电极制备工艺主要包括制浆和涂膜两个过程。具体操作步骤如下:

(1)称取电极组分。按 80:10:110:100 的比例称取正极活性材料、导电剂乙炔黑、黏结剂 PVDF 和溶剂 NMP,其中 PVDF 预先用 NMP 溶解成 1:10 的溶液。

(2)球磨混合制浆。将材料一起倒入球磨罐中,采用南京大学仪器厂生产的 QM-ISP 行星式球磨机,以 500 r/min 的速度,球磨混合 3 h,制成具有一定黏度的浆液。

(3)准备集流极。剪取直径为 1.5 cm 的小圆铝片(扣式电池使用),或 1.0 cm×4.0 cm 长方形铝片(模拟电池使用),用 320 号砂纸粗糙化,依次在 0.1 mol/L NaOH、0.1 mol/L $H_2C_2O_4$ 中超声波清洗 10 min,取出干燥,称重待用。

(4)涂膜。用小玻璃棒或手术刀将浆液涂覆在处理后的铝片上,涂覆量为 5~10 mg,膜面尽量平整,纹理尽量一致。

(5)干燥电极片。涂膜后的电极片在红外灯下预干燥,送往鼓风干燥箱 120 ℃下干燥 30 min,干燥温度不宜太高,时间不宜太长,以免膜龟裂。

(6)压片。趁热将电极片夹在两片光滑的工具钢垫片之间,在油压机上用 16 MPa 压力压片成型。

(7)烘干备用。将压片后的电极片在鼓风干燥箱 120 ℃下干燥 30 min 后,趁热称重待用。

(8)将电极片送入手套箱中,准备组装电池。

2. 扣式电池组装

(1)将称重后的正极电极片、电池壳、隔膜、密封膜等送入手套箱中。

(2)以自制的电极圆片为正极,相应大小的锂圆片(北京有色金属研究总院生产)为负极,Celgard2300 为隔膜,1 mol/L $LiPF_6$ 和 EC/DMC(1:1)为电解液。将正极片、电解液、隔膜、负极片依次加入电池底壳中,电解液的量以能使电极片和隔膜完全润湿为准。

(3)盖上电池上壳,擦干电池外壳残余的电解液,用密封膜包裹处理。

(4)把电池移出手套箱,立即用电动冲压机将电池加压密封。

(5)剥去电池外面的密封膜,清除电池表面污染后,静置 6 h 待用。

(二)实验参数选择

将预充电的扣式电池用两电极模式连接到恒电位仪上(参比和对电极连接负极,工作电极连接正极)。测量电池的开路电压(E_{oc})。

设定恒电位仪扫描参数如下:

initial potential＝0.00 versus E_{oc}(important to avoid potentiostat damage!)

first reversal＝0.01 V versus E_{oc}

second reversal＝－0.01 V versus E_{oc}

final potential＝0.00 versus E_{oc}

scan rate＝10 V/s^{-1}

number of cycles＝1

根据老师的指导采用不同扫描速率重复上面实验,定量解释实验结果。

根据实验所得的最高总电阻计算产生 0.05 V 电压降所需的电流。

(三)脉冲测量

设定恒电位仪脉冲参数如下:

Amplitude:根据实验 2 的结果选择可产生 10～50 mV 电压降的电流。

Pulse Period:尝试 100 s

Relaxation period:尝试 1000 s

Potential measurement: The potential should be measured throughout with a frequency of at least once per second.

通过 E-t 作 E-$t^{1/2}$ 图并分析脉冲过程。分析 E-$t^{1/2}$ 曲线是否为直线,接近于直线表明扩散过程可按半无限边界条件进行积分。求出直线的斜率。

$$\frac{dE}{dt^{1/2}}=\frac{2j}{C_V(\pi D)^{1/2}} \tag{46-3}$$

其中,C_V 是电极单位体积的赝电容值,

$$C_V=\frac{\Delta Q_V}{\Delta E} \tag{46-4}$$

通过 E-$t^{-1/2}$ 在两倍脉冲时间周期内作图,分析弛豫过程,确定线性区域并测出斜率。时间 t 应该从脉冲开始时计算。用方程(46-3)和方程(46-5)比较两个弛豫过程。

$$\frac{dE_P}{dt^{-1/2}}=\frac{j\tau_P}{C_V(\pi D)^{1/2}} \tag{46-5}$$

最终,电极电势根据指数衰减弛豫到一个新的值 $E(t)$:

$$E(t)=E_R+(E_1-E_R)\exp\left(-\frac{t}{\tau_R}\right) \tag{46-6}$$

其中,τ_R 为弛豫时间常数。

通过弛豫后的电势 E_R,我们可以根据公式(46-4)计算活性物质的赝电容。

通过 $\ln(E-E_R)$ 对时间作图，根据公式(46-6)分析松弛过程。确定曲线的线性部分，并测量时间常数。评价曲线的线性并测量曲线斜率，估计每一种情况下的误差。计算在这一电势范围内单位体积活性物质的赝电容。比较所得结果与示范的小电流下测量结果的吻合程度。

如果所得曲线严重偏离线性，改变实验参数重做实验。例如，如果在尾端 $E\text{-}t^{1/2}$ 的梯度开始增加，尝试采用更短的脉冲时间；如果时间常数超过弛豫期，尝试更长的弛豫时间。

（四）测量结果计算

根据电池几何结构近似，解释所测得的电解液电阻值。

假设材料由半径为 1 μm 的球形颗粒（或指导老师给出的其他尺寸）组成，估计活性材料颗粒的总表面积，并利用 Excel 根据方程(46-3)和方程(46-7)计算电流密度和固态扩散系数。赝电容值应采用小电流下的测量值。

$$D = \left(\frac{4}{\pi}\right)\left(\frac{L^2}{\tau_p}\right)\left(\frac{\Delta E_{\text{Relax}}}{\Delta E_{\text{Pulse}}}\right)^2 \tag{46-7}$$

考虑实验过程，区分实验中两种求解方法，并与指导老师讨论这一问题。

五、实验数据处理

(1)计算所给材料在给定电位范围内的 Li^+ 扩散系数。
(2)分析和讨论实验结果。

六、思考题

(1)分析并讨论实验中误差的来源，及使用该方法测量离子扩散系数的注意事项。
(2)分析电极材料尺寸对电池电化学性能的影响。

附录

GITT 公式推导

$$\frac{dE}{dt^{1/2}} = \frac{2j}{C_V(\pi D)^{1/2}} = \frac{2I}{AC_V(\pi D)^{1/2}}$$

$$\frac{\Delta E_P}{\tau^{1/2}} = \frac{2I}{AC_V(\pi D)^{1/2}}$$

$$\Delta E_P = \frac{2I\tau^{1/2}}{AC_V(\pi D)^{1/2}}$$

$$\Delta E_R = \frac{\Delta Q}{C} = \frac{\Delta Q}{VC_V} = \frac{I\tau}{VC_V}$$

$$\frac{\Delta E_R}{\Delta E_P} = \frac{\tau^{1/2}(\pi D)^{1/2}A}{2V} = \frac{\tau^{1/2}(\pi D)^{1/2}}{2L}$$

$$D = \frac{4}{\pi} \times \frac{L^2}{\tau} \times \left(\frac{\Delta E_R}{\Delta E_P}\right)^2$$

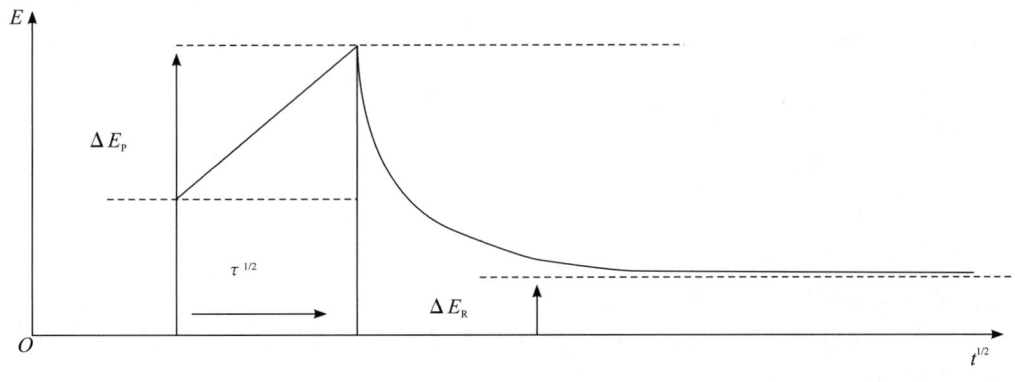

图 46-1 GITT

实验四十七 能源材料的综合热分析

一、实验目的

(1)了解热分析的实验原理和仪器结构；
(2)掌握差热分析(DTA)、差示扫描量热法(DSC)和热重(TG)分析的数据分析处理；
(3)掌握综合热分析在能源材料的表征和制备过程方面的应用。

二、实验原理

物质在变温过程中会发生晶型转变、沸腾、升华、蒸发、熔融等物理变化，或者氧化还原、分解、脱水和离解等化学变化。这些变化往往伴随着热效应的变化。另有一些物理变化，虽无热效应发生但比热容等某些物理性质也会发生改变，这类变化如玻璃化转变等。放热和吸热现象反映了物质热焓发生了变化，记录试样温度随时间的变化曲线，就可直观地反映出试样是否发生了物理、化学变化。热分析技术主要应用于研究物质的物理、化学性质与温度间的关系，即物质的热态随温度变化的规律。热分析内容包括热转换机理和物理化学变化过程的热力学、动力学过程研究。热分析技术主要包括差热分析(DTA)、差示扫描量热分析法(DSC)和热重(TG)分析等。

(一)差热分析

差热分析(differential thermal analysis,DTA)是通过在程序控制温度下测定样品与参比物的温度差对时间的函数关系的技术。该技术可用于鉴别物质或确定其组成结构以及转化温度、热效应等物理化学性质。通常 DTA 仪由以下几部分组成：样品支持器、程序控温的炉子、记录器、检测差热电偶产生的热电势的检测器和测量系统、气氛控制系统。

实验过程是使待测样品和参比物经历同样的热过程，由于待测样品和参照样品相变性质和比热不同，经历同样的热过程后所达到的温度不同。通常要求参比物是在测量温度范围内不发生任何热效应的惰性物质，如 $\alpha\text{-}Al_2O_3$ 或 MgO 粉末。DTA 仪会记录过程中待测样品和参照样品之间的温度差，然后作出温差-时间或温差-温度曲线。曲线上的峰值可以给出关于过程温度的信息。DTA 峰面积给出了相变热的值。在试样没有发生吸热或放热变化，且与程序温度间不存在温度滞后时，试样和参比物的温度与线性程序温度是一致的。即试样和参比物的温差(ΔT)为零时，两温度线重合，在 ΔT 曲线上则为一条水平基线。若试样发生放热变化，由于热量不可能从试样瞬间导出，于是试样温度偏离线性升温线，且向高温方向移动。而参比物的温度始终与程序温度一致，$\Delta T>0$，在 ΔT 曲线上是一个向上的放热峰。反之，在试样发生吸热变化时，由于试样不可能从环境瞬间吸收足够的热量，从而使试样温度低于程序温度。$\Delta T<0$，在 ΔT 曲线上是一个向下的吸热峰。图 47-1 为典型的 DTA 曲线图。

DTA 曲线的峰形、峰位、峰面积等会受到试样质量、热传导率、比热容、粒度、填充程度，以及周围气氛和升温速率等因素的影响。因此，要获得良好的再现性结果，对上述各点必须十分注意。通常升温速率增大,峰值的温度向高温方向偏移;峰形变得尖锐,但峰的分辨率降低,两个相邻的峰会重叠在一起,从而影响曲线的分析。

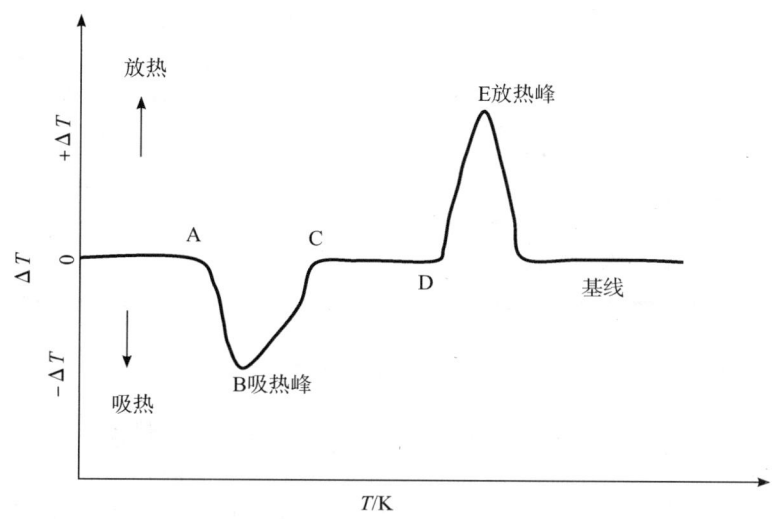

图 47-1　典型的 DTA 曲线图

(二)示差扫描量热分析法

示差扫描量热分析法(differential scanning calorimetry,DSC)是在程序控制温度下,测量输入样品和参比物的功率差与温度之间关系的一种技术。样品和参比物分别由单独控制的电热丝加热,根据试样中的热效应,可连续调节这些电热丝的功率,用这种方法使试样和参比物处于相同的温度下。以达到这个条件所需的功率差作为纵坐标,系统的温度参数作为横坐标,一起由记录仪进行记录。根据测量方法的不同,又分为两种类型:功率补偿型 DSC 和热流型 DSC。DSC 和 DTA 仪器装置相似,所不同的是,在试样和参比物容器下装有两组补偿加热丝,当试样在加热过程中由于热效应与参比物之间出现温差 ΔT 时,通过差热放大电路和差动热量补偿放大器,使流入补偿电热丝的电流发生变化。当试样吸热时,补偿放大器使试样一边的电流立即增大;当试样放热时则使参比物一边的电流增大,直到两边热量平衡,温差 ΔT 消失为止。换句话说,试样在热反应时发生的热量变化由于及时输入电功率而得到补偿,所以实际记录的是试样和参比物对应的两只电热补偿的热功率之差随时间 t 的变化关系。如果升温速率恒定,记录的也就是热功率之差随温度 T 的变化关系。图 47-2 为典型的 DSC 曲线。

(三)热重分析

热重(thermogravimetry,TG)分析是在程序控温下,测量物质的质量与温度间的变化关系,从而分析样品发生的反应及反应过程中所伴随的热量变化的一种技术。在热分析技术中,热重法使用最为广泛,这种研究是在静止的或流动着的活性或惰性气体环境中进行的。热重法通常有下列两种类型:等温热重法——在恒温下测定物质质量变化与时间的关系;非等温热重法——在程序升温下测定物质质量变化与温度的关系。热重法所用仪器称为热重分析仪或热天平,其基本构造是由精密天平和线性程序控温的加热炉所组成。热重分析仪一般由四部分组成,分别是电子天平、加热炉、程序控温系统和数据处理系统。

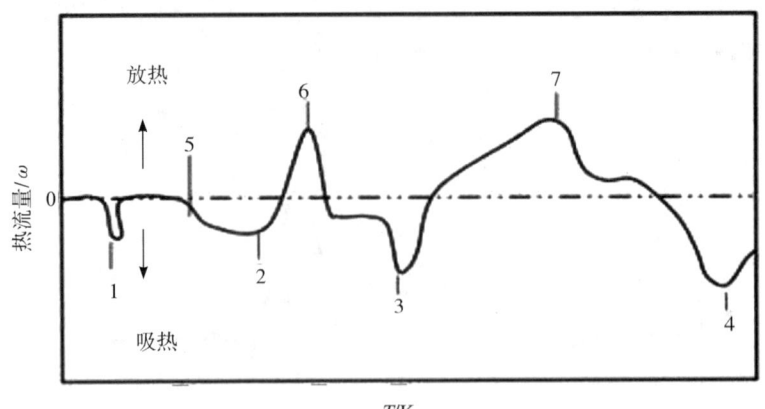

图 47-2　典型的 DSC 曲线

通常 TG 谱图由试样的质量残余率 Y 对温度 T 的曲线(称为热重曲线)和/或试样的质量残余率 Y 随时间的变化率 dY/dt 对温度 T 的曲线(称为微商热重法,DTG)组成,见图 47-3。测试实验开始时,由于试样残余小分子物质的热解吸,试样有少量的质量损失,损失率为 $1-Y_1$;经过一段时间的加热后,温度升至 T_1,试样开始出现大量的质量损失,直至 T_2,损失率达 Y_1-Y_2;在 T_2 到 T_3 阶段,试样中存在着其他的稳定相;然后,随着温度的继续升高,试样进一步分解。图 47-3 中 T_1 称为分解温度,有时取 C 点的切线与 AB 延长线相交处的温度 T_1' 作为分解温度,后者数值偏高。

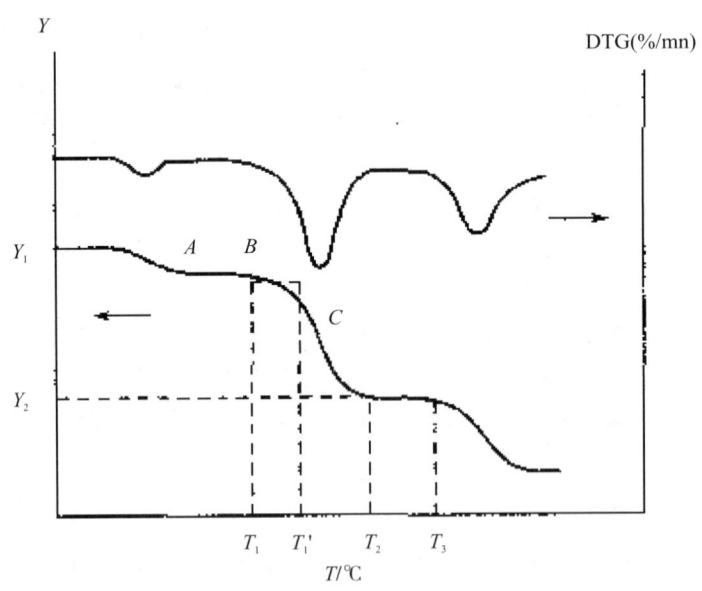

图 47-3　TG 和 DTG 图谱

正如其他分析方法一样,热重分析法的实验结果也受到一些因素的影响,加之温度的动态特性和天平的平衡特性,使影响 TG 曲线的因素更加复杂,但基本上可以分为两类:

(1)仪器因素:升温速率、气氛、支架、炉子的几何形状、电子天平的灵敏度以及坩埚材料。

(2)样品因素:样品量、反应放出的气体在样品中的溶解性、粒度、反应热、样品装填、导热性等。

三、实验仪器与试剂

(1)实验仪器:耐驰 STA449 综合热分析仪。
(2)实验材料:$CuSO_4 \cdot 5H_2O$,$MnCO_3$ 聚丙烯(PP),锂离子电池隔膜材料。

四、实验步骤

(1)$CuSO_4 \cdot 5H_2O$ 和 $MnCO_3$ 的 TG-DTA 实验测定。

样品质量一般为十几毫克或样品体积不超过坩埚体积的 1/3,升温速率一般设定为 10 K/min。方法如下:

①关闭 N_2 或空气气流和吹扫气流,打开炉膛,用镊子夹取空坩埚放置于炉膛中天平的三脚架中心,注意不可在三脚架上调整坩埚位置,如果没有放置好应重新取下调整后放置,关闭炉膛,对天平进行清零,初期波动较大可多次按清零按钮,待天平数值在 $-0.0005 \sim 0.0005$ mg 之间波动时可视为稳定状态。

②天平稳定后,打开炉膛,取出空坩埚,用药勺取适量样品放入坩埚中,一般取 2~3 次样品,注意一次取的药品不要过多,药品不要污染坩埚内壁,加入药品后轻轻晃动坩埚,使样品平铺在坩埚底部。

③将放入样品的坩埚重新放置在炉膛中天平的三脚架中心,关闭炉膛,待天平数值的波动范围在 $-0.0005 \sim 0.0005$ mg 之间时可视为稳定,此时可以设定升温程序。

④程序设定过程中需设置最高温度及升温速率,并注意选择测试所用的气体(N_2 或空气)。设定完成后进行检查,确定无误后开始测试。

(2)利用耐驰 STA449 综合热分析仪测量聚丙烯(PP)锂离子电池隔膜材料的 DSC 曲线。

五、实验数据处理

利用仪器自身所带的软件对测试所得数据进行处理,绘制综合热分析谱图。将谱图数据导出并在 Origin 软件里作图,结合热重分析测试结果,分析在随温度上升过程中材料所发生的组成及结构变化。

六、思考题

(1)热分析实验结果的影响因素有哪些?
(2)讨论综合热分析在能源材料池中的主要应用有哪些。
(3)DTA、DSC、TG 的基本结构是什么?

实验四十八　透射电镜的成像观察实验

一、实验目的

(1) 了解透射电镜的基本结构；
(2) 熟悉透射电镜的成像原理；
(3) 了解透射电镜的基本操作步骤。

二、实验原理

（一）透射电镜的基本结构

透射电镜主要由电子光学系统、电源控制系统和真空系统三大部分组成，其中电子光学系统为电镜的核心部分，它包括照明系统、成像系统和观察记录系统。

1. 照明系统

照明系统主要由电子枪和聚光镜组成。电子枪就是产生稳定电子束流的装置。电子枪发射电子形成照明光源，根据产生电子束原理的不同，可分为热发射型（如图 48-1 所示）和场发射型（如图 48-2 所示）两种。

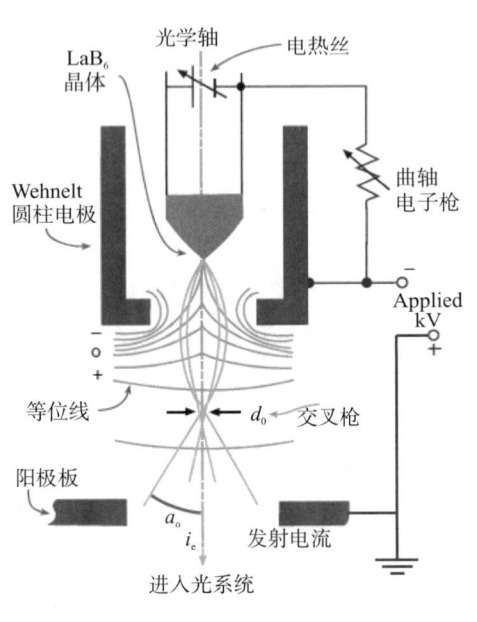 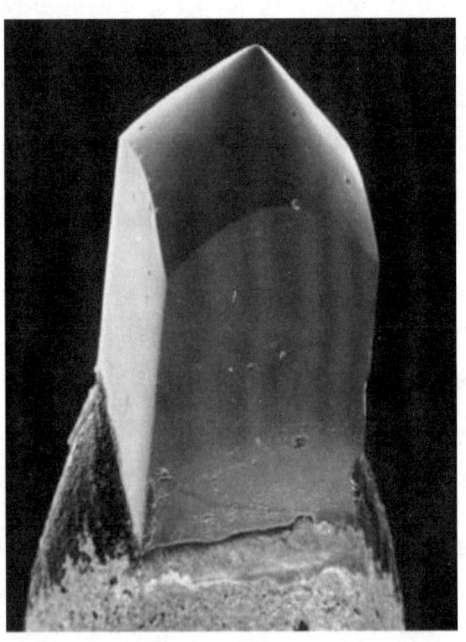

　　　　（a）原理图　　　　　　　　　　　　（b）灯丝（LaB_6 晶体）

图 48-1　热发射电子枪

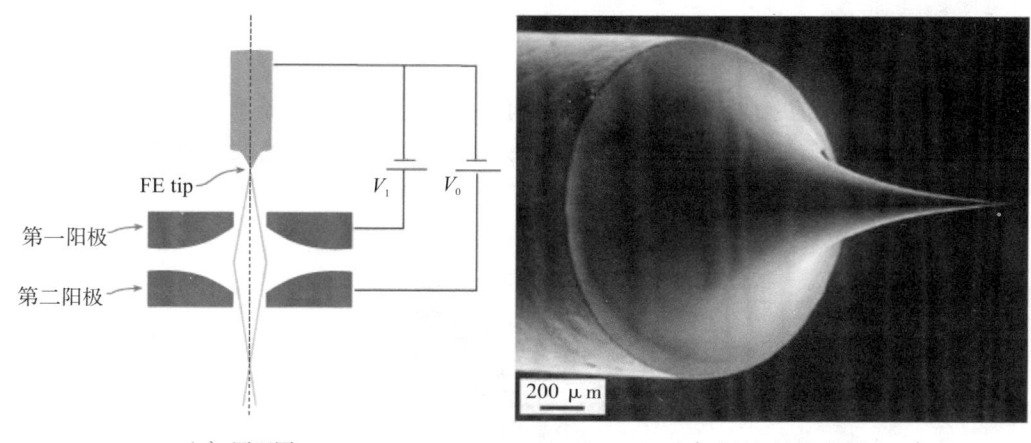

(a) 原理图　　　　　　　　　　(b) 灯丝（超细钨针）

图 48-2　场发射电子枪

聚光镜将电子枪发射的电子会聚成亮度高、相干性好、束流稳定的电子束照射样品。电镜一般都采用双聚光镜系统（如图 48-3 所示）。

2. 成像系统

成像系统由物镜、中间镜和投影镜组成。

物镜是成像系统中第一个电磁透镜，强励磁、短焦距，放大倍数 M_o 一般为 $100\sim300$，分辨率可高达约 $0.1\,\text{nm}$。物镜质量的好坏直接影响到整个系统的成像质量。物镜未能分辨的结构细节，中间镜和投影镜同样无法分辨，它们只是将物镜的成像进一步放大而已。

中间镜是电子束在成像系统中通过的第二个电磁透镜，位于物镜和投影镜之间，弱励磁、长焦距，放大倍数 M_i 在 $0\sim20$ 之间。

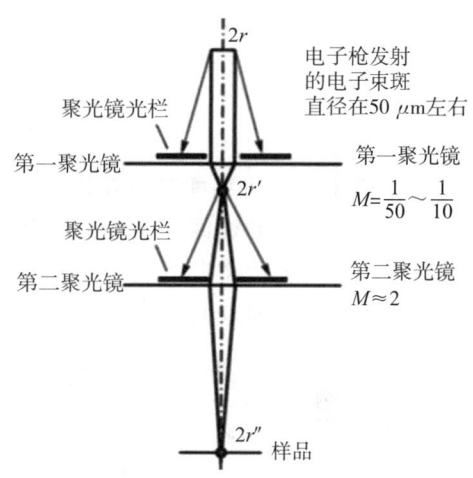

图 48-3　双聚光镜原理图

投影镜是成像系统中最后一个电磁透镜，强励磁、短焦距，其作用是将中间镜形成的像进一步放大，并投影到荧光屏上。投影镜的景深大，即使中间镜的像平面出现一定的位移，也不会影响在荧光屏得到清晰的图像。

3. 观察记录系统

观察记录系统主要由荧光屏和照相机构组成。

荧光屏是在铝板上均匀喷涂荧光粉（一般是掺杂的 ZnS）制得，主要在观察分析时使用。当需要拍照时可将荧光屏翻转 $90°$，让电子束在照相室感光数秒钟即可成像。荧光屏与照相室相距数厘米，但由于投影镜的焦距长，照相室所拍照片依旧清晰。

整个电镜的光学系统均在真空中工作，但电子枪、镜筒、投影室之间相互隔开，由电磁阀控制。可以对其中一部分单独抽或破真空，方便后续更换灯丝、清洗镜筒等电镜维护操作。为了屏蔽电镜高压产生的高能量 X 射线辐射，镜筒周围均用厚重铅块进行隔离。观察窗由含铅玻璃制成，加速电压越高，配置的铅玻璃就越厚。

(二)主要附件

1. 样品倾斜平移装置(样品台)

样品台是位于物镜的上、下极靴之间承载样品的重要部件,如图 48-4 所示,它使样品在极靴孔内平移、倾斜、旋转,以便找到合适的区域或位向,进行有效观察和分析。

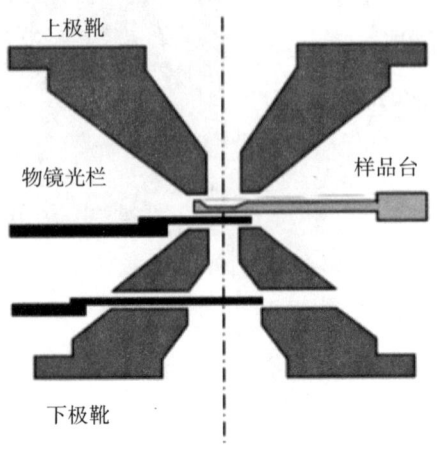

图 48-4 样品台示意图

2. 电子束的平移和倾斜装置

电镜中是靠电磁偏转器来实现电子束的平移和倾斜的。图 48-5 为电磁偏转器的工作原理图。电磁偏转器由上、下两个偏置线圈组成,通过调节线圈电流的大小和方向可改变电子束偏转的程度和方向。

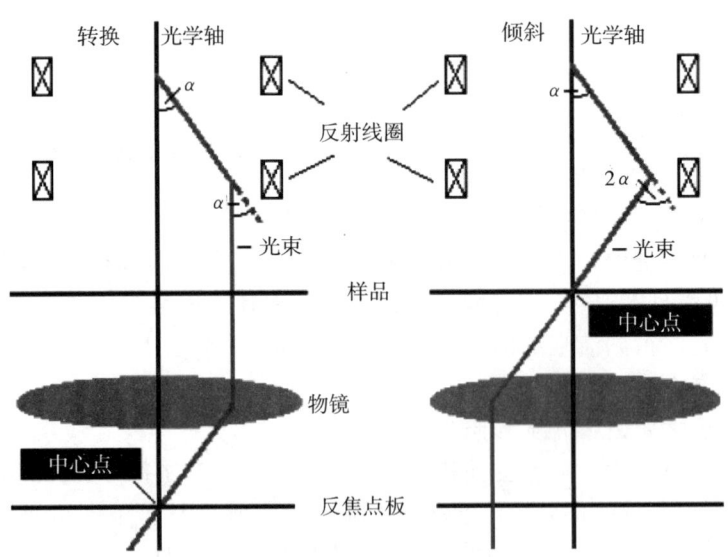

图 48-5 电磁偏转器工作原理

当上、下偏转线圈的偏转角度相等,但方向相反时,即实现了电子束的平移。当上偏转线圈使电子束逆时针偏转 α 角,而下偏转线圈使之顺时针偏转 2α 角,则电子束相对于入射方向倾转 α 角,此时入射点的位置保持不变,可实现中心暗场操作。

3. 消像散器

像散是由电磁透镜的磁场非旋转对称造成的,直接影响电镜的分辨率。一般用消像散器来校正聚光镜和物镜的像散。图 48-6 为电磁式消象散器的原理图及像散对电子束斑形状的影响。从图中可知,有像散时,电子束斑为椭圆形的;消除像散后,电子束斑为圆形,基本消除了聚光镜像散对电子束的影响。

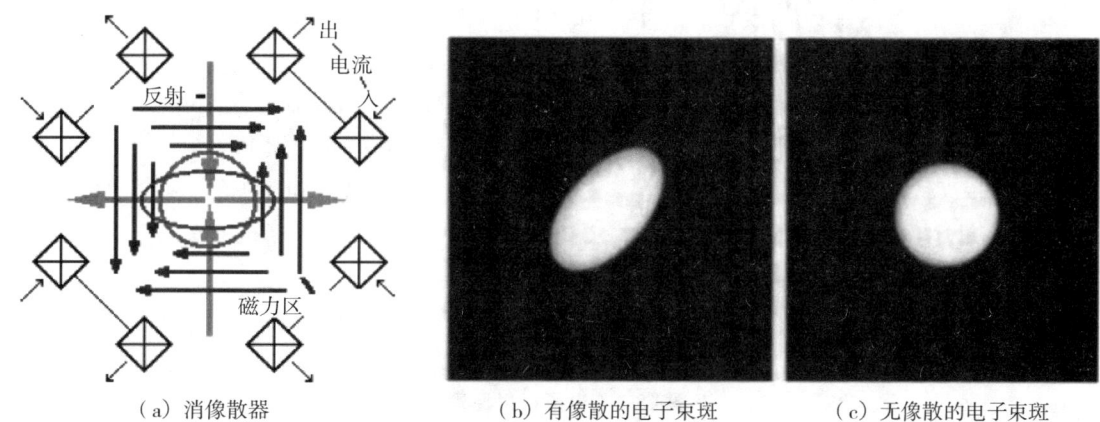

(a) 消像散器　　　(b) 有像散的电子束斑　　　(c) 无像散的电子束斑

图 48-6　电磁式消像散器原理图及象散对电子束斑形状的影响

4. 光阑

光阑是为了挡掉发散电子,约束孔径角,保证电子束的相干性和照射区域的带孔小片。根据安装位置的不同,光阑可分为聚光镜光阑、物镜光阑和选区光阑三种。

聚光镜光阑的作用是限制电子束的照明孔径角。在双聚光镜系统中,通常位于第二聚光镜的下方。孔径一般为 20～400 μm。

物镜光阑位于物镜的后焦面上,孔径一般为 20～120 μm。其作用为:①减小孔径半角,提高成像质量;②进行明暗场拍照。

选区光阑位于物镜的像平面上,让电子束通过光阑孔限定的区域,对所选区域进行衍射分析。

(三)成像原理

由图 48-7 及右侧几何关系推导,得:$R' = K'g$。

但需注意的是,式中的 L' 并不直接对应于样品至照相底片间的实际距离,因为有效相机长度随着物镜、中间镜、投影镜的励磁电流变化而变化,而样品到底片间的距离保持不变。由于透镜的焦距大,故不影响电镜成清晰图像。因此,实际上我们可不用区分 K' 与 K、L' 与 L 和 R' 与 R,直接用 K' 取代 K。

(四)成像操作与衍射操作

调整中间镜的励磁电流即改变中间镜的焦距,从而改变中间镜物平面的相对位置。当中间镜的物平面与物镜的像平面重合时,投影屏上将出现微区组织的形貌像,即成像操作;当中间镜的物平面与物镜的背焦面重合时,投影屏上将出现所选微区的衍射花样,即衍射操作。如图 48-8 所示。

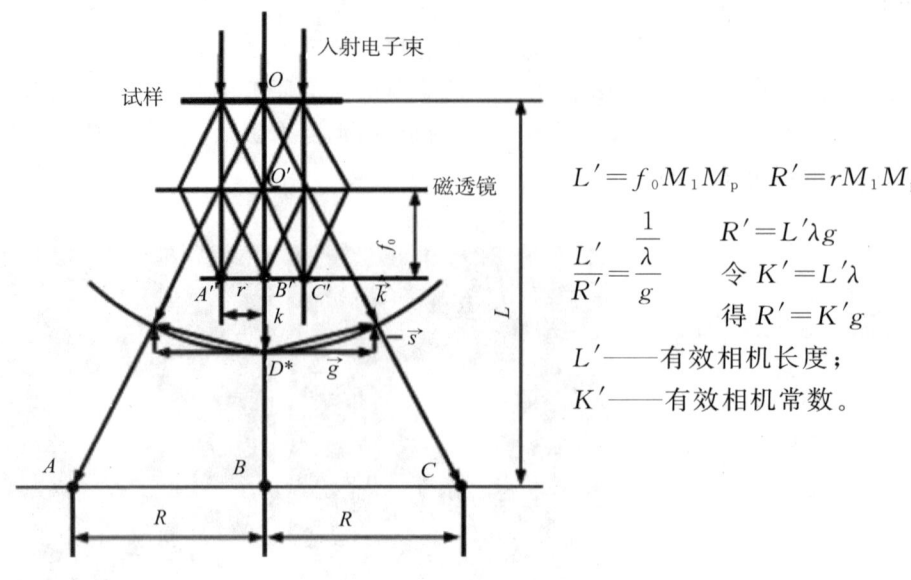

图 48-7 电子衍射原理图

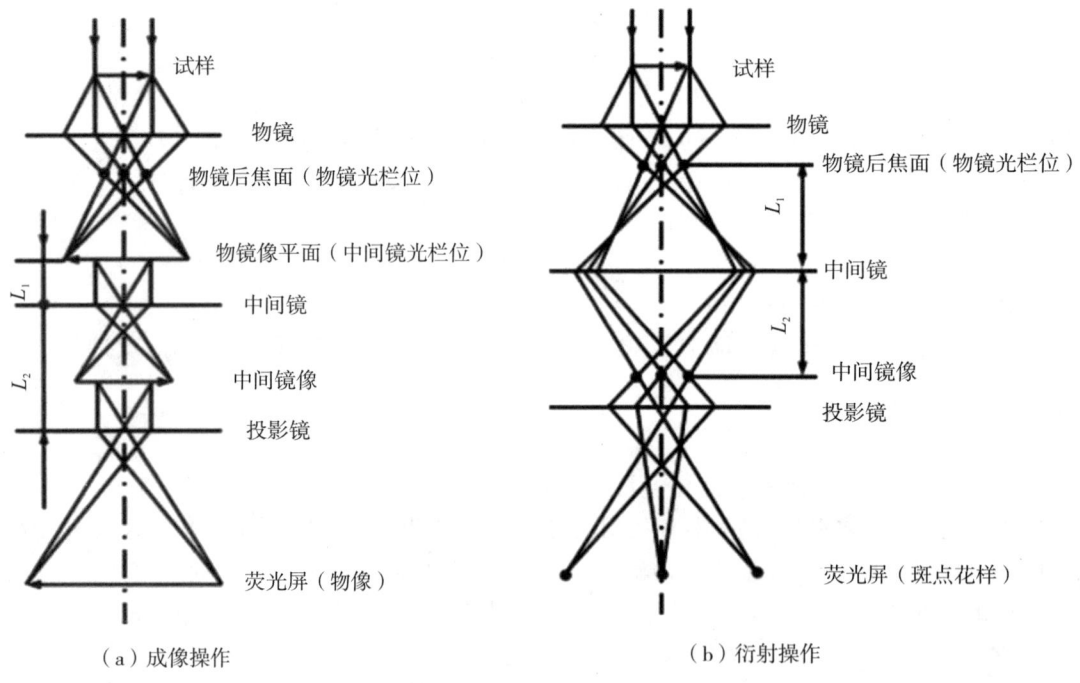

（a）成像操作　　　　　　　　（b）衍射操作

图 48-8 中间像的成像与衍射操作

（五）明暗场操作及中心暗场操作

平移物镜光阑，仅让透射束通过进行成像的操作称为明场操作，见图 48-9(a)；仅让某一衍射束通过的操作称为暗场操作，见图 48-9(b)。通过调整偏转线圈，使入射电子倾斜 $2\theta_B$ 角，如图 48-9(c)所示，晶粒 B 中的 $(\bar{h}\,\bar{k}\,\bar{l})$ 晶面组完全满足衍射条件，产生强烈衍射，此时的衍射斑点移到中心位置,衍射束与透镜的中心轴重合,孔径角大大减小,所成像比暗场像更加清晰,成像质量得到明显改善。这种成像操作称为中心暗场操作。

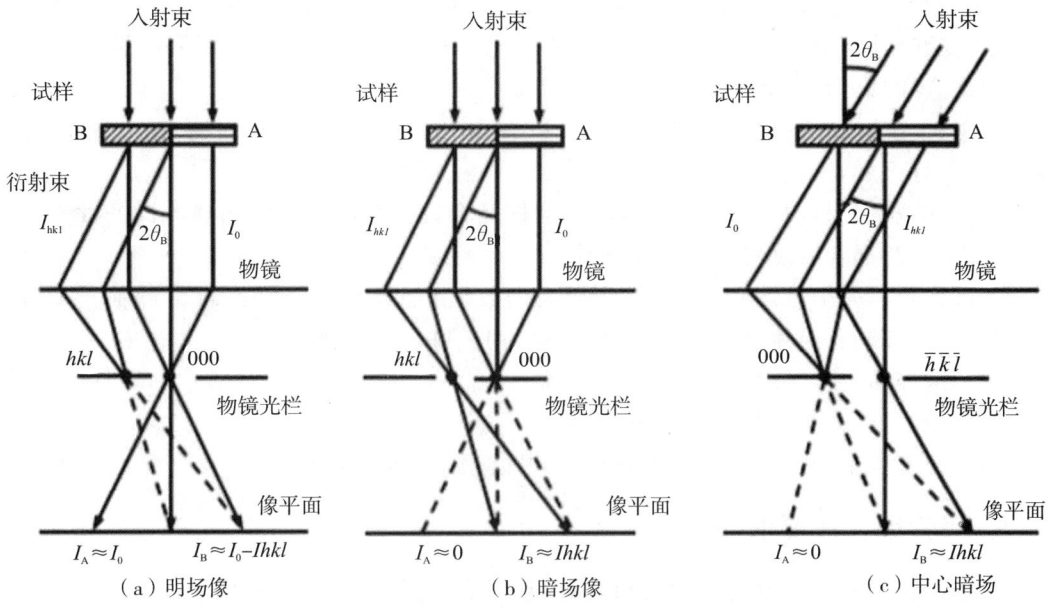

图 48-9　衍射衬度产生原理图

需要指出的是,进行暗场或中心暗场成像时,是采用衍射束进行成像的,其强度要低于透射束,但其产生的衬度比明场像高。

三、实验设备和器材

FEI TECNAI F30 透射电镜如图 48-10 所示。

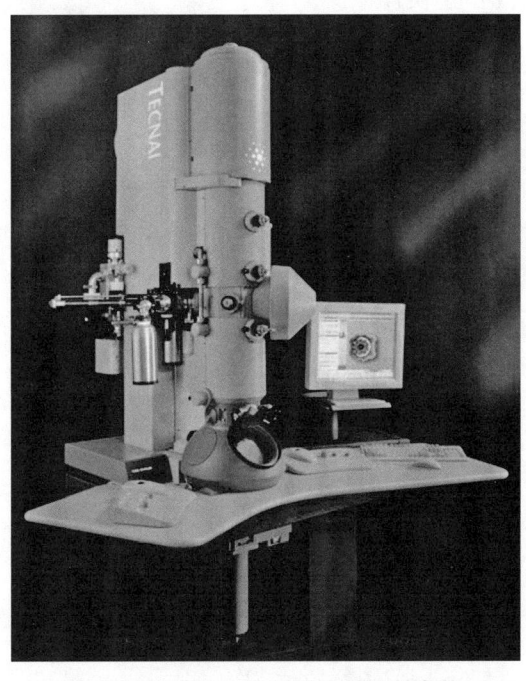

图 48-10　FEI TECNAI F30 透射电镜

四、实验步骤

本实验整个操作过程分多个步骤,分别在计算机的操作界面上和手动面板上完成。

(1)先检查计算机屏幕上的真空情况,要求电子枪真空值必须为 10^{-7} Pa 以下。

(2)检查样品台是否处于归零状态。

(3)将试样装入样品杆,轻拍样品杆确认装样牢固。插入样品杆预抽真空(约 3 min),等红色指示灯灭后,完全插入样品杆。

(4)试样观察分析:打开 V_7 阀,小心移动样品台,观察分析试样;选择不同的放大倍数,调焦、CCD(电荷耦合器件)拍照,保存图片。

(5)试样观察完毕后,关闭 V_7 阀,将放大倍数缩小至 5200×,样品台坐标轴归零,然后小心抽出样品杆。务必注意,每次更换样品时,切记进行归零操作。

(6)卸载样品,放入样品盒。

(7)刻录数据,如实填写实验记录。

(8)离开实验室前,搞好卫生,检查空调和除湿机的运转情况。

五、实验报告及要求

(1)本实验课前应预习实验讲义和教材,掌握实验原理等必要知识。

(2)实验报告内容包括:实验目的、实验基本原理、实验方案步骤及实验结果处理。

六、思考题

(1)透射电镜为什么要在真空状态下工作?

(2)加速电压是否越高越好?

(3)电镜试样是否越薄越好?

(4)透射电镜如何实现快速换样?

(5)如何消除像散?

(6)什么因素限制了透射电镜的分辨率?

(7)场发射与热电子发射灯丝有什么区别?

参考文献

[1] BARD A J, FAULKNER L R. 电化学方法的原理和应用[M]. 邵元华, 朱果逸, 董献堆, 等, 译. 北京: 化学工业出版社, 2005: 104.

[2] DNS 比色法测定还原糖及总糖实验报告[EB/OL]. (2016-04-26)[2017-06-19]. https://www.docin.com/p-1549180363.html.

[3] GC-MS 在木质素结构分析中的应用[EB/OL]. (2013-06-05)[2017-05-23]. https://wenku.baidu.com/view/201ce961f242336c1eb95e43.html.

[4] JOHN W C, BOUKAMP B A, HUGGINS R A, et al. Thermodynamic and Mass Transport Properties of "LiAl"[J]. J. Electrochem. Soc., 1979, 126(12): 2258.

[5] LS182 高级太阳膜测试仪使用说明书 V1[EB/OL]. (2014-12-16)[2017-05-23]. https://wenku.baidu.com/view/76d1ebed71fe910ef02df82c.html.

[6] Waters2695 高效液相色谱仪操作规程[EB/OL]. (2018-07-01)[2019-05-03]. https://wenku.baidu.com/view/cabe3b135f0e7cd1842536b6.html.

[7] WEPPNER W, HUGGINS R A. Determination of the Kinetic Parameters of Mixed - Conducting Electrodes and Application to the System Li3Sb[J]. J. Electrochem. Soc., 1977, 124(10): 1569-1578.

[8] 北京林业大学水土保持学院流体力学实验室. 沿程水头损失实验[EB/OL]. (2018-07-01)[2019-05-03]. https://wenku.baidu.com/view/343464730242a8956bece4a1.html.

[9] 材料测试分析技术实验报告[EB/OL] (2017-05-23)[2016-02-21]. https://www.docin.com/p-1463853737.html.

[10] 材料科学系专业实验讲义[EB/OL]. (2016-08-24)[2019-08-03]. https://www.docin.com/p-1716138669.html.

[11] 材料热膨胀系数的测定实验[EB/OL]. (2019-07-13)[2019-08-03]. https://wenku.baidu.com/view/a07e4f2c915f804d2b16c1c5.html.

[12] 陈燕, 王小芬, 金伟, 等. 产纤维素酶霉菌的筛选及初步鉴定[J]. 武汉工业学院学报, 2011, 30(3): 6-13.

[13] 崔丽虹, 李积华, 吴浩. 筛选产纤维素酶丝状真菌的刚果红法之比较[J]. 广东化工, 2015, 42(1): 30-31.

[14] 第 20 章气相色谱法[EB/OL]. (2016-12-06)[2017-06-19]. https://www.docin.com/p-1803082503.html.

[15] 电池组件生产的主要工艺流程[EB/OL]. (2016-04-06)[2017-06-13]. https://wenku.baidu.com/view/860ac9fd6edb6f1afe001f2d.html.

[16] 电化学原理课程复习题[EB/OL]. (2014-04-11)[2017-06-19]. https://www.docin.com/p-791920283.html.

[17] 电力电子技术第二章[EB/OL]. (2014-10-12)[2017-05-23]. https://www.docin.

com/p-932707727.html.

[18]范秀容,李广武,沈萍.微生物学实验[M].2版.北京:高等教育出版社,1989.

[19]酚法测定蛋白质含量[EB/OL].(2019-02-03)[2019-04-16].https://wenku.baidu.com/view/4dfbcaacd05abe23482fb4daa58da0116c171fbe.html.

[20]工程流体力学实验指导书[EB/OL].(2017-06-05)[2018-08-13].https://max.book118.com/html/2017/0605/111790185.shtm.

[21]固相烧结法制备钛酸钡陶瓷材料[EB/OL].(2019-02-22)[2019-05-03].http://ishare.iask.sina.com.cn/f/bsUlcJ28QU1.html.

[22]光伏逆变器特有功能测试知多少[EB/OL].(2016-05-02)[2017-06-19].https://wenku.baidu.com/view/f9743ed255270722182ef732.html.

[23]光伏系统之储能电池及充放电控制器[EB/OL].(2016-04-28)[2017-06-09].https://www.docin.com/p-1551055071.html.

[24]含铌锆合金的加工及组织和性能研究[EB/OL].(2014-11-19)[2017-05-23].https://www.docin.com/p-964437591-f3.html.

[25]何惠梅.霍尔效应及其应用[EB/OL].(2016-12-18)[2017-02-13].https://max.book118.com/html/2016/1213/71638670.shtm.

[26]红外光谱技术在物证检验中的应用[EB/OL].(2017-06-19)[2014-07-01].https://www.docin.com/p-851067020.html.

[27]活性炭的应用及发展[EB/OL].(2019-08-12)[2019-09-03].https://wenku.baidu.com/view/5f5e85e15b8102d276a20029bd64783e08127d5b.html.

[28]酵母蔗糖酶的制备[EB/OL].(2014-05-24)[2017-07-21].https://wenku.baidu.com/view/04c7af983186bceb19e8bb55.html.

[29]金属材料的室温拉伸试验[EB/OL].(2012-11-17)[2017-06-19].https://www.docin.com/p-528892203.html.

[30]金相腐蚀方法[EB/OL].(2018-07-01)[2019-04-16].https://wenku.baidu.com/view/d30bf68b6529647d27285204.html.

[31]金相试验基础知识[EB/OL].(2013-07-11)[2017-06-19].https://wenku.baidu.com/view/dc5b35f54afe04a1b071de34.html.

[32]聚合物的热重分析(TGA)[EB/OL].(2012-02-25)[2017-06-19].https://www.docin.com/p-347990554.html.

[33]柯腾煜.核电站运行上机实验报告[EB/OL].(2017-05-23)[2016-01-31].https://wenku.baidu.com/view/55b52cf4dd36a32d737581e5.html.

[34]冷镶嵌[EB/OL].(2018-06-30)[2019-09-03].https://wenku.baidu.com/view/83e8be0cf78a6529647d531e.html.

[35]龙向东,李泽龙,高广,等.乙酰丙酸催化加氢制备γ-戊内酯的研究进展[J].分子催化,2014(04):384-392.

[36]鲁许鳌.13生物质慢速热解的试验研究.第二届全国研究生生物质能研讨会[C].广州:中国可再生能源学会,[2007-12-12].http://www.wanfangdata.com.cn/details/detail.do?_type=conference&id=6481400.

[37] 锰酸锂性质[EB/OL].(2010-09-02)[2017-06-19].https://wenku.baidu.com/view/39ad841dc281e53a5802fff8.html.

[38] 木质素的结构[EB/OL].(2010-12-29)[2018-08-15].https://wenku.baidu.com/view/d0b22b36ee06eff9aef80770.html.

[39] 喷雾干燥实验[EB/OL].(2017-12-06)[2018-04-06].https://wenku.baidu.com/view/81a8e1d905a1b0717fd5360cba1aa81144318f3d.html.

[40] 燃料电池的综合特性测量[EB/OL].(2017-05-23)[2013-04-01].https://wenku.baidu.com/view/3910d462011ca300a6c39028.html.

[41] 溶胶-凝胶法二氧化硅增透膜的制备与研究[EB/OL].(2019-05-08)[2019-07-13].https://wenku.baidu.com/view/706a94bd0166f5335a8102d276a20029bc646315.html.

[42] 扫描电镜的样品制备[EB/OL].(2018-06-30)[2019-04-16].https://wenku.baidu.com/view/f016b50a17fc700abb68a98271fe910ef12dae64.html.

[43] 厦门大学固态电化学导论[EB/OL].(2013-08-26)[2017-05-23].http://www.doc88.com/p-5364762806488.html.

[44] 陕科大过程装备实验课本[EB/OL].(2018-03-17)[2018-04-06].https://max.book118.com/html/2018/0316/157507988.shtm.

[45] 上海同广科教仪器有限公司.自循环文丘里综合实验说明书[EB/OL].(2014-08-14)[2017-08-13].https://wenku.baidu.com/view/b6364815f7ec4afe05a1df49.html.

[46] 什么是MPPT充电[EB/OL].(2018-04-06)[2017-06-24].https://wenku.baidu.com/view/669bdff16394dd88d0d233d4b14e852458fb3933.html.

[47] 生物油中有机化合物的分析与表征[EB/OL].(2014-10-01)[2017-06-19].https://www.docin.com/p-925936655.html.

[48] 实验讲义十四 材料透光性的测定[EB/OL].(2011-06-05)[2017-02-09].https://wenku.baidu.com/view/f61292fdf705cc17552709c0.html.

[49] 实验一 常用器皿包扎与培养基的配制和灭菌[EB/OL].(2016-04-26)[2017-06-11].https://wenku.baidu.com/view/d761f278f242336c1eb95e50.html.

[50] 四探针法测量半导体电阻率和薄层电阻[EB/OL].(2015-01-07)[2017-05-23].https://www.docin.com/p-1015428108.html.

[51] 太阳能电池I-V特性测试实验[EB/OL].(2013-06-21)[2017-06-19].https://www.docin.com/p-668957845.html?docfrom=rrela.

[52] 太阳能电池特性及应用实验仪[EB/OL].(2013-02-12)[2017-06-19].https://www.docin.com/p-598448159.html.

[53] 太阳能电池研究性报告[EB/OL].(2014-03-24)[2017-05-23].https://wenku.baidu.com/view/7b6be39284254b35eefd34ad.html.

[54] 钛酸钡的基本物理性质[EB/OL].(2019-07-25)[2019-08-03].https://wenku.baidu.com/view/df137a9c51e79b896802266e.html.

[55] 碳钢的热处理操作及其组织观察[EB/OL].(2010-08-31)[2018-08-13].https://www.docin.com/p-75690521.html.

[56] 透射电子显微镜的结构及成像[EB/OL].(2017-08-10)[2019-04-09].http://www.

docin.com/p-1992144607.html.

[57]王雪梅.硅片清洗及原理[EB/OL].(2018-09-21)[2019-04-16].https://wenku.baidu.com/view/a43b784eb6360b4c2e3f5727a5e9856a57122671.html.

[58]武汉大学,复旦大学.微生物学[M].2版.北京:高等教育出版社,1989.

[59]物理教学与实验中心编.燃料电池综合特性测量实验讲义[EB/OL].(2013-06-22)[2017-06-19].https://www.docin.com/p-669158765.html.

[60]许光辉,郑洪元.土壤微生物分析方法手册[M].北京:农业出版社,1986.

[61]薰衣草花精油的提取[EB/OL].(2018-07-01)[2019-04-16].https://wenku.baidu.com/view/618da2cd2cc58bd63186bde8.html.

[62]循环伏安法[EB/OL].(2012-07-30)[2017-07-03].https://www.doc88.com/p-207182332281.html.

[63]循环伏安技术的原理及应用[EB/OL].(2014-06-22)[2017-05-23].https://wenku.baidu.com/view/f43b2dbe4afe04a1b071decf.html.

[64]杨燕秀.生物柴油的制备实验报告[EB/OL].(2014-10-01)[2017-05-23].https://wenku.baidu.com/view/59c044cc250c844769eae009581b6bd97f19bc94.html.

[65]椰壳活性炭技术要求[EB/OL].(2012-05-30)[2018-08-13].https://wenku.baidu.com/view/507434ef856a561252d36f5c.html.

[66]载体电催化剂的制备表征与反应性能[EB/OL].(2013-04-06)[2017-06-19].https://www.docin.com/p-629949535.html.

[67]真空的获得和镀膜实验讲义[EB/OL].(2014-06-04)[2017-04-03].https://www.docin.com/p-833542865.html.

[68]中国矿业大学材料学院材料制备与表征实验指导书[EB/OL].(2017-02-26)[2018-04-06].https://max.book118.com/html/2017/0226/93584889.shtm.

[69]中华人民共和国国家发展与改革委员会.中华人民共和国轻工行业标准 纤维素酶制剂:QB 2583-2003[S].[2013-01-01].https://max.book118.com/html/2017/0726/124479503.shtm.

[70]周学永,周鑫.由Langmuir方程计算标准吸附平衡常数[J].大学化学,2013,28(6):50-53.

[71]祖若夫,胡宝龙,周德庆.微生物学实验教程[M].上海:复旦大学出版社,1993.